济管理实践教材丛书

主编／刘 宇 副主编／张 虹 曲 立

经济管理实践教材丛书

主 编／刘 宇
副主编／张 虹 曲 立

统计学实验教程

An Experimental Instruction to Statistics

张 虹 聂铁力 ◎编著

社会科学文献出版社
SOCIAL SCIENCES ACADEMIC PRESS (CHINA)

总 序

　　经济管理学院是北京信息科技大学最大的学院。目前拥有管理科学与工程、企业管理、技术经济及管理、国民经济学、数量经济学等5个硕士授权学科，其中管理科学与工程、企业管理为北京市重点建设学科；拥有北京市哲学社会科学研究基地——北京知识管理研究基地；拥有工业工程专业硕士；拥有会计学、财务管理、市场营销、工商管理、人力资源管理、经济学等6个学士授权专业，设有注册会计师、证券与投资、商务管理、国际贸易等四个专门化方向。

　　经济管理学院下设五个系：会计系、财务与投资系、企业管理系、营销管理系、经济与贸易系；现有教授12人、副教授37人，具有博士学位教师占25%，具有硕士学位教师占70%。在教师中，有享受政府特殊津贴专家、博士生导师、跨世纪学科带头人，还有北京市教委人才强教计划学术创新拔尖人才、北京市教委人才强教计划学术创新团队带头人、北京市哲学社会科学研究基地首席专家、北京市重点建设学科带头人、北京市科技创新标兵、北京市科技新星、证券投资专家，还有北京市政府顾问、国家注册审核员、国家注册会计师、大型企业独立董事，还有一级学术组织常务理事，他们分别在计量经济、实验经济学、知识管理、科技管理、证券投资、项目管理、质量管理和财务会计教学与研究领域颇有建树，享有较高的知名度。

经济管理学院成立了知识管理研究所、实验经济学研究中心、顾客满意度测评研究中心、科技政策与管理研究中心、食品工程项目管理研究中心、经济发展研究中心、国际贸易研究中心、信息与职业工程研究所、金融研究所、知识工程研究所、企业战略管理研究所。

近5年以来，在提高教学质量的同时，在科学研究方面也取得了丰硕的成果。完成了国家"十五"科技攻关项目、国家科技基础平台建设项目、国家科技支撑计划项目、国家软科学项目等12项国家级项目和28项省部级项目；荣获2008年国家科技进步奖，以及6项省部级奖；获得软件著作权30项；出版专著26部；出版译著6本；出版教材20本；发表论文600余篇。这些成果直接或间接地为政府部门以及企业服务，特别地服务于北京社会发展与经济建设。

基于培养创新能力强的应用型人才的需要，在长期有关实验实习工作研究、建设、整合、优化与提升过程中，建成了经济管理实验教学中心，下设财务与会计实验室、企业管理实验室、经济与贸易实验室。该中心覆盖了会计、财务与投资、企业管理、营销管理、经济与贸易、知识管理、实验经济学等七个实验教学领域。该中心由实验室与专业系共同建设，专业教师与实验教师密切合作，取得了实质性的进展，成果"工商管理专业实践教学体系构建与实施"获得了2008年北京市教育教学成果奖（高等教育）一等奖，并完成了这套经济管理实验教学教材丛书。

在北京市属高等学校科技创新平台、北京市重点建设学科、北京知识管理研究基地与北京市属高等学校人才强教计划项目资助下，出版这套经济管理实验实习教材丛书。

对于培养应用型人才来说，实践教学教材就显得十分重要，且需求量大。但鉴于实践教学教材个性化、差异化强，编写出版难度大，市场上可供选择的实践教学教材少，不能满足需求。这套教材是一种尝试，是一种交流，也是一种学习，难免有不当甚至错误之处，敬请批评指正。

我们有信心，在北京市教委与学校大力支持与领导下，依靠学科、科研、教学与实验教学团队，精心设计、组织与建设，把经济管理实验教学中心建成为北京市实验教学示范中心，为北京市经济社会发展培养急需的应用型人才作出更大的贡献。

主编　刘　宇

2009年9月于北京天通苑

前　言

Preface

　　统计学是认识自然世界数量规律的工具，具体地说是一门研究如何根据客观事物的随机性规律来收集、整理、分析数据并用于进行推断、预测的科学。它也是经济管理类本科专业的核心基础课。随着计算机技术的飞速发展和统计软件的推陈出新，提高了统计方法的普适性和人们对统计方法的应用能力。

　　目前，国内很多统计学教材都增加了软件的内容，有的采用国际上较为权威的社科统计软件——SPSS，有的采用 Office 办公系统中的 Excel 软件，这些教材与我们实际教学中面向理工科院校学生的统计学教学内容有一定的差距。因此，实际教学中既需要我们与理论讲授内容相适应的实验教材，同时也需要我们引导同学们针对大家感兴趣的社会经济热点问题进行探索研究式学习——课程设计，这里包括各种类型数据的调查、数据的筛选审核、计算分析以及输出结果的正确理解和解释等。为此我们力图编写出一本符合目前国内培养应用型人才的教育教学需求、满足年轻学子实践需求的统计实验教材。使教材不仅能够比较详细地介绍Excel的应用和 SPSS 操作流程，成为巩固理论而安排的上机操作的指导书，而且能够引导学生对他们自身感兴趣的问题通过团队合作进行数据调查，成为课程设计前期的数据调查与处理和撰写统计分析报告的参考教材。

本教材分为四部分。第一部分主要介绍 Excel 和 SPSS 软件的基础知识，包括 Excel 主要操作方法和步骤、Excel 主要函数简介，SPSS 概述、SPSS 基本操作，其他统计软件概述等。第二部分由基于 Excel 的八个实验构成，着重介绍 Excel 在统计学上的应用，其中包括用 Excel 收集与整理数据、计算综合指标、时间序列分析、指数分析、参数估计与假设、方差分析与实验设计、相关与回归分析和时间序列预测等。第三部分由八个实验组成，侧重于用 SPSS 软件对数据进行较为常规的描述性分析、时间序列分析、参数估计、假设检验等方法的操作流程介绍，同时对 Excel 所没有的、SPSS 特有的聚类分析和信度分析也作了较为详细的介绍。第四部分为统计学在生活和学习中的应用。抽选了两篇调查报告作为参考。报告题材取自同学们自己感兴趣的问题，虽然报告的体系不强，阐述问题也不全面，但是展现了同学们自己的想法和意愿。另外，为介绍如何开展调查和数据的收集工作，给出了两个已经用于实际调查的成熟问卷，供参考之用。

本教材的编写，试图体现教材的实用性、简明性、时代性。例题的取舍结合了多年的教学实践，各种函数、各类分析工具的使用都尽可能用贴近学生、贴近生活的事例作为例题。

本教材是北京市"文管综合实践教学示范中心"建设项目的建设成果之一。该教材整体框架和体例由张虹负责设计、统筹。各章编写分工如下：张虹负责编写第一、第二部分和第四部分；聂铁力负责编写第三部分；朱晓燕和党宝珍分别对教材的编写提出了建设性的意见和建议，提供了部分实验素材。

在本教材的编写过程中，得到了北京信息科技大学经济管理学院葛新权院长、刘宇副院长的大力支持，在此深表感谢。同时感谢企业管理系的曲立主任、金春华老师对教材的编写提出的宝贵意见和建议。

由于我们水平有限，编写时间仓促，难免有错漏之处，敬请读者批评指正，以便我们不断改进。

张　虹　聂铁力
2010 年 11 月

目 录

Contents

Contents

第一部分　统计软件简介

　　面对大量的变量和样本数据，传统的手工方法已不能满足统计分析的需要，只有依靠计算机才能得到精确且时效性强的结果。于是人们开发了许多统计软件，在实际工作中应用比较普遍的主要有 SPSS、Excel、SAS、MiniTab 等。

　　主要统计分析软件及其网址如下：

Statistica，http：//www. statsoft. com

BMDP，http：//www. spss. com

SYSTAT，http：//www. spss. com

StatMost，http：//www. datamost. com

Stata，http：//www. stata. com

S-Plus，http：//www. mathsoft. com/splus

SimStat，http：//www. simstat. com

SHAZAM，http：//shazam. econ. ubc. ca

DataDesk，http：//www. datadesk. com/datadesk

Matlab，http：//www. matlab. com

　　为帮助大家了解、选择并掌握这些软件的使用，我们将重点对 Excel 和 SPSS 作介绍。

一 Excel 简介

Microsoft Excel 是美国微软公司开发的 Windows 环境下的电子表格系统，它是目前应用最为广泛的办公室表格处理软件之一。Excel 自诞生以来历经了 Excel 5.0、Excel 95、Excel 97、Excel 2000、Excel 2003 和 Excel 2007 等不同版本。随着版本的不断提高，Excel 软件的强大的数据处理功能和操作的简易性逐渐走入了一个新的境界，整个系统的智能化程度也在不断提高，它甚至可以在某些方面判断用户的下一步操作，使用户操作大为简化。这些特性，已使 Excel 成为现代办公软件最重要的组成部分之一。

（一）Excel 的主要功能和特点

Excel 具有强有力的数据库管理功能、丰富的宏命令和函数、强有力的决策支持工具，具体地说它具有以下主要特点。

1. 分析能力

Excel 除了可以做一些一般的计算工作外，还有 400 多个函数，用来做统计、财务、数学、字符串等操作以及各种工程上的分析与计算。Excel 还专门提供了一组现成的数据分析工具，称为"分析工具库"，这些分析工具为进行复杂的统计或计量分析工作带来极大的方便。

2. 操作简便

当需要将工作表上某个范围内的数据移到工作表上的另一个位置时，只需按鼠标键，选取要移动的资料，将该范围资料拖动至所需的位置，松开鼠标即可。如果要将公式或数据复制到临近的单元格内，可以拖动"填充柄"，公式或数据就会被复制到目标单元格中。此外，在使用 Excel 时，可以单击鼠标右键，屏幕上将出现相应的"快捷菜单",它将帮助用户尽快地寻找到所需要的常用命令。

Excel 内有许多工具按钮,每一个按钮代表一个命令。例如,要建立一个新的工作簿文件,就可直接按下工具栏第一个按钮,而不必先选择"文件"菜单,然后再选择其中的"打开"命令。在 Excel 2000 中,系统共有 14 组常用的工具栏,用户可以自由选择加入或隐藏这些工具栏。

3. 图表能力

在 Excel 中,系统大约有 100 多种不同格式的图表可供选用,用户只要做几个简单的按键动作,就可以制作精美的图表。通过图表指南一步步的引导,可使用不同的选项,得到所需的结果,满意的话就继续,不满意则后退一步,重新修改选项,直到最后出现完美的图表。

4. 数据库管理能力

对于一个公司,每天都会产生许多新的业务数据,例如,销售数据、库存的变化、人事变动、生产成本、财务管理的数据资料等。这些数据必须加以处理,才能知道每段时间的销售金额、某个时候的存货量、要发多少薪水给每个员工、企业流动资金状况等。要对这些数据进行有效的处理,就离不开数据库系统。所谓数据库系统,就是一组有组织的信息。例如,将每位职员的简历写在一张卡片上,卡片放在盒子内,盒子内的数据通常组成列和行。再如,每种产品的产地、规格、单位、单价和数量组成一列,每一行都包含同一属性的数据,每列都包含同一品种的数据,即每列都有产地、规格、单位、单价和数量。

管理数据库可用专门的数据库管理系统,如 Access、FoxPro、SQL Server、Oracle、Sybase 等。在 Excel 中提供了类似的数据库管理功能,保存在工作表内的数据都是按照相应的行和列存储的,这种数据结构再加上 Excel 提供的有关处理数据库的命令和函数,使得 Excel 具备了组织和管理大量数据的能力。

5. 宏语言功能

利用 Excel 中的宏功能，用户可以将经常要执行的操作的全过程记录下来，并将此过程用一个简单的组合按键或工具按钮保存起来。这样，在下一次操作中，只需按下所定义的宏功能的相应按键或工具按钮即可，而不必重复整个过程。例如，可以定义一个打开最后编辑文件且可以自动执行的宏，以后当用户打开 Excel 后，将自动打开上一次编辑的工作簿。

在 Excel 中，用户可使用 Visual Basic For Application（VBA）语言，进行宏命令的开发。利用宏命令，用户可以将 Excel 的下拉菜单和对话框进行更改或将图形按钮的说明进行更换，使它们更适合于用户的工作习惯和特殊要求。

6. 样式功能

在 Excel 中，用户可以利用各种文字格式化的工具和制图工具，制作出美观的报表。Excel 工作表里的资料，在打印以前可将其放大或缩小以便进行观察，用户可以对要打印的文件作微调。

用户可将要打印出的格式制作好，存储成样本文件，以后可以读取此样本文件，并依据样本文件的格式打印出美观的报表。Excel 的专业文书处理程序具有样式工具。所谓样式，就是将一些格式化的组合用一个名称来表示，以后要使用这些格式化的组合时，只要使用此名称即可，这样可大幅度地节省报表格式化的时间。

7. 对象连接和嵌入功能

利用对象连接和嵌入功能，用户可将其他软件（例如，画图）制作的图形插入 Excel 的工作表中。当需要更改图案时，只要在图案上双击鼠标键，制作该图案的程序就会自动打开，图案将出现在该图形编辑软件内，修改、编辑后的图形也会在 Excel 内显示出来。也可以将一个声音文件或动画文件嵌入 Excel 工作表中，使工作表变为一幅声情并茂的报表。

8. 连接和合并功能

通常，每个工作内容在一张工作表上执行即可，早期的工作表软件都只能在一张工作表上执行。但有时需要同时用到多张工作表，例如，公司内每个分公司每月都会有会计报表，要将各分公司区的资料汇总起来，就需要用到连接和合并功能。Excel 很容易将工作表连接起来，并进行汇总工作。Excel 内一个工作簿可以存放许多工作表、图形等，每个工作簿文件最多可以由 255 张工作表组成。

Excel 储存的单位是工作簿，而不是单一的工作表。当启动 Excel 时，就自动打开了工作簿，一个工作簿内最多可以有 255 个工作表，工作簿内除了可以存放工作表外，还可以存放宏表、图表等。一个工作簿内，可以同时处理多张工作表。在默认情况下，每一个工作簿文档会打开 3 个工作表文档，分别以 Sheet1、Sheet2、Sheet3 来命名。工作表的名字显示在工作簿文档窗口底部的选项卡里（如图 1 - 1 - 1 所示）。

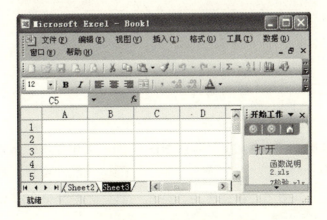

图 1 - 1 - 1　工作簿名称

所谓选项卡，也就是指每一个工作表的名字。我们可以在选项卡上单击工作表的名字，来实现在同一工作簿中不一样工作表的切换。如果我们要找的工作表名称没有在底部的选项卡中显示，则可以通过按下选项卡滚动按钮来将它移动到当前的显示选项卡中。

工作表是指由"65536"行和"256"列所构成的一个表格，行号的编号是由上自下从"1"到"65536"编号；列号则由左到右采纳字母编号为"A"……"IV"，如图 1 - 1 - 2 所示。每一个行、列坐标所指定的位置称为单元格。

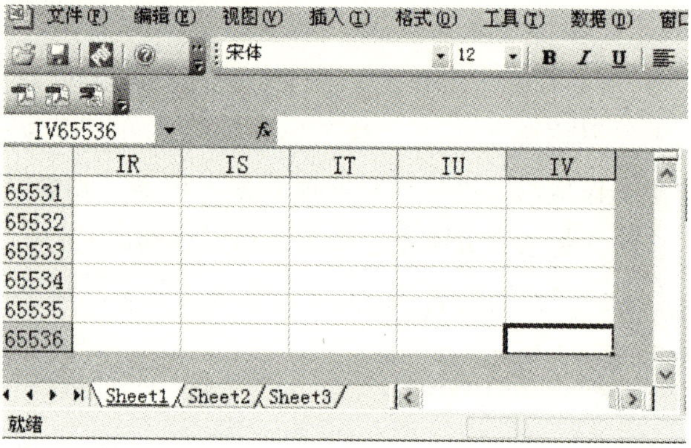

图 1 - 1 - 2 边际单元格所在的位置

（二）Excel 界面简介

1. Excel 工作界面简介

按图 1 - 1 - 3 从上到下的顺序，Excel 工作界面包含如下几项内容："标题"栏、"菜单"栏、"工具"栏、"编辑"栏、工作表、工作表名、滚动条和"状态"栏。下面分别介绍它们的作用。

（1）"标题"栏。"标题"栏告诉我们正在运行的程序名称以

及正在打开的文件名。标题栏显示"Microsoft Excel-Book1",表示
此窗口的应用程序为 Microsoft Excel,在 Excel 中打开的文件名为
Book1. xls。

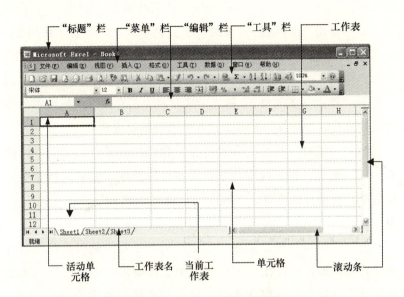

图 1 – 1 – 3 Excel 的工作界面

(2)"菜单"栏。"菜单"栏按照功能将 Excel 命令分成不同
的菜单组,它们分别是"文件"、"编辑"、"视图"、"插入"、"格
式"、"工具"、"数据"、"窗口"和"帮助"。当"菜单"项被选
中时,弹出一个下拉菜单,可以从中选取相应的子菜单。

另外,在屏幕的不同地方单击鼠标右键时,"快捷菜单"
将出现在鼠标指针处。选取"快捷菜单"中的命令与"菜单"
栏的菜单上选取相应命令的效果是相同的,但选取速度明显
增快。

(3)"工具"栏。Excel 可显示几种"工具"栏,这些工具
可简化操作。"工具"栏中的按钮都是"菜单"中常用命令的
副本,当鼠标指向某一按钮后,很快在按钮右下方会显示该按

钮的说明。用户可以配置"工具"栏的内容,通过"视图"菜单中的"工具"栏子菜单来选择显示不同类型的"工具"或全部显示出来。通常出现在 Excel 开始的屏幕中,有两类"工具"栏。

①"常用"工具栏。"常用"工具栏中为用户准备了访问 Excel 最常用命令的快捷按钮,如"新建文件"按钮、"打开文件"按钮、"保存文件"按钮和"打印预览"按钮等。

②"格式"工具栏。"格式"工具栏专门存放那些和文本外观有关的命令,如字体、字号、对齐方式及其他选项。

(4)"编辑"栏。"编辑"栏给我们提供了活动单元格的信息。在"编辑"栏中我们可以输入和编辑公式,也可以查看所停留的单元格的具体信息。"编辑"栏由"名称框"和"公式"栏组成。

位于"编辑"栏左侧的"名称框"中显示的是活动单元格所处的具体位置,也可在"名称框"中直接输入一个或一片单元格的地址进行单元格的快速选定;位于"编辑"栏右侧的"公式"栏可用于编辑活动单元格的内容,它包含三个按钮和一个编辑区。当向活动单元格输入数据时,"公式"栏中便出现三个按钮,三个按钮从左至右分别是:"×"(取消)按钮、"√"(确认)按钮和"="(公式指南)按钮。

通常 Excel 在工作区中显示"编辑"栏。在"视图"菜单中的"编辑"栏命令是一个开关命令,它可以用于隐藏或显示"编辑"栏。

(5)工作表。工作簿窗口包含了16张独立的工作表(Sheet)。打开文件时,屏幕左下角默认显示第一张工作表"Sheet 1"为当前工作表。当前工作表只有一张,用户可通过点击工作表下方的标签,激活其他工作表作为当前工作表。

工作表是一个由行和列组成的表格。行号和列号分别用字母和数字表述。行自上而下，范围在 1 ~ 65536 之间；列号则由左到右采用英文字母编号，从 A 到 IV，计 256 列。若超过以上范围，则会被 Excel 自动截去。每一个行、列坐标所指定的位置称之为单元格。在单元格中用户可以键入符号、数值、公式以及其他内容。

（6）工作表名。工作表名称通常用"Sheet1"、"Sheet2"等来表示，我们也可以通过用鼠标右击它们，选择弹出菜单中"重命名"命令来修改工作表名。Excel 一般同时显示工作表队列中的前 3 个工作表名。利用工作表队列左边的一组滚动按钮可显示队列中的后续工作表。文件窗口中的工作表称之为当前工作表，当前工作表显示为白色，其他表为灰色。

（7）滚动条

当工作表很大时，如何在窗口中查看表中的全部内容呢？可以使用工作簿窗口右边及下边的滚动条，使窗口在整张表上移动查看，也可以通过修改常用"工具"栏中"显示比例框"的参数来扩大整个工作表的显示范围。

（8）"状态"栏

"状态"栏位于 Excel 窗口底部，它的左端是信息区，右端是键盘状态区。

在信息区中，显示的是 Excel 的当前工作状态。例如，当工作表可以接受命令或数据时，信息区就显示"就绪"；当在"编辑"栏中键入新的内容时，信息区则显示"输入"；当选取菜单命令或工具按钮时，信息区显示此命令或工具按钮用途的简要提示。

在键盘状态区中，显示的是若干按键的开关状态。例如，当按【Caps Lock】键时，"状态"栏中便显示"CAPS"。与"编辑"栏相同，在"视窗"菜单中的"状态"命令是一个开关命令，它可以用于隐藏或显示"状态"栏。

2. Excel 的基本操作

要完成任一项 Excel 操作，一般都可以找到三种操作方法：鼠标操作、菜单操作和键盘命令操作。例如，想要将 A1 单元格的数据复制到 A2 单元格去，有如下几种操作方法。

（1）鼠标操作法。先用鼠标选中 A1 单元格，然后缓慢移动鼠标到 A1 单元格的右下角，当鼠标的形状变为黑色实心"十"字形之后，拖动鼠标到 A2 单元格，然后放开鼠标，则 A1 的数据就复制到 A2 单元格了。

（2）菜单操作法。先用鼠标选中 A1 单元格，选择菜单【编辑】→【复制】，然后用鼠标选中 A2 单元格，再选择【编辑】→【粘贴】命令，这样数据就复制到 A2 单元格了。

（3）键盘命令操作法。直接用鼠标选中 A2 单元格，从键盘输入"＝A1"命令，则复制即告完成。

以上是 Excel 中很典型的三种操作方法。在实际使用过程中，应根据实际情况，尽量选择三种方法中最简洁的操作方法，以提高操作速度。

（三）Excel 的主要操作方法和步骤

1. 文件基本操作

（1）新建文件。选择【文件】→【新建】即可创建一个新的 Excel 文件。

（2）打开文件。选择【文件】→【打开】，可在 Excel 中打开一个已经存在的数据文件。它可以是 Excel 的数据文件，也可是 Excel 兼容的其他软件的数据文件。可在不同窗口中同时打开多个数据文件，通过【窗口】菜单下方的不同选项，进行不同窗口的切换。

（3）保存文件。选择【文件】→【保存】，可保存当前数据文件。如果选择【另存为】，可将当前工作簿存为一个新的文件。保存文件的格式可以是 Excel 的数据文件，也可是 Excel 兼容的其他软件的数据文件。

（4）文件打印。选择【文件】→【打印】，可打印当前的工作簿文件。打印之前，可以选择【文件】→【页面设置】和选择【文件】→【打印预览】，进行打印前的页面设置操作和打印效果的预先浏览。

2. 数据的输入输出操作

（1）数据的手动输入。建立一个新的 Excel 文件之后，便可进行数据的输入操作。Excel 中以单元格为单位进行数据的输入操作。一般用上下左右光标键、Tab 键或用鼠标选中某一单元格，然后输入数据。

Excel 中的数据按类型不同通常可分为四类：数值型、字符型、日期型和逻辑型。Excel 根据输入数据的格式自动判断数据属于什么类型。如果是日期型的数据输入格式为"月/日/年"、"月－日－年"或"时：分：秒"。如果要输入逻辑型的数据，输入"true"（真）或"false"（假）即可。若数据由阿拉伯数字与小数点构成，Excel 自动将其识别为数值型，数值型数据又分为货币型和科学计数型。除了以上三种格式以外的数据，Excel 将其视为字符型数据。

（2）公式生成数据。Excel 的数据中也可由公式直接生成。例如，在当前工作表中 A1 和 B1 单元格中已输入了数值数据，欲将A1 与 B1 单元格的数据相加的结果放入 C1 单元格中，可按如下步骤操作：用鼠标选定 C1 单元格，然后在编辑栏输入公式" = A1 + B1"或输入" = SUM（a1：b1）"，回车之后即可完成操作。C1 单元格此时存放的是一个数学公式"A1 + B1"，因此 C1 单元格的数值将随着 A1、B1 单元格的数值的改变而变化。Excel 提供了完整的算术运算符，如 +（加）、 －（减）、 *（乘）、 /（除）、%（百分比）、 ∧（指数），同时也提供了丰富的函数，如 SUM（求和）、CORREL（求相关系数）、STDEV（求标准差）等。在 Excel 帮助文件中可以查到各类算术运算符和函数的使用说明。

（3）复制生成数据。Excel中的数据也可复制生成。有时需要生成的数据具有相同的规律性时，大部分的数据可以复制生成。可以在不同单元格之间复制数据，也可以在不同工作表或不同工作簿之间复制数据；可以一次复制一个数据，也可同时复制一批数据，为数据输入带来了极大的方便。普通单元格的复制结果与公式单元格的复制结果相差较大，下面分别予以说明。

①普通单元格指的是非公式的单元格。普通单元格的复制，一般可按如下步骤进行。

拖动鼠标选定待复制的区域，选定之后该区域变为黑色。Excel可以进行整行、整列或整个表格的选定操作，例如，如果要选定表格的第一列，可直接用鼠标单击列标钮"A"；如果要选定表格的第一行，可直接用鼠标单击行标钮"1"；如果要选定整个表格，可直接点击全选钮，如图1-1-4所示。

图1-1-4　表格的选定

选定完区域之后，用鼠标右击该区域，选择"复制"，则将区域内容复制到粘贴版之中。此时可以看到该区域已被虚线包围。

用鼠标右击目标区域，选择"粘贴"，则单元格区域的复制即可完成。

②公式单元格的复制。一般可分为两种：一种是数值复制；一种是公式复制。数值复制指的是只复制公式的计算结果到目标区域，公式复制指的是复制公式本身到目标区域。

公式复制是 Excel 数据成批计算的重要操作方法，要熟练公式复制的操作首先要区分好两个概念：单元格的相对引用与绝对引用。Excel 中的公式中一般都会引用到单元格的数值，如果希望当公式复制到其他区域时，公式引用单元格不会随之相对变动，那么必须在公式中使用单元格的绝对引用。如果希望当公式复制到其他区域时，公式引用单元格也会随之相对变动，那么就必须在公式中使用单元格的相对引用。

在公式中如果直接输入单元格的地址，那么默认的是相对引用单元格。如果在单元格的地址之前加入"＄"符号，那么意味着绝对引用单元格。例如，在当前工作表中 A1 和 B1 单元格中已输入了数值数据，用鼠标选定 C1 单元格，然后输入公式"＝A1＋B1"，此公式引用的便是两个相对的单元格 A1、B1 中的数值，那么，若将该公式复制到 C2、C5 的单元格，公式所引用的单元格的地址将随之发生变化，公式将变为"＝A2＋B2"，"＝A5＋B5"；如果将该公式复制到 F5 的单元格，那么公式将变为"＝D5＋E5"，即公式的内容随着公式的位置变化而相对变化。

如果在 C1 单元格输入的是"＝＄A＄1＋＄B＄1"，那么此公式引用的便是绝对的单元格，不论将公式复制到何处，公式的内容都不会发生变化。当然，绝对引用和相对引用亦可在同一公式之中混合交叉使用。例如，如果在 C1 单元中输入的是公式"＝A＄1＋B＄1"，那么意味着公式的内容只会随着公式的列变动而变动，而不会随着公式的行变动而变动。如果将该公式复制到 F5 单元格，那么公式将变为"＝D＄1＋E＄1"。可以作这样的归纳：公式中"＄"符号后面的单元格坐标不会随着公式的移动而变动，而不带"＄"符号后面的单元格坐标会随着公式的移动而变动。

在实际使用中，如果能把单元格的相对引用与绝对引用灵活应用到 Excel 的公式之中，能为数据成批准确运算带来极大的方便。

3. 数据的移动操作

数据的移动操作可按如下步骤进行：

（1）拖动鼠标选定待移动区域。

（2）用鼠标右击选定区域，选择"剪切"选项。

（3）用鼠标右击目标区域，选择"粘贴"，则单元格区域的移动即可完成。

与数据的复制操作不同，公式单元格的移动操作不存在数值移动或公式移动的区别，也不存在绝对引用和相对引用的区别，移动操作将把公式单元格的公式内容原原本本移动到目标区域，不作任何改动。

4. 数据的删除操作

数据的删除操作可按如下步骤进行：

（1）拖动鼠标选定待删除区域。

（2）用鼠标右击选定区域，选择"删除"，即可删除单元格区域的内容。

如果不小心删除了不该删除的区域，可以通过"编辑"菜单中的"撤销"命令或工具栏中的撤销钮来恢复被删除的内容。

5. 与其他软件交换数据的方法

在 Excel 中可以打开其他类型的数据文件，如 FoxPro 系列的 DBF 数据库文件、文本文件、Lotus1－2－3 的数据文件等。具体操作方法如下：

（1）选择【文件】 => 【打开】。

（2）在【打开文件】对话框中选择所要打开的文件的类型及

其所在的目录。

（3）用鼠标双击该文件名，并按 Excel 提示步骤操作即可打开该文件。

Excel 文件同样也可保存为其他类型的数据文件，具体操作方法如下：

（1）编辑好文件后，选择【文件】 => 【另存为】。

（2）在【另存为】对话框中选择所要打开文件的类型及其所在的目录。

（3）输入文件名之后，用鼠标单击【保存】按钮即可。

前面介绍了 Excel 的一些比较主要的基本操作方法，在 Excel 中还有许多其他的基本操作，如表格显示格式控制、打印格式控制、Excel 帮助的使用等，在应用 Excel 进行统计数据分析之前熟练这些操作是很有必要的。下面将开始介绍 Excel 在统计分析中应用需要加载的"数据分析"工具。

（四）加载"数据分析"工具

在使用 Excel 进行数据分析时，要经常使用 Excel 中的一些函数和"数据分析"工具。其中，函数是 Excel 预定义的内置公式。它可以接受被称为参数的特定数值，按函数的内置语法结构进行特定计算，最后返回一定的函数运算结果。例如，使用 SUM 函数对单元格或单元格区域执行相加运算；使用 PMT 函数在给定的利率、贷款期限和本金数额基础上计算偿还额。函数的语法以函数名称开始，后面是左圆括号、以逗号隔开的参数和右圆括号。参数可以是数字、文本、形如 TRUE 或 FALSE 的逻辑值、数组、形如 N/A 的错误值，或单元格引用。给定的参数必须能产生有效的值。参数也可以是常量、公式或其他函数。

Excel 还提供了一组数据分析工具，称为"分析工具库"，它包括方差分析、相关系数分析、协方差分析、描述统计分析、指数平滑分析、F－检验、傅里叶分析、直方图分析、移动平均分析、随机数发生器、排位与百分比排位、回归分析、抽样分析、t－检验、z－检验等，在建立复杂的统计分析时，利用这些数据分析工具，可以提供很大帮助，节省很多时间。只需要为每一个分析工具提供必要的数据和参数，该工具就会使用适宜的统计或数学函数，在输出表格中显示相应的结果。其中的一些工具在生成输出表格时还能同时产生图表。如果要浏览已有的分析工具，可以单击"工具"菜单中的"数据分析"命令。如果"数据分析"命令没有出现在"工具"菜单上，则必须运行"安装"程序来加载"分析工具库"。具体步骤如下。

　　第一步：打开"工具"主菜单，从下拉的菜单中找到"加载宏"，如图 1 - 1 - 5 所示。点击该选项，出现如图 1 - 1 - 6 所示的对话框。

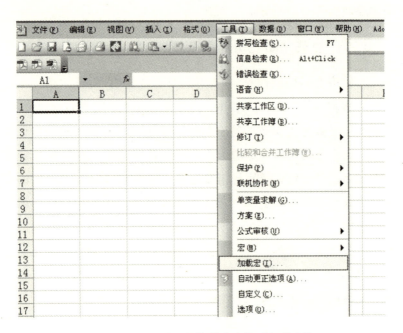

图 1 - 1 - 5　　"工具"菜单中的"加载宏"

第二步：安装完毕之后，必须通过"工具"菜单中的"加载宏"命令，在"加载宏"对话框中选择并启动它。

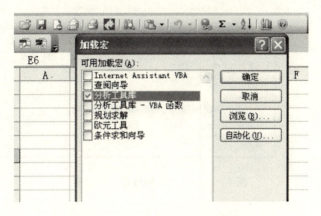

图1-1-6　"加载宏"对话框

第三步：加载之后，打开"工具"菜单，就会出现"数据分析"命令，如图1-1-7所示。点击"数据分析"选项，出现图1-1-8，我们就可以使用Excel进行统计分析了。

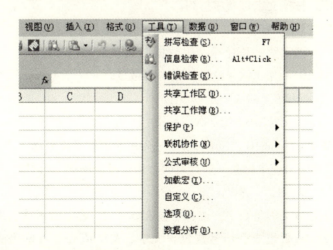

图1-1-7　"数据分析"工具已经加载完毕

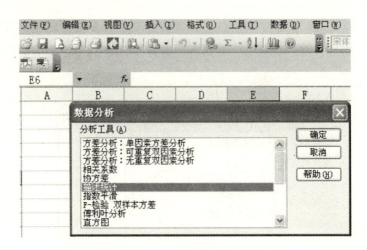

图 1 – 1 – 8 "数据分析"对话框

（五）Excel 主要统计函数简介

应用 Excel 进行统计分析，需要了解描述数据特征和趋势的各种函数，包括函数名称、表征的意义、计算依据，以及在 Excel 中的运算方法。下面给出 Excel 在统计分析中运用的 73 种函数的简要说明，按英文字母顺序排列。

1. AVEDEV

平均差函数，是计算一组数据与其自身均值的绝对差的平均值。AVEDEV 用于测量这组数据的离散度。

（1）语法：

AVEDEV（Number1，Number2，…）

其中：Number1，Number2，…为用于计算平均差的一组参数，也可以用 Excel 中的某一列数组代替用逗号分隔的一组参数。

（2）说明：

①参数必须是数字，或者是包含数字的名称、数组或引用。

②如果数组或引用参数包含文本、逻辑值或空白单元格，则这些值将被忽略；但包含零值的单元格将计算在内。

③平均偏差的公式为：

$$\frac{1}{n} \mid x - \bar{x} \mid$$

输入数据所使用的计量单位将会影响函数 AVEDEV 的计算结果。

（3）例示：计算样本数据的平均差。

①在 E5 单元格输入 "= AVEDEV（568，496，589，681，540，…）" 回车可得到这些数据的平均差（见图 1 - 1 - 9）。

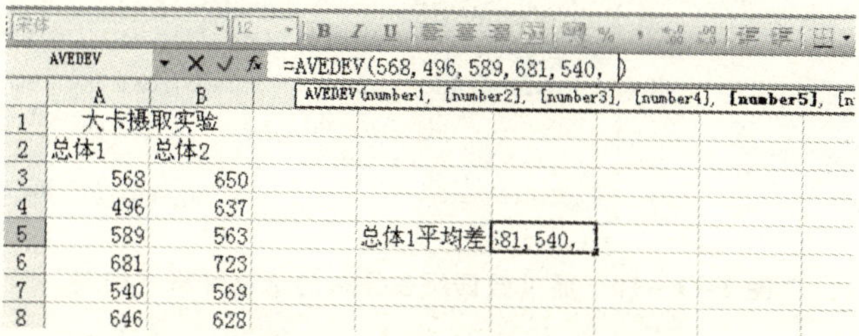

图 1 - 1 - 9　计算平均差

②在 E5 单元格中，通过统计函数 AVEDEV 的选择，在函数参数中点击 A3（不松键）拖至 A17，【确定】也可得到这些数据的平均差（见图 1 - 1 - 10）。

2. BETADIST

贝塔（Beta）累积分布密度函数通常用于研究样本中一部分数据的变化情况。例如，人们一天中看电视的时间比率。

（1）语法：

BETADIST（x, Alpha, Beta, A, B）

其中：x——用以计算函数的值，居于可选性数据上下界（A
　　　　和 B）之间；

　　　 Alpha——分布参数；

Beta——分布参数；

A——x 所选区间的下界值；

B——x 所选区间的上界值。

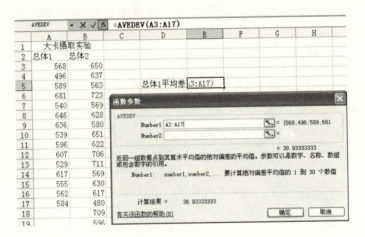

图 1 - 1 - 10　通过数据所在区域的选择计算平均差

（2）说明：

①如果任意参数为非数值型，函数 BETADIST 返回错误值 #VALVE！。

②如果 Alpha ≤ 0 或 Beta ≤ 0，函数 BETADIST 返回错误值 #NUM！。

③如果 $x < A$、$x > B$ 或 A = B，函数 BETADIST 返回错误值 #NUM！。

④如果省略 A 或 B 值，BETADIST 函数自动使用标准 Beta 分布的累积函数，即 A = 0，B = 1。

（3）例示：计算 2 的贝塔累积分布的概率密度值。其中 Alpha 和 Beta 分布参数分别输入的是 8 和 10；数值取值范围的上、下限是 3 和 1。这种条件下 2 的贝塔分布累积函数值为 0.68547（见图 1 - 1 - 11）。

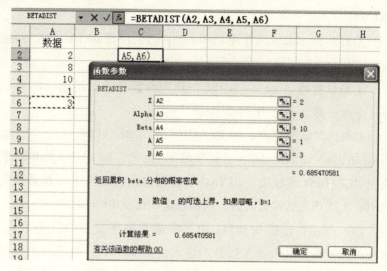

图 1 - 1 - 11　贝塔累积分布函数值的计算

3. BETAINV

贝塔（beta）累积分布函数的反函数。即如果 Probability = BE-TADIST（x，…），则 BETAINV（Probability，…）= x。贝塔分布反函数可用于项目设计，如在给定平均完成时间和变化参数后，模拟可能完成的时间。

（1）语法：

BETAINV（Probability，Alpha，Beta，A，B）

其中：Probability——Beta 分布的概率值；

　　　Alpha——分布参数；

　　　Beta——分布参数；

　　　A——x所选区间的下界值；

　　　B——x所选区间的上界值。

（2）说明：

①如果任意参数为非数值型，函数 BETAINV 返回错误值 #VALVE!。

②如果 Alpha ≤ 0 或 Beta ≤ 0，函数 BETAINV 返回错误值

#NUM!。

③如果 Probability≤0 或 Probability＞1，函数 BETAINV 返回错误值#NUM!。

④如果省略 A 或 B 值，BETAINV 函数自动使用标准的累积 Beta 分布，即 A＝0，B＝1。

如果已给定概率值，则 BETAINV 使用 BETADIST（x，Alpha，Beta，A，B）＝Probability 求解数值 x。因此，BETAINV 的精度取决于 BETADIST 的精度。BETAINV 使用迭代搜索技术。如果搜索在 100 次迭代之后没有收敛，则函数返回错误值#N/A。

（3）例示：计算 0.68547 的贝塔累积概率分布的反函数值。其中 Alpha 和 Beta 分布参数分别输入的是 8 和 10；数值取值范围的上、下限输入的是 3 和 1。这种条件下 0.68547 的贝塔累积分布反函数值为 2（见图 1－1－12）。

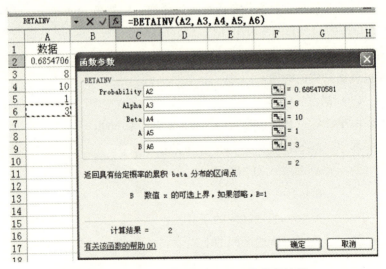

图 1－1－12　贝塔累积分布反函数值的计算

4. BINOMDIST

二项分布函数，用于计算二项分布的概率值。BINOMDIST 函数适用于固定次数的独立试验，当试验的结果只包含成功与失败或通过与不通过这样两种情况时，且当成功的概率在试验期间固定不变。例如，BINOMDIST 函数可以计算三个婴儿中两个是男孩的概率。

（1）语法：

BINOMDIST（Number_s，Trials，Probability_s，Cumulative）

其中：Number_s——试验成功的次数；

   Trials——独立试验的次数；

   Probability_s——每次试验中成功的概率；

   Cumulative——逻辑值，用于确定函数的形式。如果 cumulative 输入 TRUE，BINOMDIST 函数会返回累积分布函数，即至多 Number_s 次成功的概率；如果输入 FALSE，会返回概率密度函数。

（2）说明：

①Number_s 和 Trials 将被截尾取整。

②如果 Number_s、Trials 或 Probability_s 为非数值型，函数 BINOMDIST 返回错误值#VALVE!。

③如果 Number_s < 0 或 Number_s > Trials，函数 BINOMDIST 返回错误值#NUM!。

④如果 Probability_s < 0 或 Probability_s > 1，函数 BINOMDIST 返回错误值#NUM!。

⑤一元二项式概率密度函数的计算公式为：

$$B(x,n,p) = \binom{n}{x} p^m (1-p)^{n-m}$$

一元二项式累积分布函数的计算公式为：

$$b(x,n,p) = \sum_{y=0}^{m} B(y,n,p)$$

（3）例示：在抛币游戏中，正面朝上的概率为50%，求在10次抛币中6次正面朝上的概率（见图1-1-13）。

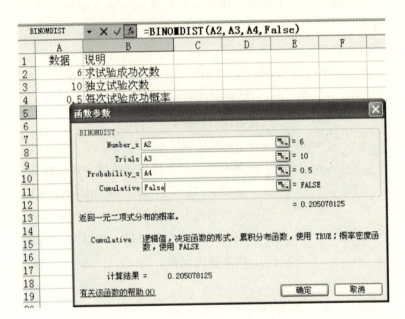

图1-1-13　抛币正面朝上的概率计算

计算结果表明，在10次抛币中，6次正面朝上的概率为20.508%。

5. CHIDIST

χ^2分布的单尾概率函数。χ^2分布用于χ^2检验。通常使用该函数来比较观测结果与期望值之间的数量关系。

（1）语法：

CHIDIST（x，Degrees_freedom）

其中：x——用来计算分布的数值；

　　　　Degrees_freedom——自由度。

（2）说明：

①如果任一参数为非数值型，函数CHIDIST返回错误值#VAL-

UE!。

②如果 x 为负数，函数 CHIDIST 返回错误值#NUM!。

③如果 Degrees_freedom 不是整数，将被截尾取整。

④如果 Degrees_freedom < 1 或 Degrees_freedom ≥ 10^10，函数 CHIDIST 返回错误值#NUM!。

⑤函数 CHIDIST 按 CHIDTST = P（X > x）计算，式中 X 为 χ^2 的随机变量。

（3）例示：计算自由度为 24，χ^2 统计量的取值大于 15 的概率（见图 1 – 1 – 14）。

图 1 – 1 – 14　χ^2 的单尾概率函数计算

计算结果等于 0.92075。

6. CHIINV

χ^2 分布单尾概率的反函数。如果 Probability = CHIDIST（x，…），则 CHIINV（Probability，…）= x。根据 χ^2 分布的右尾侧概率 α 和自由度得到相应的临界值，用于检验。

（1）语法：

CHIINV（Probability，Degrees_freedom）

其中：Probability——χ^2 分布的单尾概率；

Degrees_freedom——自由度。

（2）说明：

①如果任一参数为非数字型，则函数 CHIINV 返回错误值#VALUE!。

②如果 Probability < 0 或 Probability > 1，则函数 CHIINV 返回错误值#NUM!。

③如果 Degrees_freedom 不是整数，将被截尾取整。

④如果 Degrees_freedom < 1 或 Degrees_freedom ≥ 10^10，函数 CHIINV 返回错误值#NUM!。

如果已给定概率值，则 CHIINV 使用 CHIDIST（x，Degrees_freedom）= Probability 求解数值 x。因此，CHIINV 的精度取决于 CHIDIST 的精度。CHIINV 使用迭代搜索技术。如果搜索在 100 次迭代之后没有收敛，则函数返回错误值#N/A。

（3）例示：计算自由度为 24，显著性水平为 0.1 的卡方临界值（见图 1 – 1 – 15）。

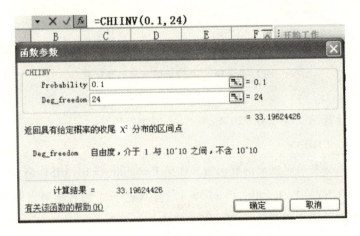

图 1 – 1 – 15　卡方临界值的计算

计算结果表明，在自由度为 24，显著性水平为 0.1 时，卡方临界值为 33.19624。

7. CHITEST

χ^2 分布的概率值函数。CHITEST 函数返回相应自由度下 χ^2 分布的概率 P 值，而非依照卡方计算公式计算的值。该函数不仅用于测定两个分类变量间独立性检验和拟合优度检验，还可以使用 χ^2 检验的 P 值确定假设值是否被实验所证实。

（1）语法：

CHITEST（Actual_range，Expected_range）

其中：Actual_range——包含观察值的数据区域，将和期望值
作比较；

Expected_range——包含行列汇总的乘积与总计值之比
率的数据区域。

（2）说明：

①如果 Actual_range 和 Expected_range 数据点的个数不同，则函数 CHITEST 返回错误值#N/A。

②χ^2 检验首先使用下面的公式计算 χ^2 统计量：

$$\chi^2 = \sum_{i=1}^{r} \sum_{j=1}^{c} \frac{(A_{ij} - E_{ij})^2}{E_{ij}}$$

其中：A_{ij}——第 i 行、第 j 列的实际观测频数；

E_{ij}——第 i 行、第 j 列的期望频数；

r——行数；

c——列数。

$\chi^2 \geq 0$。对于每个 i 和 j，当且仅当 $A_{ij} = E_{ij}$ 时，χ^2 为 0；$A_{ij} \neq E_{ij}$ 时，χ^2 大于 0。当 χ^2 的分布形态与自由度有关，行、列数越多，在不改变分布的情况下，χ^2 值越大。χ^2 描述了实际观察值与期望值的接近程度，实际观测值与期望值越接近，计算出的 χ^2 值越小。

CHITEST 返回在独立的假设条件下意外获得特定情况的概率。

在计算此概率时，CHITEST 使用具有相应自由度 df 的 χ^2 分布。如果 $r>1$ 且 $c>1$，那么自由度 $df=(r-1)(c-1)$。如果 $r=1$ 且 $c>1$，那么 $df=c-1$。或者如果 $r>1$ 且 $c=1$，则 $df=r-1$。不允许出现 r 和 c 同时为 1，如果出现同时为 1，会返回错误信息#N/A。

当 E_{ij} 不太小时，使用 CHITEST 最合适。某些统计人员建议每个 E_{ij} 应该大于等于 5。

（3）例示：对于某个有关事项，男女意向的表达结果见图 1 – 1 – 16 中左上角，计算其 χ^2 分布的概率值。

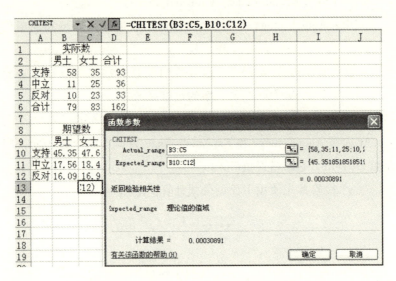

图 1 – 1 – 16　χ^2 分布的概率值的计算

得到的结果是 P 值为 0.000308，P 远远小于 α，表明男士与女士对该事项的意向存在显著差异。

8. CONFIDENCE

用于估计总体平均值置信区间的边际误差或最大允许误差的函数。置信区间为一个值域。样本平均值 x 位于该区域的中间，区域范围为 x ± CONFIDENCE。例如，如果通过邮购的方式定购产品，其交付时间的样本平均值为 x，则总体平均值的置信区间范围为 x ± CONFIDENCE。对于任何包含在本区间中的总体平均值 μ_0，从 μ_0 到 x，获取样本平均值的概率大于 α；对于任何未包含在本区间中的总体平均值 μ_0，从 μ_0 到 x，获取样本平均值的概率小于 α。换句话说，假设使用 x、Standard_dev 和 Size 构建一个显著性水平为 α 的双尾检验，那么总体平均值为 μ_0。如果 μ_0 包含在置信区间中，则不能拒绝该假设；如果 μ_0 未包含在置信区间中，则将拒绝该假设。置信区间不允许进行概率为 $1 - \alpha$ 的推断，此时下一份包裹的交付时间将肯定位于置信区间内。

（1）语法：

CONFIDENCE（Alpha，Standard_dev，Size）

其中：Alpha——用于计算置信度的显著水平数值。置信度等于（1 - Alpha）× 100%，亦即如果 α 为 0.05，则置信度为 95%；

Standard_dev——总体标准偏差，有些情况下可用样本标准差替代；

Size——样本容量。

（2）说明：

①如果任意参数为非数值型，函数 CONFIDENCE 返回错误值#VALUE!。

②如果 Alpha ≤ 0 或 Alpha ≥ 1，函数 CONFIDENCE 返回错误值#NUM!。

③如果 Standard_dev ≤ 0，函数 CONFIDENCE 返回错误值#NUM!。

④如果 Size 不是整数，将被截尾取整。

⑤如果 Size < 1，函数 CONFIDENCE 返回错误值#NUM!。

⑥如果假设 Alpha 等于 0.05，则需要计算等于（1 - Alpha）或 95% 的标准正态分布曲线之下的面积。其面积值为 ± 1.96。因

此置信区间为:

$$x \pm 1.96 \frac{\sigma}{\sqrt{n}}$$

（3）例示：假设样本取自 50 名乘车上班的职工，他们花在路上的平均时间为 40 分钟，总体标准偏差为 12.5 分钟。假设 $\alpha = 0.05$，计算 CONFIDENCE（0.05，12.5，50）的返回值为 3.4647596，如图 1 - 1 - 17 所示。

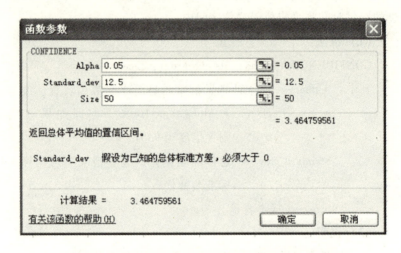

图 1 - 1 - 17   总体均值置信区间的边际误差的计算

那么，相应的置信区间为 30 ± 3.46，约为 [26.54，33.46] 分钟。对于任何包含在本区间中的总体平均值 μ_0，从 μ_0 到 30，获取样本平均值的概率大于 0.05。同样的，对于任何未包含在本区间中的总体平均值 μ_0，从 μ_0 到 30，获取样本平均值的概率小于 0.05。

9. CORREL

相关系数函数。使用相关系数可以确定两种属性之间的关系。例如，可以测定某地的平均温度和电量消耗情况之间的关系。

（1）语法：

CORREL（Array1，Array2）

其中：Array1——第一组数据所在的区域；

Array2——第二组数据所在的区域。

（2）说明：

①如果数组或引用参数包含文本、逻辑值或空白单元格，则这些值将被忽略；但包含零值的单元格将计算在内。

②如果 Array1 和 Array2 的数据点的个数不同，函数 CORREL 返回错误值#N/A。

③如果 Array1 或 Array2 为空，或者其数值的 s（标准偏差）等于零，函数 CORREL 返回错误值#DIV/0！。

④相关系数的计算公式为：

$$r_{x,y} = \frac{n\sum xy - \sum x\sum y}{\sqrt{n\sum x^2 - (\sum x)^2} \cdot \sqrt{n\sum y^2 - (\sum y)^2}}$$

（3）例示：根据表中的数据计算两列变量之间的相关系数（见图 1 – 1 – 18）。

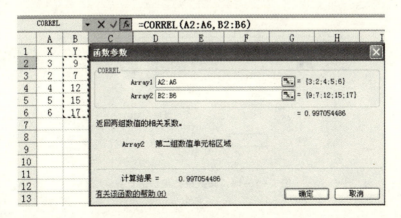

图 1 – 1 – 18 相关系数的计算

计算结果是两列变量之间的相关系数为 0.99705。

10. COUNT

频数统计函数。利用 COUNT 函数可以计算包含数字的单元格以及参数列表中的数字的个数。

（1）语法：

COUNT （Value1，Value2，…）

其中：Value1，Value2，…为包含或引用各种类型数据的参数（1～30 个），但只有数字类型的数据才被计算。

（2）说明：

①函数 COUNT 在计数时，将把数字、日期或以文本代表的数字计算在内；但是错误信息或其他无法转换成数字的文字将被忽略。

②如果参数是一个数组或引用，那么只统计数组或引用中的数字；数组或引用中的空白单元格、逻辑值、文字或错误信息都将被忽略。如果要统计逻辑值、文字或错误信息，请使用函数 COUNTA。

（3）例示：在 A 列输入的数据包括文字、日期、空格、数字、逻辑值和错误信息等：

①计算 A 列 7 个数据中包含数字的数据的个数，在 C6 输入 =COUNT （A2：A8），结果为 3，见图 1 - 1 - 19。

	C7	▼	*fx*	=COUNT(A5:A8)	
	A	B	C	D	
1	**数据**				
2	销售				
3	2008-12-8				
4					
5	19		公式	说明（结果）	
6	22.24		3	计算A列数据中包含数字的单元格的个数	
7	TRUE		2	计算A列数据的最后 4 行中包含数字的单元格的个数	
8	#DIV/0!				

图 1 - 1 - 19　频数统计函数的计算

②计算 A 列后 4 个数据中包含数字的数据的个数，在 C7 输入 =

COUNT（A5：A8），结果为2，见图1-1-19。

11. COUNTA

频数函数。返回参数列表中非空值的单元格个数。利用函数COUNTA可以计算单元格区域或数组中包含数据的单元格个数。

（1）语法：

COUNTA（Value1，Value2，…）

其中：Value1，Value2，…为所要计算的值。在这种情况下，参数值可以是任何类型，包括逻辑值、文字、错误信息和空字符（″″），但不包括空白单元格。如果参数是数组或单元格引用，则数组或引用中的空白单元格将被忽略。如果不需要统计逻辑值、文字或错误值，请使用函数COUNT。

（2）说明：

该函数的说明与COUNT相同。如果不需要统计逻辑值、文字或错误值，请使用COUNT函数。

（3）例示：在A列输入的数据包括文字、日期、空格、数字、逻辑值和错误信息等：

①计算A列7个数据中包含数字的数据的个数，在C6输入＝COUNTA（A2：A8），结果为3，见图1-1-20。

②计算A列后4个数据中包含数字的数据的个数，在C7输入＝COUNTA（A5：A8），结果为2，见图1-1-20。

图1-1-20 频数函数的计算

12. COUNTBLANK

统计空白格个数函数。计算指定区域内空白单元格的个数。

（1）语法：

COUNTBLANK（Range）

其中：Range 为需要计算其中空白单元格个数的区域。

（2）说明：

即使单元格中含有空文本（""），该单元格也会将其计算在内，但零值的单元格不计算在内。

13. COUNTIF

统计条件单元格个数的函数。计算区域中满足给定条件的单元格的个数。

（1）语法：

COUNTIF（Range，Criteria）

Range——需要计算其中满足条件的单元格数目的单元格区域；

Criteria——什么样的单元格将被计算在内的条件，其形式可以为数字、表达式或文本。例如，条件可以表示为 32、"32"、">32" 或"*apples*"。

（2）说明：

Microsoft Excel 提供了基于某种条件分析数据的函数。例如，若要计算基于一个文本字符串或某范围内的一个数值的总和，可使用 SUMIF 工作表函数。若要返回符合两个条件值之一的数值，可使用 IF 工作表函数，例如某指定销售量的销售红利。

（3）例示：统计数学考试成绩中不及格个数和 90 分及以上个数。在 D3 单元格输入 "=COUNTIF（B2：B36，"<60"）"，在 D7 单元格输入 "=COUNTIF（B2：B36，"≥90"）"，即可得到成绩单中出现不及格和大于等于 90 分的数目（见图 1 − 1 − 21）。

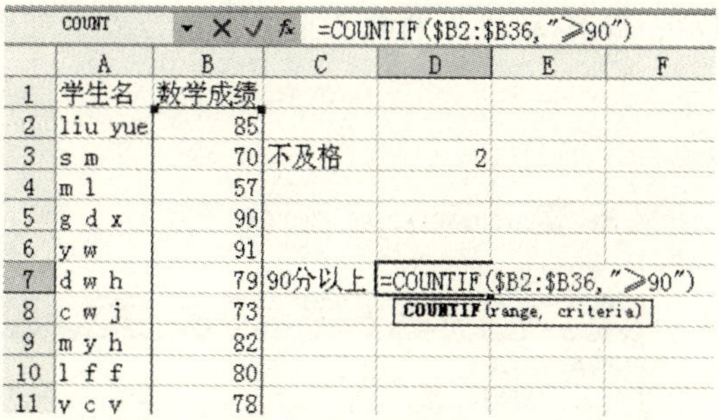

COUNT　=COUNTIF($B2:$B36,">90")

	A	B	C	D	E	F
1	学生名	数学成绩				
2	liu yue	85				
3	s m	70	不及格	2		
4	m l	57				
5	g d x	90				
6	y w	91				
7	d w h	79	90分以上	=COUNTIF($B2:$B36,">90")		
8	c w j	73		COUNTIF(range, criteria)		
9	m y h	82				
10	l f f	80				
11	y c y	78				

图 1-1-21　满足条件的单元格数目的计算

14. COVAR

协方差函数。即每对数据点的偏差乘积的平均数，利用协方差可以决定两个数据集之间的关系。例如，可利用它来检验教育程度与收入档次之间的关系。

(1) 语法：

COVAR (Array1, Array2)

其中：Array1——所含数据为整数的第一个区域；

Array2——所含数据为整数的第二个区域。

(2) 说明：

①参数必须是数字，或者是包含数字的名称、数组或引用。

②如果数组或引用参数包含文本、逻辑值或空白单元格，则这些值将被忽略；但包含零值的单元格将被计算在内。

③如果 Array1 和 Array2 所含数据点的个数不等，则函数 COVAR 返回错误值#N/A。

④如果 Array1 和 Array2 当中有一个为空，则函数 COVAR 返回错误值#DIV/0!。

⑤协方差计算公式为：

$$\mathrm{Cov}(x,y) = \frac{1}{n}\sum(x_i - \bar{x})(y_i - \bar{y})$$

（3）例示：计算 X 和 Y 两列变量之间协方差，如图 1 - 1 - 22 所示。

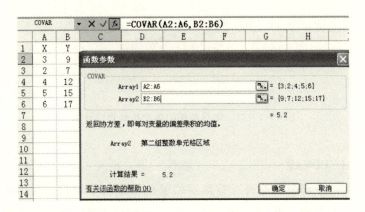

图 1 - 1 - 22　协方差的计算

15. CRITBINOM

计算累积二项式分布大于等于临界值的最小整数函数。此函数可以用于质量检验。例如，使用 CRITBINOM 函数来决定最多允许出现多少个有缺陷的部件，才可以保证整批产品在离开装配线时检验合格。

（1）语法：

CRITBINOM（Trials，Probability_s，Alpha）

其中：Trials——贝努利试验次数；

Probability_s——每次试验中成功的概率；

Alpha——临界值 α。

（2）说明：

①如果任意参数为非数值型，函数 CRITBINOM 返回错误值 #VALUE！。

②如果 Trials 不是整数，将被截尾取整。

③如果 Trials <0，函数 CRITBINOM 返回错误值 #NUM！。

④如果 Probability_s < 0 或 Probability_s > 1，函数 CRITBINOM 返回错误值#NUM！。

⑤如果 Alpha < 0 或 Alpha > 1，函数 CRITBINOM 返回错误值 #NUM！。

（3）例示：如果做 6 次贝努利试验，每次试验成功的概率均为 50%，现要求有 90% 的把握保证有 3 次成功，则最少要做 5 次。算法结果如图 1 - 1 - 23 所示。

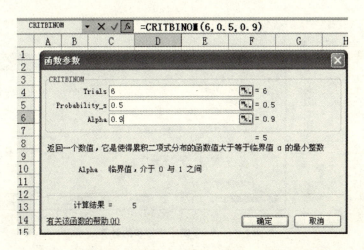

图 1 - 1 - 23　累积二项式分布大于等于临界值的最小整数的计算

16. DEVSQ

计算数据组中各点与其平均值之差的平方和的函数。

（1）语法：

DEVSQ（Number1，Number2，…）

其中：Number1，Number2，…为需要计算偏差平方和的参数，也可以不使用这种用逗号分隔参数的形式，而用单个数组或对数组的引用。

（2）说明：

①参数可以是数字，或者是包含数字的名称、数组或引用。

②如果数组或引用参数包含文本、逻辑值或空白单元格，则这些值将被忽略；但包含零值的单元格将被计算在内。

③偏差平方和的计算公式为：

$$DEVSQ = \sum (x - \bar{x})^2$$

（3）例示：计算图 1 - 1 - 24 中 F 列中各个数值与它们均值差的平方和为 48。

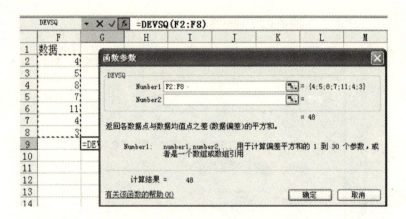

图 1 - 1 - 24　偏差平方和的计算

17. EXPONDIST

指数分布函数。使用 EXPONDIST 函数可以建立事件之间的时间间隔模型。例如，在计算银行自动提款机支付现金一次所花费的时间时，可通过 EXPONDIST 函数来确定这一过程最长持续一分钟发生的概率。

（1）语法：

EXPONDIST（x，Lambda，Cumulative）

其中：x——用于指数分布函数计算的区间点；

Lambda——指数分布函数参数，正数；

Cumulative——逻辑值，当选择 True 时，该函数输出的是指定条件下的累积分布函数值；当选择 False 时，该函数输出的是指定条件下的概率密度函数值。

（2）说明：

①如果 x 或 Lambda 为非数值型，函数 EXPONDIST 返回错误值#VALUE!。

②如果 $x < 0$，函数 EXPONDIST 返回错误值#NUM!。

③如果 Labmda $\leqslant 0$，函数 EXPONDIST 返回错误值#NUM!。

④概率密度函数的计算公式为：

$$f(x, \lambda) = \lambda e^{-\lambda x}$$

⑤累积分布函数的计算公式为：

$$F(x, \lambda) = 1 - e^{-\lambda x}$$

（3）例示：在 x 取 0.2，Lambda 取 10，逻辑值分别取 True 和 False，Expondist 函数分别返回累积指数函数为 0.86466 和密度指数函数为 1.35335，如图 1-1-25 和图 1-1-26 所示。

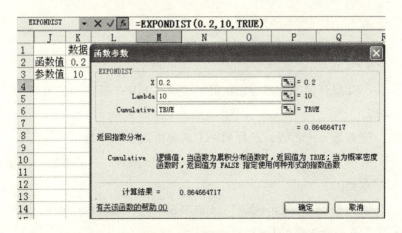

图 1-1-25 当逻辑值为真时累积指数函数的计算

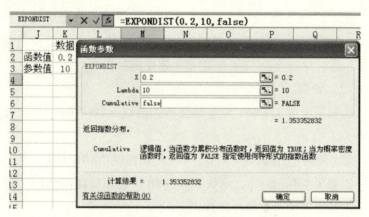

图 1 – 1 – 26   当逻辑值为假时的密度指数函数的计算

18. FDIST

F 概率分布函数。使用此函数可以确定两个数据系列是否存在变化程度上的不同。例如，分析进入高校的男生、女生的考试分数，就可以用此函数确定女生分数的变化程度是否与男生不同。

（1）语法：

FDIST（x，Degrees_freedom1，Degrees_freedom2）

其中：x——参数值；

　　　　Degrees_freedom1——分子自由度；

　　　　Degrees_freedom2——分母自由度。

（2）说明：

①如果任何参数都为非数值型，函数 FDIST 返回错误值#VALUE!。

②如果 x 为负数，函数 FDIST 返回错误值#NUM!。

③如果 Degrees_freedom1 或 Degrees_freedom2 不是整数，将被截尾取整。

④如果 Degrees_freedom1 < 1 或 Degrees_freedom1 ≥ 10^10，函数 FDIST 返回错误值#NUM!。

⑤如果 Degrees_freedom2 < 1 或 Degrees_freedom2 ≥ 10^10，函数

FDIST 返回错误值#NUM!。

⑥#函数 FDIST 的计算公式为 FDIST = P（F > x），其中 F 为呈 F 分布且带有 Degrees_freedom1 和 Degrees_freedom2 自由度的随机变量。

（3）例示：方差分析中得到的 F = 15.20675，分子自由度为 6，分母自由度为 4，则 FDIST 函数表示该条件下对应的 P 值为 0.01，这里的 P 值是可以直接与显著水平 α 比较的量（见图 1 - 1 - 27）。

图 1 - 1 - 27　FDIST

19. FINV

F 概率分布的反函数。如果 P = FDIST（x，…），则 FINV（P，…）= x。利用 FINV 函数，可以构建 F 分布的临界值表，在 F 检验中，也可以使用 F 分布比较两个数据集的变化程度。例如，可以分析美国、加拿大的收入分布，判断两个国家/地区是否有相似的收入变化程度。

（1）语法：

FINV（Probability，Degrees_freedom1，Degrees_freedom2）

其中：Probability——与 F 累积分布相关的概率值；

　　　Degrees_freedom1——分子自由度；

　　　Degrees_freedom2——分母自由度。

（2）说明：

①如果任何参数都为非数值型，则函数 FINV 返回错误值 #VALUE!。

②如果 Probability < 0 或 Probability > 1，函数 FINV 返回错误值 #NUM!。

③如果 Degrees_freedom1 或 Degrees_freedom2 不是整数，将被截尾取整。

④如果 Degrees_freedom1 < 1 或 Degrees_freedom1 ≥ 10^10，函数 FINV 返回错误值#NUM!。

⑤如果 Degrees_freedom2 < 1 或 Degrees_freedom2 ≥ 10^10，函数 FINV 返回错误值#NUM!。

FINV 函数用于计算 F 分布的临界值，可用显著水平参数作为函数 FINV 的概率参数。

（3）例示：构建 F 分布的临界值表，步骤如下：

首先，在 Excel 表中第一行中输入分子自由度，第一列中输入分母自由度；其次，在 B2 单元格中输入" = FINV（α，B\$1，\$A2）"，这里一定是小于 1 的数，如 0.05、0.1 等；最后向下、向右复制即可（见图 1 - 1 - 28 和图 1 - 1 - 29）。

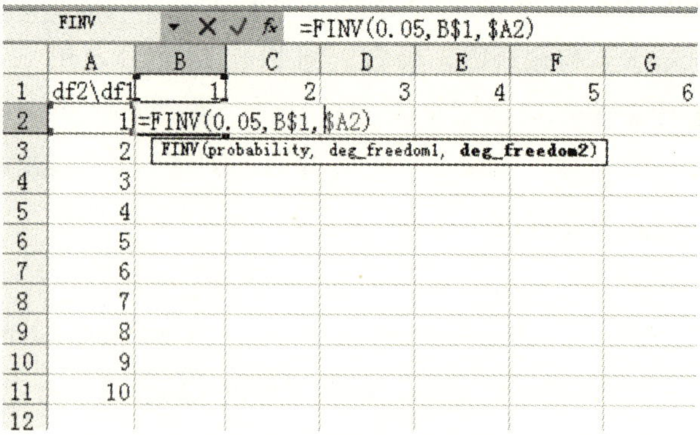

图 1 - 1 - 28　构建 F 分布的临界值表（一）

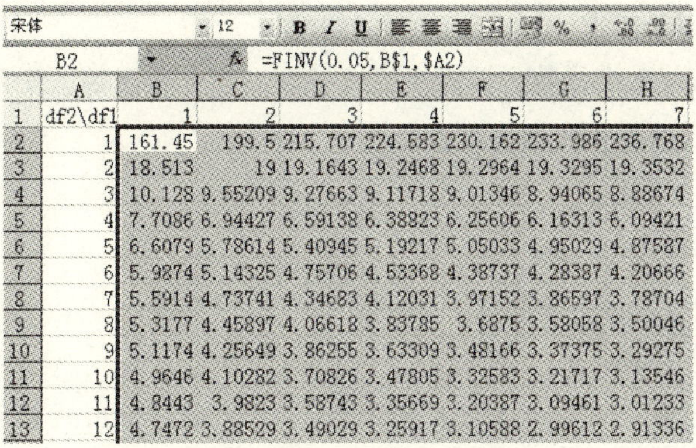

B2　=FINV(0.05,B$1,$A2)

	A	B	C	D	E	F	G	H
1	df2\df1	1	2	3	4	5	6	7
2	1	161.45	199.5	215.707	224.583	230.162	233.986	236.768
3	2	18.513	19	19.1643	19.2468	19.2964	19.3295	19.3532
4	3	10.128	9.55209	9.27663	9.11718	9.01346	8.94065	8.88674
5	4	7.7086	6.94427	6.59138	6.38823	6.25606	6.16313	6.09421
6	5	6.6079	5.78614	5.40945	5.19217	5.05033	4.95029	4.87587
7	6	5.9874	5.14325	4.75706	4.53368	4.38737	4.28387	4.20666
8	7	5.5914	4.73741	4.34683	4.12031	3.97152	3.86597	3.78704
9	8	5.3177	4.45897	4.06618	3.83785	3.6875	3.58058	3.50046
10	9	5.1174	4.25649	3.86255	3.63309	3.48166	3.37375	3.29275
11	10	4.9646	4.10282	3.70826	3.47805	3.32583	3.21717	3.13546
12	11	4.8443	3.9823	3.58743	3.35669	3.20387	3.09461	3.01233
13	12	4.7472	3.88529	3.49029	3.25917	3.10588	2.99612	2.91336

图 1－1－29　构建 F 分布的临界值表（二）

如果已给定概率值，则 FINV 使用 FDIST（x，Degrees_freedom1，Degrees_freedom2）= Probability 求解数值 x。因此，FINV 的精度取决于 FDIST 的精度。FINV 使用迭代搜索技术。如果搜索在 100 次迭代之后没有收敛，则函数返回错误值#N/A。

例示：P 值为 0.01，分子、分母自由度分别为 6 和 4 的 F 值为 15.2068（见图 1－1－30）。

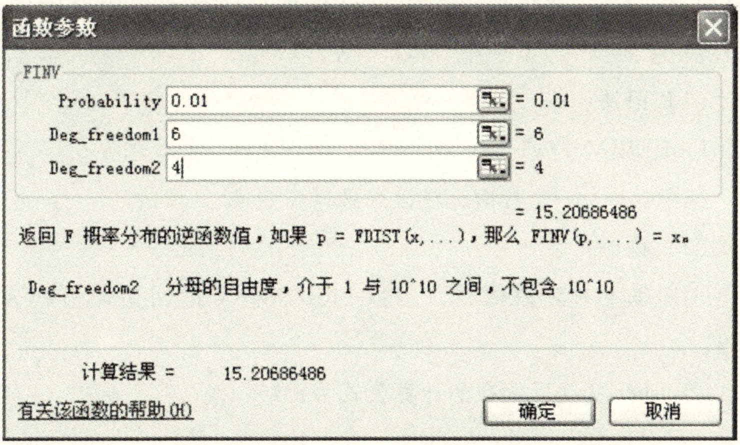

图 1－1－30　由 P 值求 F 分布临界值

20. FISHER

Fisher 变换函数。该变换生成一个正态分布函数。使用此函数可以完成相关系数的假设检验。

（1）语法：

FISHER（x）

其中：x 为一个数字，表明在该点进行变换。

（2）说明：

①如果 x 为非数值型，函数 FISHER 返回错误值#VALUE!。

②如果 $x \leqslant -1$ 或 $x \geqslant 1$，函数 FISHER 返回错误值#NUM!。

③Fisher 变换的计算公式为：

$$y = \frac{1}{2}\ln\left(\frac{1+x}{1-x}\right)$$

（3）例示：输入公式" = FISHER（0.60436777）"，返回 0.7。

21. FISHERINV

Fisher 变换的反函数。如果 y = FISHER（x），则 FISHERINV（y）= x。使用此变换可以分析数据区域或数组之间的相关性。

（1）语法：

FISHERINV（y）

其中：y 为一个数值，在该点进行反变换。

（2）说明：

①如果 y 为非数值型，函数 FISHERINV 返回错误值#VALUE!。

②Fisher 变换反函数的计算公式为：

$$x = \frac{e^{2y} - 1}{e^{2y} + 1}$$

（3）例示：输入公式" = FISHERINV（0.7）"，返回 0.60436777。

22. FORECAST

基于已有的数值拟合回归方程并计算或预测其他数值的函数。已有的数值为 x 值和 y 值，对它们进行一元线性回归，再进行新值的计算。该函数可用于对未来销售额、库存需求或消费趋势进行预测。

（1）语法：

FORECAST（x, Known_y's, Known_x's）

其中：x——需要进行预测的数据点；

  Known_y's——因变量数组或数据区域；

  Known_x's——自变量数组或数据区域。

（2）说明：

①如果 x 为非数值型，函数 FORECAST 返回错误值#VALUE!。

②如果 Known_y's 和 Known_x's 为空或含有不同个数的数据点，函数 FORECAST 返回错误值#N/A。

③如果 Known_x's 的方差为零，函数 FORECAST 返回错误值#DIV/0!。

④函数 FORECAST 的计算公式为 $a + bx$，式中：

$$a = \bar{y} - b\bar{x}$$

且有：

$$b = \frac{n\sum xy - (\sum x)(\sum y)}{n\sum x^2 - (\sum x)^2}$$

（3）例示：根据 x 和 y 的数据，测算当 $x = 50$ 时 y 会达到 24.79（见图 1-1-31）。

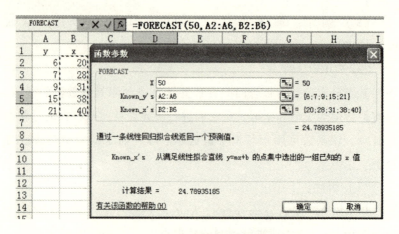

图1-1-31 指定条件下预测值的计算

23. FREQUENCY

对一列垂直数组频数统计分布函数。它可以计算出在给定的值域和接收区间内，每个区间包含的数据个数。由于 FREQUENCY 函数返回的是一个数组，所以必须以数组公式的形式输入。

（1）语法：

FREQUENCY （Data_array，Bins_array）

    其中：Data_array——数组或对一组数值的引用，用来计算频率。如果 Data_array 中不包含任何数值，函数 FREQUENCY 返回零数组。

    Bins_array——间隔的数组或对间隔的引用，该间隔用于对 Data_array 中的数值进行分组。如果 Bins_array 中不包含任何数值，函数 FREQUENCY 返回 Data_array 中元素的个数。

（2）说明：

①在选定相邻单元格区域（该区域用于显示返回的分布结果）后，函数 FREQUENCY 应以数组公式的形式输入。

②返回的数组中的元素个数比 Bins_array（数组）中的元素个数多 1。返回的数组中所多出来的元素表示超出最高间隔的数值个数。例如，如果要计算输入于三个单元格中的三个数值区间（间隔），请一定在四个单元格中输入 FREQUENCY 函数计算的结果。多出来的单元格将返回 Data_array 中大于第三个间隔值的数值个数。

③函数 FREQUENCY 将忽略空白单元格和文本。

④对于返回结果为数组的公式，必须以数组公式的形式输入。

（3）例示：在成绩数据中筛检出 90 分以上和 90 分以下（包括 90 分）的数出现的次数，数据输出显示 90 分及其以下有 19 个，90 分以上 2 个（见图 1-1-32）。

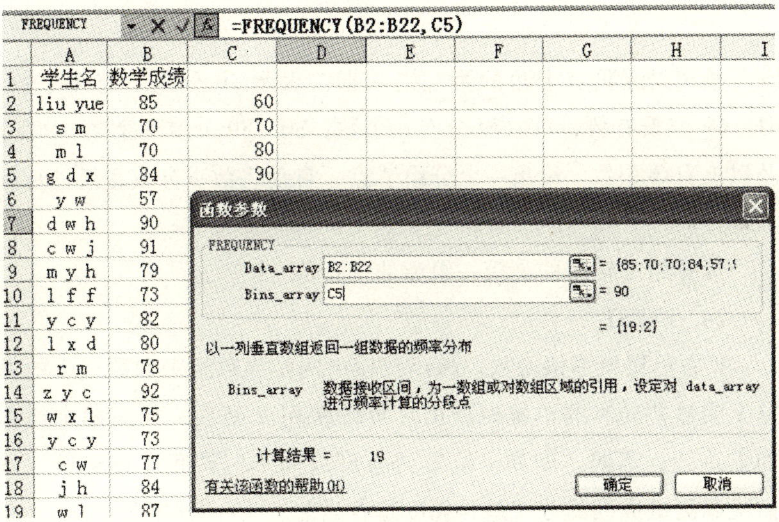

图 1-1-32 符合指定条件的数据频数的计算

也可以输入数组，例如筛检 60 分以下，60～69 分，70～79 分，80～89 分，90 分及以上的数，分组的编制及其输出如图 1-1-33 所示。

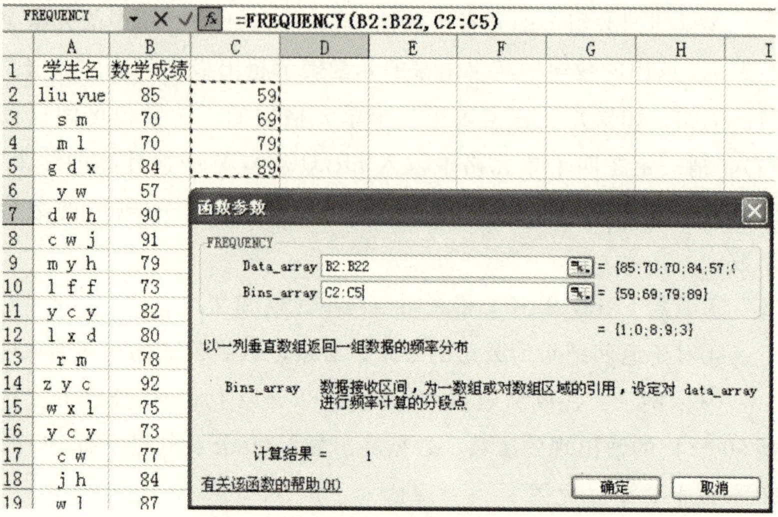

图 1 - 1 - 33　分组数据频数的计算

输出结果见右上角的第三组数据，表示 59 分以下有 1 个数，61~69 分没有数，71~79 分有 8 个数，80~89 分有 9 个数，90 分及以上有 3 个数。给出 4 个分组节点，自动将数据分成 5 组进行频数统计。

计算结果输出的是第一组频数统计值。

24. FTEST

F 右单尾概率值函数。该函数输出的是当数组 1 和数组 2 的方差无明显差异时的单尾概率值。可以使用此函数来判断两个样本的方差是否不同。例如，给出两个班级同一门课程考试成绩，从而检验测试成绩的方差差异程度是否显著。

（1）语法：

FTEST（Array1，Array2）

其中：Array1——第一个数组或数据区域；

　　　　Array2——第二个数组或数据区域。

（2）说明：

①参数可以是数字，或者是包含数字的名称、数组或引用。

②如果数组或引用参数包含文本、逻辑值或空白单元格，则这些值将被忽略；但包含零值的单元格将被计算在内。

③如果数组 1 或数组 2 中数据点的个数小于 2 个，或者数组 1 或数组 2 的方差为零，函数 FTEST 返回错误值#DIV/0！。

（3）例示：分析 x 和 y 两组数据的方差有无显著差异时，计算其检验统计量 F 单尾概率值，见图 1 – 1 –34。

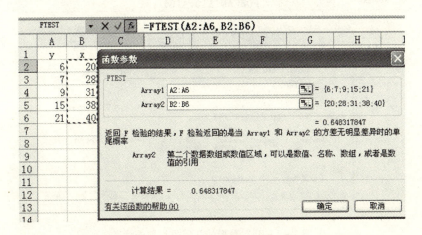

图 1 – 1 – 34　F 单尾概率值的计算

25. GEOMEAN

返回正数数组或区域的几何平均值。例如，可以使用函数 GEOMEAN 计算可变复利的平均增长率。

（1）语法：

GEOMEAN（Number1，Number2，…）

其中：Number1，Number2，…为需要计算其平均值的 1 到 30 个参数，除了使用逗号分隔数值的形式外，还可使用数组或对数组的引用。

（2）说明：

①参数可以是数字，或者是包含数字的名称、数组或引用。

②如果数组或引用参数包含文本、逻辑值或空白单元格，则这些值将被忽略；但包含零值的单元格将被计算在内。

③如果任何数据点小于 0，函数 GEOMEAN 返回错误值 #NUM！。

（3）例示：计算一列数据的几何平均数，见图 1 - 1 - 35。

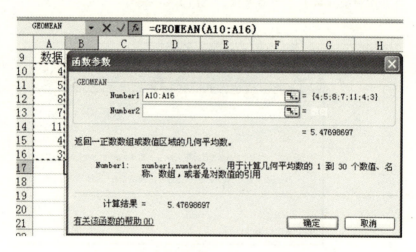

图 1 - 1 - 35　数据的几何平均数的计算

26. GROWTH

是根据给定的数据预测指数增长值的函数。即 GROWTH 函数根据已知的 x 值和 y 值，按照满足给定条件所拟合的指数曲线，返回与 x 值对应的 y 值。

（1）语法：

GROWTH （Known_y's，Known_x's，New_x's，Const）

其中：Known_y's——满足指数回归拟合曲线 y = b ∗ m^x 的一组已知的 y 值。

①如果数组 Known_y's 在单独一列或一行中，则 Known_x's 的每一列或一行被视为一个独立的变量。

②如果 Known_y's 中的任何数为零或为负数，GROWTH 函数将返回错误值 #NUM！。

Known_x's——满足指数回归拟合曲线 $y = b * m^x$ 的一组已知的 x 值。

①数组 Known_x's 可以包含一组或多组变量。如果只用一个变量，只要 Known_x's 和 Known_x's 维数相同，它们可以是任何形状的区域。如果用到多个变量，Known_y's 必须为向量（即必须为一行或一列的区域）。

②如果省略 Known_x's，则系统默认该数组为 {1，2，3，…}，其大小与 Known_y's 相同。

New_x's——需要通过 GROWTH 函数返回的对应 y 值的一组新 x 值。

①New_x's 与 Known_x's 一样，对每个独立变量必须包括单独的一列（或一行）。因此，如果 Known_y's 是单列的，Known_x's 和 New_x's 应该有同样的列数。如果 Known_y's 是单行的，Known_x's 和 New_x's 应该有同样的行数。

②如果省略 New_x's，则假设它和 Known_

x's 相同。

③如果 Known_x's 与 New_x's 都被省略，
则系统默认它们为数组 {1, 2, 3,
…}，其大小与 Known_y's 相同。

Const——逻辑值，用于指定是否将常数 b 强制
为 1。

①如果 Const 为 TRUE 或省略，b 将按正
常计算。

②如果 Const 为 FALSE，b 将设为 1，m
值将被调整以满足 y = m^x。

（2）说明：

①对于返回结果为数组的公式，在选定正确的单元格个数后，
必须以数组公式的形式输入。

②当为参数（如 Known_x's）输入数组常量时，应当使用逗号
分隔同一行中的数据，用分号分隔不同行中的数据。

（3）例示：本例中，第一个对话框输入 *y* 值，第二个对话框
输入 *x* 值，第三个对话框输入要预测的值，第四个对话框为逻辑
值。见图 1 - 1 - 36 中说明。

27. HARMEAN

计算调和平均值函数。调和平均值与倒数的算术平均值互为
倒数。

（1）语法：

HARMEAN （Number1，Number2，…）

其中：Number1，Number2，…为用于计算平均值的 1 到 30 个
参数，也可以不使用这种用逗号分隔参数的形式，而用单个数组
或数组引用的形式。

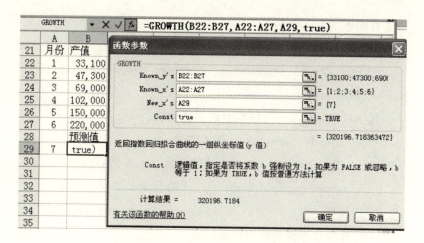

图 1-1-36　指定条件下预测值的计算

（2）说明：

①参数可以是数字，或者是包含数字的名称、数组或引用。

②如果数组或引用参数包含文本、逻辑值或空白单元格，则这些值将被忽略；但包含零值的单元格将被计算在内。

③如果任何数据点小于等于 0，函数 HARMEAN 返回错误值 #NUM！。

④调和平均值总小于几何平均值，而几何平均值总小于算术平均值。

⑤调和平均值的计算公式如下：

$$\frac{1}{H_y} = \frac{1}{n} \sum \frac{1}{Y_i}$$

28. HYPGEOMDIST

超几何分布函数。给定样本容量、样本总体容量和样本总体中成功的次数，HYPGEOMDIST 函数是返回样本取得给定成功次数的概率。使用 HYPGEOMDIST 函数可以解决有限总体的问题，其中每个观察值或者为成功或者为失败，且给定样本容量的每一个子集有相等的发生概率。

（1）语法：

HYPGEOMDIST（Sample _ s，Number _ sample，Population _ s，Number_population）

其中：Sample_s——样本中成功的次数；

Number_sample——样本容量；

Population_s——样本总体中成功的次数；

Number_population——总体的容量。

（2）说明：

①所有参数将被截尾取整。

②如果任一参数为非数值型，函数 HYPGEOMDIST 返回错误值#VALUE！。

③如果 Sample _ s < 0 或 Sample _ s 大于 Number _ sample 和 Population _ s 中的较小值，函数 HYPGEOMDIST 返回错误值#NUM！。

④如果 Sample_s 小于 0 或（Number_sample – Number_population + Population_s）中的较大值，函数 HYPGEOMDIST 返回错误值#NUM！。

⑤如果 Number_sample < 0 或 Number_sample > Number_population，函数 HYPGEOMDIST 返回错误值#NUM！。

⑥如果 Population _ s < 0 或 Population _ s > Number _ population，函数 HYPGEOMDIST 返回错误值#NUM！。

⑦如果 Number_population < 0，函数 HYPGEOMDIST 返回错误值#NUM！。

⑧超几何分布的计算公式如下：

$$P = h(x,n,M,N) = \frac{\binom{M}{x}\binom{N-M}{n-x}}{\binom{N}{n}}$$

式中：

x = Sample_s

n = Number_sample

M = Population_s

N = Number_population

函数 HYPGEOMDIST 用于在有限样本总体中进行不重复抽样的概率计算。

（3）例示：某会计班有 35 名学生，其中 21 名是女生。如果随机抽取 5 人，那么其中恰好有 2 名女生的概率是多少？

直接输入公式：" = HYPGEOMDIST（2，5，21，35）"，返回的结果为 0.235466621。也可在函数中输入参数，如图 1 - 1 - 37 所示。

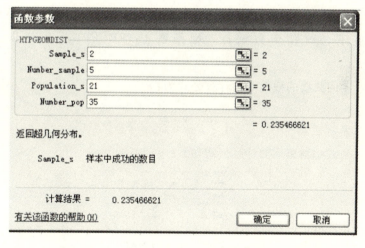

图 1 - 1 - 37　指定条件下不重复抽样的概率的计算

29. INTERCEPT

利用现有的 x 值与 y 值计算直线与 y 轴的截距。截距为根据已知的 Known_x's 和 Known_y's 数据点拟合的直线回归方程与 y 轴的交点。当自变量为 0（零）时，使用 INTERCEPT 函数可以决定因变量的值。例如，当所有的数据点都是在室温或更高的温度下取得的，可以用 INTERCEPT 函数预测在 0 ℃时金属的电阻。

（1）语法：

INTERCEPT（Known_y's，Known_x's）

其中：Known_y's——因变的观察值或数据集合；

Known_x's——自变的观察值或数据集合。

（2）说明：

①参数可以是数字，或者是包含数字的名称、数组或引用。

②如果数组或引用参数包含文本、逻辑值或空白单元格，则这些值将被忽略；但包含零值的单元格将被计算在内。

③如果 Known_y's 和 Known_x's 所包含的数据点个数不相等或不包含任何数据点，则函数 INTERCEPT 返回错误值 #N/A。

④回归线的截距 a 的计算公式为：

$$a = \bar{y} - b\bar{x}$$

公式中斜率 b 的计算公式如下：

$$b = \frac{n\sum xy - (\sum x)(\sum y)}{n\sum x^2 - (\sum x)^2}$$

其中 $\bar{x}$ 和 $\bar{y}$ 为样本平均数，即 AVERAGE（Known_x's）和 AVERAGE（Known_y's）。

（3）例示：对于给定的两列变量拟合的直线的截距为 – 10.6659（见图 1 – 1 – 38）。

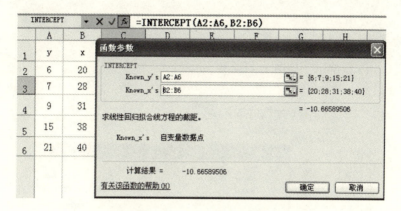

图 1 - 1 - 38　拟合直线方程的截距的计算

30. KURT

数据集的峰度系数函数。峰度系数反映与正态分布相比某一分布的尖陡程度或平坦程度。正值表示数据的频（次）数分布相对尖陡。负值表示数据的次数分布相对平坦。

（1）语法：

KURT（Number1，Number2，…）

其中：Number1，Number2，…是用于计算峰度系数的 1 到 30 个参数。也可以不使用这种用逗号分隔参数的形式，而用单个数组或数组引用的形式。

（2）说明：

①参数可以是数字，或者是包含数字的名称、数组或引用。

②如果数组或引用参数包含文本、逻辑值或空白单元格，则这些值将被忽略；但包含零值的单元格将被计算在内。

③如果数据点少于 4 个，或样本标准偏差等于 0，函数 KURT 返回错误值#DIV/0!。

④峰度系数的计算公式如下：

$$\left\{ \frac{n(n+1)}{(n-1)(n-2)(n-3)} \sum \left(\frac{x_j - \bar{x}}{S} \right)^4 \right\} - \frac{3(n-1)^2}{(n-2)(n-3)}$$

式中：

S 为样本的标准偏差。

（3）例示：见图 1 - 1 - 39。

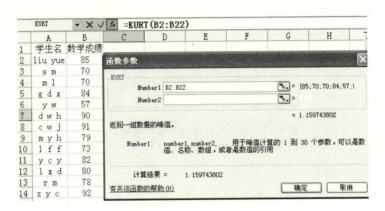

图 1 - 1 - 39　峰度系数的计算

31. LARGE

查找数据集中第 k 个最大值。使用此函数可以根据相对标准来选择数值。例如，可以使用函数 LARGE 得到第一名、第二名或第三名的得分。

（1）语法：

LARGE（Array，k）

其中：Array——需要从中选择第 k 个最大值的数组或数据区域；

　　　　k——返回值在数组或数据单元格区域中的位置（从大到小排列）。

（2）说明：

①如果数组为空，函数 LARGE 返回错误值#NUM！。

②如果 k≤0 或 k 大于数据点的个数，函数 LARGE 返回错误值#NUM！。

如果区域中数据点的个数为 n，则函数 LARGE（Array，1）返回最大值，函数 LARGE（Array，n）返回最小值。

（3）例示：在学生成绩中找到第四个最大值为 89（见图 1 – 1 – 40）。

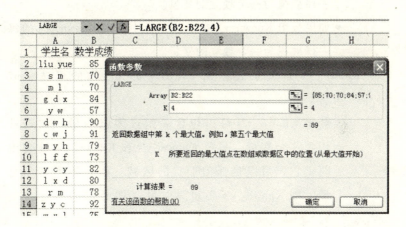

图 1 – 1 – 40　指定条件的最大值的查找

32. LINEST

使用最小二乘法对已知数据进行线性拟合，并返回描述此直线的数组。因为此函数返回数值数组，所以必须以数组公式的形式输入。

线性方程为：

$$y = ax + b$$

或

$$y = a_1 x_1 + a_2 x_2 + \cdots + b（如果有多个区域的 x 值）$$

式中，因变量 y 是自变量 x 的函数值。a 值是与每个 x 值相对应的系数，b 为常量。注意 y、x 和 a 可以是向量。LINEST 函数返回的数组为 $\{a_n, a_{n-1}, \cdots, a_1, b\}$。LINEST 函数还可返回附加回归统计值。

（1）语法：

LINEST（Known_y's，Known_x's，Const，Stats）

其中：Known_y's 是关系表达式 $y = ax + b$ 中已知的 y 值集合。

- 如果数组 Known_y's 在单独一列中，则 Known_x's 的每一列被视为一个独立的变量。
- 如果数组 Known_y's 在单独一行中，则 Known_x's 的每一行被视为一个独立的变量。

Known_x's 是关系表达式 $y = ax + b$ 中已知的可选 x 值集合。

- 数组 Known_x's 可以包含一组或多组变量。如果只用到一个变量，只要 Known_y's 和 Known_x's 维数相同，它们可以是任何形状的区域。如果用到多个变量，则 Known_y's 必须为向量（即必须为一行或一列）。
- 如果省略 Known_x's，则假设该数组为 $\{1, 2, 3, \cdots\}$，其大小与 Known_y's 相同。

Const 为一逻辑值，用于指定是否将常量 b 强制为 0。

- 如果 Const 为 TRUE 或省略，b 按正常计算。
- 如果 Const 为 FALSE，b 将被设为 0，并同时调整 a 值使 $y = ax$。

Stats 为一逻辑值，指定是否返回附加回归统计值。

- 如果 Stats 为 TRUE，则 LINEST 函数返回附加回归统计值，这时返回的数组为 $\{a_n, a_{n-1}, \cdots, a_1, b; s_n, s_{n-1}, \cdots, s_1, s_b; r^2, s_y; F, df; ssr, sse\}$。
- 如果 Stats 为 FALSE 或省略，LINEST 函数只返回系数 a 和常量 b。

附加回归统计值如表 1 – 1 – 1 所示。

表 1 - 1 - 1　附加回归统计值

统 计 值	说　　　明
$s_1, s_2, \cdots, s_n$	系 $a_1, a_2, \cdots, a_n$ 的标准误差
s_b	常量 b 的标准误差（当 Const 为 FALSE 时，sb = #N/A）
r^2	判定系数。y 的估计值与实际值之比，范围在 0 到 1 之间。如果为 1，则样本有很好的相关性，也说明 y 的估计值与实际值之间没有差别。如果判定系数为 0，则回归公式不能用来预测 y 值。有关计算 r^2 的方法的详细信息，请参阅本主题后面的"说明"
s_y	y 估计值的标准误差
F	F 统计或 F 观察值。使用 F 统计可以判断因变量和自变量之间是否偶尔发生过可观察到的关系
df	自由度。用于在统计表上查找 F 临界值。所查得的值和 LINEST 函数返回的 F 统计值的比值可用来判断模型的可靠程度。有关如何计算 df，请参阅本主题后面的"说明"。例示 4 说明了 F 和 df 的使用
ssr	回归平方和
sse	残差平方和有关计算 ssr 和 sse 的方法的详细信息，请参阅本主题后面的"说明"

系统返回各个附加回归统计值的排列顺序如图 1 - 1 - 41 所示。

	A	B	C	D	E	F
1	a_n	a_{n-1}	$\cdots$	a_2	a_1	b
2	s_n	s_{n-1}	$\cdots$	s_2	s_1	s_b
3	r^2	s_y				
4	F	df				
5	ssr	sse				

图 1 - 1 - 41　系统返回的排列顺序

(2) 说明：

①可以使用斜率和 y 轴截距描述任何直线：

• 斜率 (a)：

如果需要计算斜率，则选取直线上的两点，(x_1，y_1) 和

(x_2, y_2)；斜率等于 $(y_2 - y_1)/(x_2 - x_1)$。

· Y 轴截距（b）：

直线的 y 轴的截距为直线通过 y 轴时与 y 轴交点的数值。

直线的公式为 $y = ax + b$。如果知道了 a 和 b 的值，将 y 或 x 的值代入公式就可计算出直线上的任意一点。还可以使用 TREND 函数。

②当只有一个自变量 x 时，可直接利用下面公式得到斜率和 y 轴截距值：

· 斜率：

= INDEX（LINEST（Known_y's，Known_x's），1）

· Y 轴截距：

= INDEX（LINEST（Known_y's，Known_x's），2）

③数据的离散程度决定了 LINEST 函数计算的精确度。数据越接近线性，LINEST 模型就越精确。LINEST 函数使用最小二乘法来判定最适合数据的模型。当只有一个自变量 x 时，a 和 b 是根据下面的公式计算的：

$$b = \frac{\sum y}{n} - a \frac{\sum x}{n}$$

$$a = \frac{(\sum y)(\sum x^2) - (\sum x)(\sum xy)}{n(\sum x^2) - (\sum x)^2}$$

④直线和曲线函数 LINEST 和 LOGEST 可用来计算与给定数据拟合程度最高的直线或指数曲线。但需要判断两者中哪一个更适合数据。可以用函数 TREND（Known_y's，Known_x's）来计算直线，或用函数 GROWTH（Known_y's，Known_x's）来计算指数曲线。这些不带参数 New_x's 的函数可在实际数据点上根据直线或曲线来返回 y 的数组值，然后可以将预测值与实际值进行比较。还可以用图表方式来直观地比较二者。

⑤在回归分析时，用 Microsoft Excel 计算每一点的 y 的估计值

和实际值的平方差。这些平方差之和称为残差平方和（sse）。然后用 Microsoft Excel 计算总平方和（sst）。当 Const = TRUE 或被删除时，总平方和（sst）是 y 的实际值和平均值的平方差之和。当 Const = FALSE 时，总平方和（sst）是 y 的实际值的平方和（不需要从每个 y 值中减去平均值）。回归平方和（ssr）可通过公式ssr = sst − sse 计算出来。残差平方和与总平方和的比值越小，判定系数 r^2 的值就越大，r^2 是表示回归分析公式的结果反映变量间关系的程度的标志。r^2 等于 ssr/sst。

⑥df 的计算方法：如果存在 Known_x's 的 k 列和 Const = TRUE 或被删除，那么 df = $n − k − 1$。如果 Const = FALSE，那么 df = $n − k$。在这两种情况下，每次由于共线而删除一个 X 列都会使 df 加 1。

⑦对于返回结果为数组的公式，必须以数组公式的形式输入。

⑧当需要输入一个数组常量（如 Known_x's）作为参数时，以逗号作为同一行中数据的分隔符，以分号作为不同行数据的分隔符。分隔符可能因"区域设置"中或"控制面板"的"区域选项"中区域设置的不同而有所不同。

⑨注意，如果 y 的回归分析预测值超出了用来计算公式的 y 值的范围，它们可能是无效的。

（3）例示：根据图 1 - 1 - 42 左上角的数据，计算一元线性方程的斜率和 y 轴截距。

注释：例示中的公式必须以数组公式输入。在将公式复制到一张空白工作表后，选择以公式单元格开始的区域 A7：B7。按 F2，再按 Ctrl + Shift + Enter。如果公式不是以数组公式输入的，则返回单个结果值 0.709104938。

当以数组输入时，将返回斜率 0.709104938 和 y 轴截距 − 10.665895（见图 1 - 1 - 42）。

直线方程为：

$$y = 0.709104938x − 10.665895$$

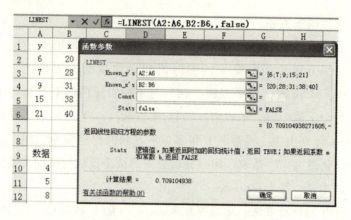

图 1 – 1 – 42   斜率和截距的计算结果

33. LOGEST

拟合指数曲线函数。在回归分析中，拟合最优指数曲线，并返回描述该曲线的数值数组。因为此函数返回数值数组，故必须以数组公式的形式输入。

此曲线的 Excel 公式为：

$$y = b * a^x$$

或

$$y = (b * (a1^{x1}) * (a2^{x2}) * \_)（如果有多个 x 值）$$

其中因变量 y 是自变量 x 的函数值。a 值是各指数 x 的底，而 b 值是常量。

注意：公式中的 y、x 和 a 均可以是向量，LOGEST 函数返回的数组为 $\{a_n, a_{n-1}, \cdots, a_1, b\}$。

（1）语法：

LOGEST（Known_y's, Known_x's, Const, Stats）

其中：Known_y's——满足指数回归拟合曲线 $y = b * a^x$ 的一组已知的 y 值。

· 如果数组 Known_y's 在单独一列中，则 Known_x's 的每一列被视为一个独立的变量。

- 如果数组 Known-y's 在单独一行中，则 Known-x's 的每一行被视为一个独立的变量。

Known_x's——满足指数回归拟合曲线 $y = b * m\char`^x$ 的一组已知的 x 值，为可选参数。

- Known_x's 数组可以包括一组或多组自变量。如果仅使用一个变量，那么只要 Known_x's 和 Known_y's 具有相同的维数，则它们可以是任何形状的区域。如果使用多个变量，则 Known_y's 必须是向量（即具有一列高度或一行宽度的单元格区域）。
- 如果省略 Known_x's，则假设该数组为 $\{1, 2, 3, \cdots\}$，其大小与 Known_y's 相同。

Const——逻辑值，用于指定是否将常数 b 强制设为 1。

- 如果 Const 为 TRUE 或省略，b 将正常计算。
- 如果 Const 为 FALSE，则常量 b 将设为 1，而 a 值满足公式 $y = a\char`^x$。

Stats——逻辑值，用于指定是否返回附加回归统计值。

- 如果 Stats 为 TRUE，函数 LOGEST 将返回附加的回归统计值，因此返回的数组为 $\{a_n, a_{n-1}, \cdots, a_1, b; s_n, s_{n-1}, \cdots, s_1, s_b; r_2, s_y; F, df; ssr, sse\}$。
- 如果 Stats 为 FALSE 或省略，则函数 LOGSET 只返回系数 m 和常量 b。

有关附加回归统计值的详细信息，请参阅 LINEST 函数。

（2）说明：

①由数据绘出的图越接近于指数曲线，则计算出来的曲线就越符合原来给定的数据。正如 LINEST 函数一样，LOGEST 函数返回一组描述数值间相互关系的数值数组，但 LINEST 函数是用直线来拟合数据，而 LOGEST 函数则以指数曲线来拟合数据。有关详细

信息，请参阅 LINEST 函数。

②当仅有一个自变量 x 时，可直接用下面的公式计算出斜率 (a) 和 y 轴截距 (b) 的值。

• 斜率 (a)：

INDEX（LOGEST（Known_y's，Known_x's），1）

• y 轴截距 (b)：

INDEX（LOGEST（Known_y's，Known_x's），2）

可用 $y = b * a\hat{}x$ 公式来预测 y 的值，但是 Microsoft Excel 另外提供了可以预测因变量 y 值的 GROWTH 函数。有关详细信息，请参阅 GROWTH 函数。

③对于返回结果为数组的公式，必须以数组公式的形式输入。

④当需要输入一个数组常量（如 Known_x's）作为参数时，以逗号作为同一行中数据的分隔符，以分号作为不同行数据的分隔符。分隔符可能因"区域设置"中或"控制面板"的"区域选项"中区域设置的不同而有所不同。

⑤应注意的一点是：如果由回归公式所预测的 y 值超出用来计算回归公式的 y 的取值区间，则该值可能无效。

（3）例示：利用某产品产值的时间数据，计算指数方程的 a 系数和常量 b。见图 1 – 1 – 43。

图 1 – 1 – 43　指数方程中 a 系数和常量 b 的计算

注释：例示中的公式必须以数组公式的形式输入。将示例复制到空白工作表后，请选择以公式单元格开始的数据区域 A9：B9。按 F2，再按 Ctrl + Shift + Enter。如果公式未以数组公式的形式输入，则结果为单值 1.463275628。

当作为数组输入时，将返回 a 系数和常量 b。

$y = b * a1\char94 x1$，或使用数组中得到的值：

$$y = 495.3 * 1.4633x$$

通过替换公式中的月份 x 值，可以估计以后几个月的销售情况，或者可使用 GROWTH 函数。

34. LOGINV

对数累积分布反函数。此处的 x 对数 ln（x）是含有 Mean 与 Standard-dev 参数的正态分布。如果 P = LOGNORMDIST（x，…），则 LOGINV（P，…）= x。

使用对数分布可分析经过对数变换的数据。

（1）语法：

LOGINV（Probability，Mean，Standard_dev）

其中：Probability 是与对数分布相关的概率；

　　　　Mean 为 ln（x）的平均值；

　　　　Standard_dev 为 ln（x）的标准偏差。

（2）说明：

①如果变量为非数值参数，则函数 LOGINV 返回错误值#VALUE!。

②如果 Probability < 0 或 Probability > 1，则函数 LOGINV 返回错误值#NUM!。

③如果 Standard _ dev < = 0，则函数 LOGINV 返回错误值#NUM!。

④对数分布函数的反函数为:

$$LOGINV(p,\mu,\sigma) = e^{\mu+\sigma x[NORMSINV(p)]}$$

35. LOGNORMDIST

对数累积分布函数。其中 x 的对数 ln（x）是服从参数 Mean 和 Standard_dev 的正态分布。使用此函数可以分析经过对数变换的数据。

（1）语法:

LOGNORMDIST（x, Mean, Standard_dev）

其中: x——参数值;

Mean——ln（x）的平均值;

Standard_dev——ln（x）的标准偏差。

（2）说明:

①如果任一参数为非数值型，函数 LOGNORMDIST 返回错误值#VALUE!。

②如果 x≤0 或 Standard_dev≤0，函数 LOGNORMDIST 返回错误值#NUM!。

③对数累积分布函数的计算公式如下:

$$LOGNORMDIST(x,\mu,\sigma) = NORMSDIST\left(\frac{\ln(x) - \mu}{\sigma}\right)$$

36. MAX

最大值函数。返回一组数值中的最大值。

（1）语法:

MAX（Number1, Number2, …）

其中: Number1, Number2, ……从中找出最大值的 1 ~ 30 个数字参数。

（2）说明:

①可以将参数指定为数字、空白单元格、逻辑值或数字的文

本表达式。如果参数为错误值或不能转换成数字的文本，将产生错误。

②如果参数为数组或引用，则只有数组或引用中的数字将被计算。数组或引用中的空白单元格、逻辑值或文本将被忽略。如果逻辑值和文本不能忽略，请使用函数 MAXA 来代替。

③如果参数不包含数字，函数 MAX 返回 0（零）。

37. MAXA

包含文本和逻辑值的最大值函数。将数据集中的文本值和逻辑值（如 TRUE 和 FALSE）也作为数字来对待。

函数 MAXA 与函数 MINA 相似。有关详细信息，请参阅函数 MINA 的示例。

（1）语法：

MAXA（Value1，Value2，…）

其中：Value1，Value2，…——需要从中查找最大数值的 1~30 个参数。

（2）说明：

①参数可以为数字、空白单元格、逻辑值或数字的文本表达式。如果参数为错误值，则会产生错误。如果在计算中不能包含文本或逻辑值，请使用 MAX 工作表函数来代替。

②如果参数为数组或引用，则只使用数组或引用中的数值。忽略数组或引用中的空白单元格和文本值。

③包含 TRUE 的参数作为 1 计算；包含文本或 FALSE 的参数作为 0 计算。

④如果参数不包含任何值，函数 MAXA 返回 0。

38. MEDIAN

中位数函数。中位数是在一组数据中居于中间位置的数，即在这组数据中，有一半的数据比它大，有一半的数据比它小。

（1）语法：

MEDIAN （Number1，Number2，…）

其中：Number1，Number2，…——要计算中值的 1～30 个数值。

（2）说明：

①参数应为数字，或者是包含数字的名称、数组或引用。Microsoft Excel 会检查每一数组参数或引用中的所有数字。

②如果数组或引用参数包含文本、逻辑值或空白单元格，则这些值将被忽略；但包含零值的单元格将被计算在内。

③如果参数集合中包含偶数个数字，函数 MEDIAN 将返回位于中间的两个数的平均值。

39. MIN

最小值函数。

（1）语法：

MIN （Number1，Number2，…）

其中：Number1，Number2，…——从中找出最小值的 1～30 个数字参数。

（2）说明：

①可以将参数指定为数字、空白单元格、逻辑值或数字的文本表达式。如果参数为错误值或不能转换成数字的文本，将产生错误。

②如果参数是数组或引用，则函数 MIN 仅使用其中的数字。空白单元格、逻辑值、文本或错误值将被忽略。如果逻辑值和文本字符串不能忽略，请使用 MINA 函数。

③如果参数中不含数字，则函数 MIN 返回 0。

40. MINA

包含文本和逻辑值的最小值。该函数将文本值和逻辑值（如 TRUE 和 FALSE）也作为数字来处理。

（1）语法：

MINA（Value1，Value2，…）

其中：Value1，Value2，…——要从中查找最小值的 1~30 个参数。

（2）说明：

①参数可以为数字、空白单元格、逻辑值或数字的文本表达式。如果参数为错误值，则会产生错误。如果在计算中不能包含文本或逻辑值，请使用 MIN 工作表函数来代替。

②如果参数为数组或引用，则只使用其中的数值。数组或引用中的空白单元格和文本值将被忽略。

③包含 TRUE 的参数作为 1 计算；包含文本或 FALSE 的参数作为 0 计算。

④如果参数不包含任何值，函数 MINA 返回 0。

41. MODE

众数函数。在某一数组或数据区域中出现频率最多的数值，即为众数。与中位数 MEDIAN 一样，众数 MODE 也是一个位置测量函数。

（1）语法：

MODE（Number1，Number2，…）

其中：Number1，Number2，…——用于众数计算的 1~30 个参数，也可以使用单一数组（即对数组区域的引用）来代替由逗号分隔的参数。

（2）说明：

①参数可以是数字，或者是包含数字的名称、数组或引用。

②如果数组或引用参数包含文本、逻辑值或空白单元格，则这些值将被忽略；但包含零值的单元格将被计算在内。

③如果数据集合中不含有重复的数据，则 MODE 数返回错误值 N/A。

在一组数值中，众数是出现频率最高的数值，而中位数是位于中间位置的数，平均数是代表数值集中趋势的值。所有这些求集中位置的函数都不能单独地用于描绘数据集。例如，假设数据分布在三个区域中，其中一半分布在一个较小数值区中，另外一半分布在两个较大数值区中。函数 AVERAGE 和函数 MEDIAN 可能会返回位于数据点稀疏处的中间值；而函数 MODE 则会返回位于数据点密集处的较小值。

42. NEGBINOMDIST

二项式分布反函数。当成功概率为常量 Probability_s 时，NEGBINOMDIST 函数返回在到达 Number_s 次成功之前，出现 Number_f 次失败的概率。此函数与二项式分布相似，只是它的成功次数固定，试验总数为变量。与二项式分布类似的是，试验次数被假设为自变量。

例如，如果要找 10 个反应敏捷的人，且已知具有这种特征的候选人的概率为 0.3。函数 NEGBINOMDIST 将计算出在找到 10 个合格候选人之前，需要对给定数目的不合格候选人进行面试的概率。

（1）语法：

NEGBINOMDIST（Number_f，Number_s，Probability_s）

其中：Number_f——失败次数；

Number_s——成功的极限次数；

Probability_s——成功的概率。

（2）例示：如果要找 10 个反应敏捷的人，且已知具有这种特征的候选人的概率为 0.3。那么，若找到 10 个合格候选人之前，需要对不合格的 40 个候选人进行面试的概率，可通过此函数算出（见图 1 - 1 - 44）。

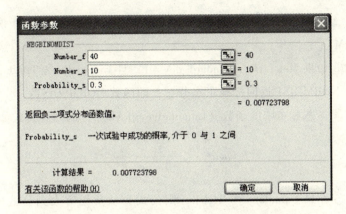

图 1 - 1 - 44　对不合格候选人进行面试的概率的计算

也可以直接输入公式 "= NEGBINOMDIST（40，10，0.3）"，计算结果是 0.007723798。

43. NORMDIST

正态分布函数。正态分布函数 NORMDIST 用于计算给定均值和标准差的正态分布的累积函数。此函数在统计方面应用范围广泛（包括假设检验）。

（1）语法：

NORMDIST（x，Mean，Standard_dev，Cumulative）

其中：x——需要计算其分布的数值；

Mean——分布的算术平均值；

Standard_dev——分布的标准偏差。

Cumulative——逻辑值，指明函数的形式。如果 Cumulative 为 TRUE，则 NORMDIST 函数返回累积分布函数；如果为 FALSE，则返回概率密度函数。

（2）说明：

①如果 Mean 或 Stand_dev 为非数值型，函数 NORMDIST 返回错误值#VALUE!；

②如果 Standard _ dev ≤ 0，函数 NORMDIST 返回错误值 #NUM！；

③如果 Mean = 0，Standard_dev = 1，且 Cumulative = TRUE，则函数 NORMDIST 返回标准正态分布，即函数 NORMSDIST；

④正态分布密度函数（Cumulative = FALSE）的计算公式如下：

$$f(x,\mu,\sigma) = \frac{1}{\sqrt{2\pi} \cdot \sigma} e^{-\frac{(x-\mu)^2}{2\sigma^2}}$$

⑤如果 Cumulative = TRUE，则公式为从负无穷大到公式中给定的 x 的积分。

（3）例示：人的智商平均值为 100，标准差为 15，当 $x = 100$ 时的累积分布概率为 0.5，表明 x 左边的概率为 50%。

如果 $x = 90$，它的累积分布概率为 25.25%，表明 90 左边的概率是 25.25%（见图 1 – 1 – 45）。

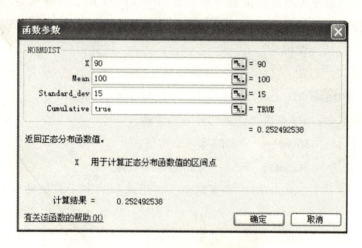

图 1 – 1 – 45　$x = 90$ 的累积分布概率的计算

如果 $x = 130$，概率是 0.9972，表明小于 130 的概率是 99.72%（见图 1 – 1 – 46）。

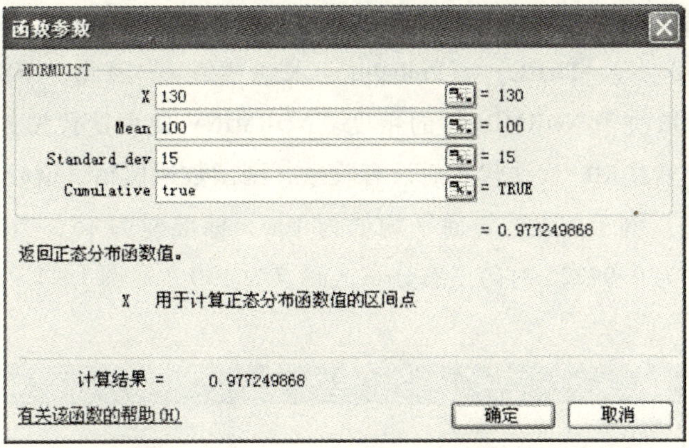

图 1 - 1 - 46 *x* = 130 的累积分布概率的计算

44. NORMINV

正态分布函数的反函数。该函数返回的是指定平均值和标准偏差情况下的累积正态分布函数的反函数。NORMINV 能够根据已知概率等参数确定正态分布随机变量值。

（1）语法：

NORMINV（Probability，Mean，Standard_dev）

其中：Probability——正态分布的概率值；

Mean——分布的算术平均值；

Standard_dev——分布的标准偏差。

（2）说明：

①如果任一参数为非数值型，函数 NORMINV 返回错误值#VALUE！；

②如果 Probability < 0 或 Probability > 1，函数 NORMINV 返回错误值#NUM！；

③如果 Standard_dev ≤ 0，函数 NORMINV 返回错误值#NUM！；

④如果 Mean = 0 且 Standard_dev = 1，函数 NORMINV 使用标准正态分布（请参阅函数 NORMSINV）。

如果已给定概率值，则 NORMINV 使用 NORMDIST（x，Mean，Standard_dev，TRUE）= Probability 求解数值 x。因此，NORMINV 的精度取决于 NORMDIST 的精度。NORMINV 使用迭代搜索技术。如果搜索在 100 次迭代之后没有收敛，则函数返回错误值#N/A。

（3）例示：人的智商平均值为 100，标准差为 15，当累积分布概率为 0.97725 时的正态分布区间点为 130（见图 1 – 1 – 47）。

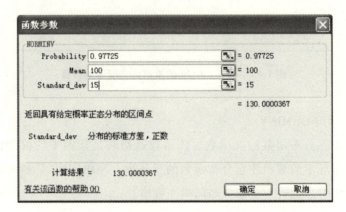

图 1 – 1 – 47　给定条件下正态分布区间点的计算

45. NORMSDIST

标准正态分布函数。NORMSDIST 用于计算标准正态分布的累积函数。标准正态分布指的是平均值为 0、标准偏差为 1 的正态分布。可以使用该函数代替标准正态曲线面积表。

（1）语法：

NORMSDIST（z）

其中：z 为需要计算其分布的数值。

（2）说明：

①如果 z 为非数值型，函数 NORMSDIST 返回错误值#VALUE!。

②标准正态分布密度函数计算公式如下：

$$f(z,0,1) = \frac{1}{\sqrt{2\pi}}e^{-\frac{z^2}{2}}$$

（3）例示：当正态分布临界值为 1.645 时，正态分布的概率为 0.95。

46. NORMSINV

标准正态累积分布函数的反函数。标准正态分布指的是平均值为 0、标准偏差为 1 的正态分布。

（1）语法：

NORMSINV（Probability）

其中：Probability——正态分布的概率值。

（2）说明：

①如果 Probability 为非数值型，函数 NORMSINV 返回错误值# VALUE！；

②如果 Probability < 0 或 Probability > 1，函数 NORMINV 返回错误值#NUM！。

如果已给定概率值，则 NORMSINV 使用 NORMSDIST（z）= Probability 求解数值 z。因此，NORMSINV 的精度取决于 NORMS-DIST 的精度。NORMSINV 使用迭代搜索技术。如果搜索在 100 次迭代之后没有收敛，则函数返回错误值#N/A。

（3）例示 1：当概率为 0.95 时，正态分布临界值 z 为 1.64485（见图 1 - 1 - 48）。

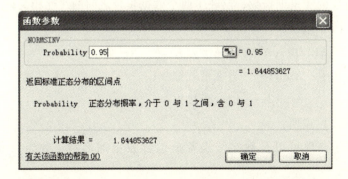

图 1 - 1 - 48　概率为 0.95 时的正态分布临界值的计算

例示 2：当概率为 0.05 时，正态分布临界值 z 为 − 1.64485（见图 1 − 1 − 49）。

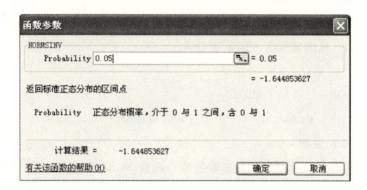

图 1 − 1 − 49　概率为 0.05 时的正态分布临界值的计算

这里的概率（Probability）取值可以是置信水平（1 − α），也可以是显著性水平 α。在做总体均值、比例的区间估计或双侧检验时，要换算成 $\frac{\alpha}{2}$ 的情形。

47. PEARSO

Pearson（皮尔逊）积矩相关系数函数。Pearson（皮尔逊）积矩相关系数 r，是一个范围在 − 1.0 到 1.0 之间（包括 − 1.0 和 1.0 在内）的无量纲指数，反映了两个数据集合之间的线性相关程度。

（1）语法：

PEARSON（Array1，Array2）

　　其中：Array1——自变量数据集；

　　　　　Array2——因变量数据集。

（2）说明：

①参数可以是数字，或者是包含数字的名称、数组常量或引用。

②如果数组或引用参数包含文本、逻辑值或空白单元格，则

这些值将被忽略；但包含零值的单元格将被计算在内。

③如果 Array1 和 Array2 为空或其数据点个数不同，函数 PEARSON 返回错误值#N/A。

④Pearson（皮尔逊）积矩相关系数 r 的公式为：

$$r = \frac{n\sum xy - \left(\sum x\right)\left(\sum y\right)}{\sqrt{\left[n\sum x^2 - \left(\sum x\right)^2\right]\left[n\sum y^2 - \left(\sum y\right)^2\right]}}$$

（3）例示：求表中两列数据之间的皮尔逊相关系数，如图 1 - 1 - 50 所示。

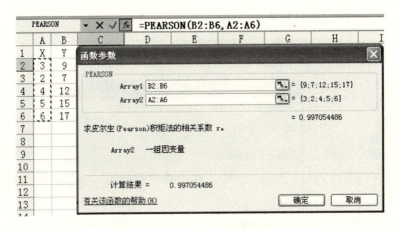

图 1 - 1 - 50　皮尔逊相关系数的计算

计算结果表明，这两列数据之间的相关系数为 0.99705。

48. PERCENTILE

百分位数函数。可以使用此函数来建立数据区域中的第 k 个百分点的数值，例如，确定得分排名在第 90 个百分点上的人或数。

（1）语法：

PERCENTILE（Array，k）

其中：Array——定义相对位置的数组或数据区域；

k——0 到 1 之间的百分点值，包含 0 和 1。

（2）说明：

①如果 Array 为空或其数据点超过 8191 个，函数 PERCENTILE 返回错误值#NUM！；

②如果 k 为非数字型，函数 PERCENTILE 返回错误值#VALUE！。

③如果 k＜0 或 k＞1，函数 PERCENTILE 返回错误值#NUM！。

④如果 k 不是 1/（n-1）的倍数，函数 PERCENTILE 使用插值法来确定第 k 个百分点的值。

（3）例示：查找数学成绩中排位在 80% 的点上的成绩。如图 1 - 1 - 51 所示。

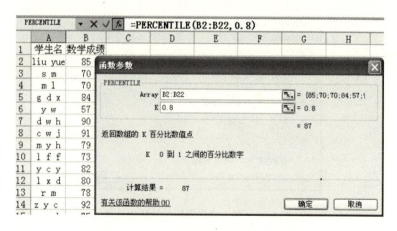

图 1 - 1 - 51 指定排位点上数值的计算

计算结果：数学成绩排位在 80% 的点上的成绩为 87 分。

49. PERCENTRANK

查找特定数值在一个数据集中的百分位的位置函数。此函数可用于查看特定数据在数据集中所处的位置。例如，可以使用函数 PERCENTRANK 计算某个特定的能力测试得分在所有的能力测试得分中的位置。

（1）语法：

PERCENTRANK（Array，x，Significance）

其中：Array——定义相对位置的数组或数字区域；

x——数组中需要得到其排位的值；

Significance——可选项，表示返回的百分数值的有效位
数。如果省略，函数 PERCENTRANK
保留 3 位小数。

（2）说明：

①如果数组为空，函数 PERCENTRANK 返回错误值#NUM！。

②如果 Significane < 1，函数 PERCENTRANK 返回错误值
#NUM！。

③如果数组里没有与 x 相匹配的值，函数 PERCENTRANK 将
进行插值以返回正确的百分比排位。

（3）例示：查找成绩为 85 分在群体中所处的位置排在多少百
分位（见图 1 - 1 - 52）。

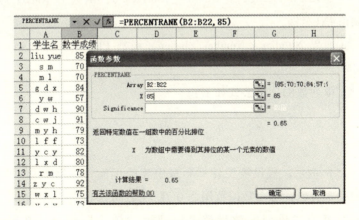

图 1 - 1 - 52 指定数字的百分位数的计算

计算结果：成绩为 85 分在群体中所处的位置排在 65% 。

注释：若要以百分比的形式显示数字，请选择单元格并在"格式"菜单上单击"单元格"，再单击"数字"选项卡，然后单击"分类"框中的"百分比"。

50. PERMUT

排列函数。该函数从给定数目的集合中选取若干单位的排列数。排列为有内部顺序的对象或事件的任意集合或子集。排列与组合不同，组合的内部顺序无意义。此函数可用于彩票抽奖的概率计算。

（1）语法：

PERMUT（Number，Number_chosen）

其中：Number 表示对象个数的整数；

Number_chosen 表示每个排列中对象个数的整数。

（2）说明：

①两个参数将被截尾取整。

②如果 Number 或 Number_chosen 为非数值型，函数 PERMUT 返回错误值#VALUE!。

③如果 Number≤0 或 Number_chosen<0，函数 PERMUT 返回错误值#NUM!。

④如果 Number < Number_chosen，函数 PERMUT 返回错误值#NUM!。

⑤排列数的计算公式如下：

$$P_{k,n} = \frac{n!}{(n-k)!}$$

（3）例示：假设需要计算彩票中奖的可能性，每个彩票号码分别有 3 位数，每个数的范围为 0 到 99 之间（包括 0 和 99）。那么所有可能的排列的数量就可以通过"插入"选择"Permutation"函数或输入公式" = Permutation（100，3）"得到计算结果见图 1 - 1 - 53。

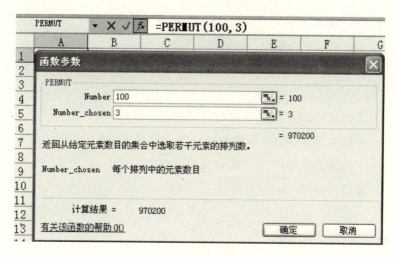

图 1 - 1 - 53 指定条件下所有可能排列数的计算

计算结果为 970200，说明可以有 970200 种排列方式出现。

51. POISSON

泊松分布函数。泊松分布通常用于预测一段时间内某事件发生的次数，比如一分钟内通过收费站的轿车的数量。

（1）语法：

POISSON（x，Mean，Cumulative）

其中：x——事件数；

Mean——期望值；

Cumulative——逻辑值，确定所返回的概率分布形式。

如果 Cumulative 为 TRUE，函数 POIS-SON 返回泊松累积分布概率，即随机事件发生的次数在 0 到 x 之间（包含 0 和 1）；如果 Cumulative 为 FALSE，则返回泊松概率密度函数，即随机事件发生的次数恰好为 x。

（2）说明：

①如果 x 不为整数，将被截尾取整。

②如果 x 或 Mean 为非数值型，函数 POISSON 返回错误值 #VALUE！。

③如果 x < 0，函数 POISSON 返回错误值#NUM！。

④如果 Mean ≤ 0，函数 POISSON 返回错误值#NUM！。

⑤函数 POISSON 的计算公式如下：

假设 Cumulative = FALSE：

$$POISSON = \frac{e^{-\lambda}\lambda^{x}}{x!}$$

假设 Cumulative = TRUE：

$$Cumpoisson = \sum_{k=0}^{x} \frac{e^{-\lambda}\lambda^{x}}{k!}$$

（3）例示：盒子里有 95 颗黑棋子，5 颗白棋子，在抽样中恰好抽中 1 颗白棋子的概率就可以通过"插入"选择"Poisson"函数或输入公式" = Poisson（1，5/100，false）"或" = Poisson（1，5/100，0）"得到（见图 1 - 1 - 54）。

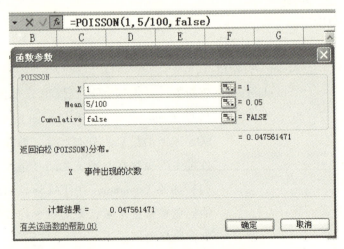

图 1 - 1 - 54　指定条件下概率的计算

如果 Cumulative = TRUE，或输入 1 得到的是上述数据的泊松累积分布概率，其值为 0.9987（见图 1 – 1 – 55）。

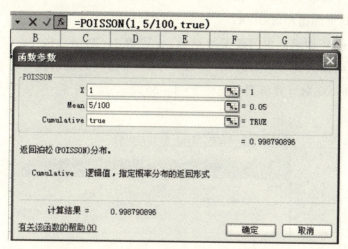

图 1 – 1 – 55 指定条件下累积分布概率的计算

51. PROB

数值落在指定区间内的概率函数。如果没有给出上限（Upper_limit），则返回区间 X_range 内的值等于下限 Lower_limit 的概率。

（1）语法：

PROB（X_range，Prob_range，Lower_limit，Upper_limit）

其中：X_range——具有各自相应概率值的 x 数值区域；

Prob_range——与 X_range 中的值相对应的一组概率值；

Lower_limit——用于计算概率的数值下界；

Upper_limit——用于计算概率的可选数值上界。

（2）说明：

①如果 Prob_range 中的任意值 ≤0 或 >1，函数 PROB 返回错误值#NUM!。

②如果 Prob_range 中所有值之和为 1，函数 PROB 返回错误值#NUM!。

③如果省略 Upper_limit，函数 PROB 返回值等于 Lower_limit 时的概率。

④如果 X_range 和 Prob_range 中的数据点个数不同，函数 PROB 返回错误值#N/A。

（3）例示：在掷骰子游戏中，x 取值 1，2，3，4，5，6，其各值出现的概率均为 1/6，那么 x 在 2～6 之间的概率就可以通过"Prob"函数计算得到（见图 1－1－56）。

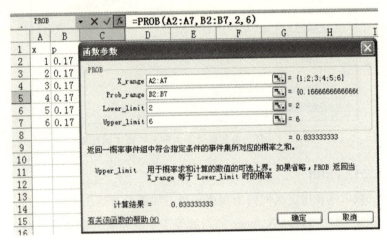

图 1－1－56　x 取值 2～6 之间的概率的计算

计算结果为 83.333% 。

52. QUARTILE

数据集的四分位数函数。四分位数通常用于销售额和测量数据中对总体进行分组。例如，可以使用函数 QUARTILE 求得总体中前 25% 的收入值。

（1）语法：

QUARTILE（Array，Quart）

其中：Array——需要求得四分位数值的数组或数字型单元格区域；

Quart——决定返回哪一个四分位值（见表1-1-2）。

表1-1-2　四分位数函数

Qurart	QUARTILE 函数取得数值
0	最小值
1	下第一个四分位数（第25个百分点值）
2	中分位数（第50个百分点值）
3	上第三个四分位数（第75个百分点值）
4	最大值

（2）说明：

①如果数组为空，函数 QUARTILE 返回错误值#NUM！。

②如果 Quart 不为整数，将被截尾取整。

③如果 Quart < 0 或 Quart > 4，函数 QUARTILE 返回错误值#NUM！。

④当 Quart 分别等于 0、2 和 4 时，函数 MIN、MEDIAN 和 MAX 返回的值与函数 QUARTILE 返回的值相同。

（3）例示：求21个学生成绩的上四分位数（见图1-1-57）。

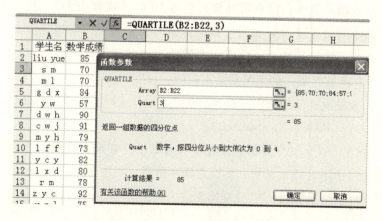

图1-1-57　上四分位数的计算

计算结果：上四分位数为 85，即第 75 个百分位上的数为 85。

53. RANK

数字序位函数。某一数字在数据列表中的排位。数字的排位是其大小与列表中其他值的比值（如果列表已排过序，则数字的排位就是它当前的位置）。

（1）语法：

RANK（Number，Ref，Order）

其中：Number 为需要找到排位的数字；

Ref 为数字列表数组或对数字列表的引用；对于 Ref 中的非数值型参数将被忽略；

Order 为一数字，指明排位的方式；0 为降序，非 0 为升序。

（2）说明：

①函数 RANK 对重复数的排位相同。但重复数的存在将影响后续数值的排位。例如，在一列按升序排列的整数中，如果整数 10 出现两次，其排位为 5，则 11 的排位为 7（没有排位为 6 的数值）。

②由于某些原因，用户可能使用考虑重复数字的排位定义。在前面的示例中，用户可能要将整数 10 的排位改为 5.5。这可通过将下列修正因素添加到按排位返回的值来实现。该修正因素对于按照升序计算排位（顺序 = 非零值）或按照降序计算排位（顺序 = 0 或被忽略）的情况都是正确的。

重复数排位的修正因素 = [COUNT(ref) + 1 - RANK(Number, Ref, 0) - RANK(Number, ref, 1)]/2。

（3）例示：90 分的学生在本次考试中排在前多少名？该问题就可以选用 RANK 函数，并设定降序排列（见图 1 - 1 - 58）。

计算结果表明：90 分排第 3 位。

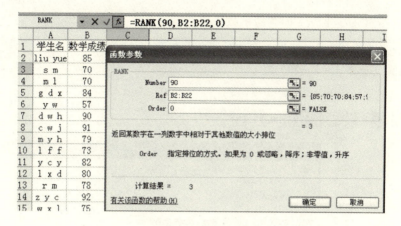

图 1 - 1 - 58　查找排位

54. RSQ

判定系数函数。该函数根据两列数据点计算得出的 Pearson 积矩相关系数的平方。r 平方值可以解释为在 y 值的变差中可以由 x 变动所决定的部分所占的比例，是用以评价直线拟合优度的一个指标。

（1）语法：

RSQ（Known_y's，Known_x's）

其中：Known_y's——因变量数组或数据点区域；

Known_x's——自变量数组或数据点区域。

（2）说明：

①参数可以是数字，或者是包含数字的名称、数组或引用。

②如果数组或引用参数包含文本、逻辑值或空白单元格，则这些值将被忽略；但包含零值的单元格将被计算在内。

③如果 Known_y's 和 Known_x's 为空或其数据点个数不同，函数 RSQ 返回错误值#N/A。

④Pearson 积矩相关系数 r 的计算公式如下：

$$r = \frac{n\sum xy - \sum x \sum y}{\sqrt{\left[n\sum x^2 - \left(\sum x\right)^2\right]\left[n\sum y^2 - \left(\sum y\right)^2\right]}}$$

RSQ 返回 r^2，即判断系数。

（3）例示：计算 x 与 y 这两列数据的 Pearson 相关系数的平方值（见图 $1-1-59$）。

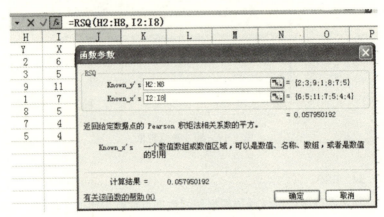

图 $1-1-59$ 判定系数的计算

计算结果为 0.0579。

55. SKEW

次数分布数列的偏斜度函数。偏斜度反映以平均值为中心的分布的不对称程度。正偏分布时，数据集的算术平均数大于中位数且大于众数，也叫右偏分布；负偏分布时，数据集的算术平均数小于中位数且小于众数，也叫左偏分布。

（1）语法：

SKEW（Number1，Number2，…）

其中：Number1，Number2，…为需要计算偏斜度的 1 到 30 个参数。也可以不用这种用逗号分隔参数的形式，而用单个数组或对数组的引用。

（2）说明：

①参数可以是数字，或者是包含数字的名称、数组或引用。

②如果数组或引用参数包含文本、逻辑值或空白单元格，则

这些值将被忽略；但包含零值的单元格将被计算在内。

③如果数据点个数少于 3 个，或样本标准偏差为零，函数 SKEW 返回错误值#DIV/0!。

④偏斜度的计算公式定义如下：

$$SK = \frac{n}{(n-1)(n-2)} \sum \left(\frac{x_i - \bar{x}}{s} \right)^3$$

（3）例示：对 21 个学生的数学考试成绩分布状况进行分析，就可以选用 SKEW 函数（见图 1 - 1 - 60）。

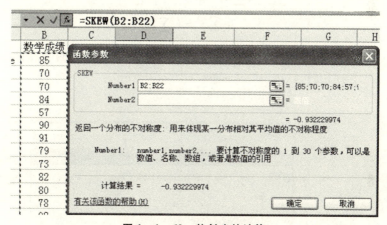

图 1 - 1 - 60　偏斜度的计算

计算结果：偏斜度为 - 0.93222，说明数学成绩呈现左偏分布。

56. SLOPE

回归线性直线的斜率函数。该函数根据 Known_y's 和 Known_x's 中的数据点返回拟合的线性回归直线的斜率。斜率为直线上任意两点的垂直距离与水平距离的比值，也就是回归直线的变化率。

（1）语法：

SLOPE（Known_y's，Known_x's）

其中：Known_y's——数字型因变量数据点数组或单元格区域；

Known_x's——自变量数据点集合。

（2）说明：

①参数可以是数字，或者是包含数字的名称、数组或引用。

②如果数组或引用参数包含文本、逻辑值或空白单元格，则这些值将被忽略；但包含零值的单元格将被计算在内。

③如果 Known_y's 和 Known_x's 为空或其数据点个数不同，函数 SLOPE 返回错误值#N/A。

④回归直线的斜率计算公式如下：

$$b = \frac{n\sum xy - \left(\sum x\right)\left(\sum y\right)}{n\sum x^2 - \left(\sum x\right)^2}$$

（3）例示：根据以下数据，计算所拟合的线性回归方程的斜率（见图 1 – 1 – 61）。

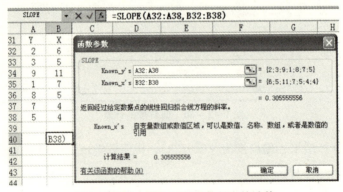

图 1 – 1 – 61　线性回归方程斜率的计算

根据上面的数据点，所拟合的直线方程的斜率为 0.305556。

57. SMALL

求第 k 个最小值函数。该函数可以输出数据集中第 k 个最小值。使用此函数可以返回数据集中特定位置上的数值。

（1）语法：

SMALL（Array，k）

其中：Array——需要找到第 k 个最小值的数组或数字型数据
区域；

k——输出的数据在数组或数据区域里的位置(从小到大)。

（2）说明：

①如果 Array 为空，函数 SMALL 返回错误值#NUM！。

②如果 k≤0 或 k 超过了数据点个数，函数 SMALL 返回错误值#NUM！。

③如果 n 为数组中的数据点个数，则 SMALL（Array，1）等于输出最小值，SMALL（Array，n）等于输出最大值。

（3）例示：

计算学生成绩中排在后五名的分数（见图 1 – 1 – 62）。

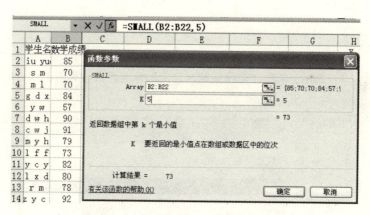

图 1 – 1 – 62　倒数第五名分数的计算

输出结果：学生数学成绩中倒数第五名的分数是 73。

58. STANDARDIZE

标准化函数。是测度每个数据在该数据集中的相对位置的函数。通过计算每一个数据与其所在数据集的平均值的离差除以标准差，来处理不同数量级的数据，以反映变量到平均值的差距是标准差的多少倍。

（1）语法：

STANDARDIZE（x，Mean，Standard_dev）

其中：x——需要进行标准化的数值；

Mean——数据集算术平均值；

Standard_dev——数据集的标准偏差。

（2）说明：

①如果 Standard_dev ≤ 0，函数 STANDARDIZE 返回错误值 #NUM!。

②正态化数值的计算公式如下：

$$z = \frac{x - \mu}{\sigma}$$

或

$$z = \frac{x - \bar{x}}{s}$$

（3）例示：对学生数学成绩求它们的标准化值（见图 1 – 1 – 63）。

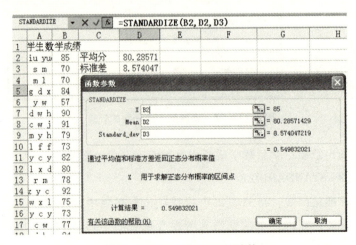

图 1 – 1 – 63　标准化值的计算

输出结果为 85 的标准化值为 0.5498，经过拖曳可以求出每位同学的标准化值。

59. STDEV

样本标准差函数。标准差反映相对于平均值（Mean）的离散程度。

（1）语法：

STDEV（Number1，Number2，…）

其中：Number1，Number2，…为对应于总体样本的 1~30 个参数。也可以不使用这种用逗号分隔参数的形式，而用单个数组或对数组的引用。

（2）说明：

①函数 STDEV 假设其参数是总体中的样本。如果数据代表全部样本总体，则应该使用函数 STDEVP 来计算标准差。

②此处标准差的计算使用的是样本标准差公式或"$n-1$"方法。

③函数 STDEV 的计算公式如下：

$$s = \sqrt{\frac{n\sum x^2 - \left(\sum x\right)^2}{n(n-1)}} = \sqrt{\frac{\sum (x-\bar{x})^2}{n-1}}$$

其中 $\bar{x}$ 为样本平均值 AVERAGE（Number1，Number2，…），n 为样本大小。

④忽略逻辑值（TRUE 或 FALSE）和文本。如果不能忽略逻辑值和文本，请使用 STDEVA 函数。

（3）例示：假设这 21 个学生的成绩是从 144 名学生中随机抽取出来的，求其标准差就可以使用该函数（见图 1 - 1 - 64）。

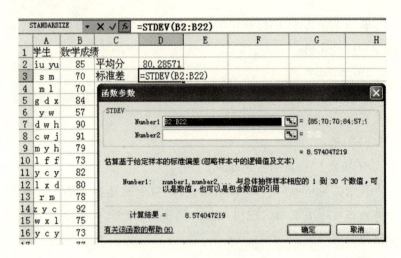

图 1 - 1 - 64   标准差的计算

输出结果为 8.57404。

60. STDEVA

包含文本数据和逻辑值的样本标准差函数。该标准差反映数值相对于平均值（Mean）的离散程度。文本数据和逻辑值（如 TRUE 或 FALSE）也将计算在内。

（1）语法：

STDEVA（Value1，Value2，…）

其中：Value1，Value2，…作为总体的一个样本的 1~30 个参数。也可以不使用这种用逗号分隔参数的形式，而用单个数组或对数组的引用。

（2）说明：

①函数 STDEVA 假设参数为总体的一个样本。如果数据代表的是样本总体，则必须使用函数 STDEVPA 来计算标准偏差。

②包含 TRUE 的参数作为 1 来计算；包含文本或 FALSE 的参数作为 0 来计算。如果在计算中不能包含文本值或逻辑值，请使用 STDEV 工作表函数来代替。

③此处标准差的计算使用的是样本标准差公式或"$n-1$"方法。

④函数 STDEVA 的计算公式如下：

$$s = \sqrt{\frac{n\sum x^2 - \left(\sum x\right)^2}{n(n-1)}} = \sqrt{\frac{\sum(x-\bar{x})^2}{n-1}}$$

其中 $\bar{x}$ 为样本平均值 AVERAGE（Value1，Value2，…），n 为样本大小。

61. STDEVP

总体标准差函数。返回以参数形式给出的整个总体的标准差。标准差反映相对于平均值（Mean）的离散程度。

（1）语法：

STDEVP（Number1，Number2，…）

其中：Number1，Number2，…为对应于样本总体的 1～30 个参数。也可以不使用这种用逗号分隔参数的形式，而用单个数组或对数组的引用。

- 文本和逻辑值（TRUE 或 FALSE）将被忽略。如果不能忽略逻辑值和文本，则请使用 STDEVPA 工作表函数。

（2）说明：

①函数 STDEVP 假设其参数为整个总体。如果数据代表总体中的样本，应使用函数 STDEV 来计算标准差。

②对于大样本容量，函数 STDEV 和 STDEVP 的计算结果大致相等。

③此处标准差的计算使用的是总体标准差公式或"n"方法。

④函数 STDEVP 的计算公式如下：

$$\sigma = \sqrt{\frac{n\sum x^2 - \left(\sum x\right)^2}{n^2}}$$

其中：n 为参与计算的数据的个数。

62. STDEVPA

包含文本数据和逻辑值的总体标准差函数。返回以参数形式给出的整个总体的标准差，包含文本和逻辑值。标准差反映数值相对于平均值（Mean）的离散程度。

（1）语法：

STDEVPA（Value1，Value2，…）

其中：Value1，Value2，…为样本总体的 1 到 30 个参数。也可以不使用这种用逗号分隔参数的形式，而用单个数组或对数组的引用。

（2）说明：

①函数 STDEVPA 假设参数即为样本总体。如果数据代表的是总体的一个样本，则必须使用函数 STDEVA 来估算标准偏差。

②包含 TRUE 的参数作为 1 计算；包含文本或 FALSE 的参数作为 0 计算。如果在计算中不能包含文本值或逻辑值，请使用 STDEVP 工作表函数来代替。

③对于大样本容量，函数 STDEVA 和函数 STDEVPA 的返回值大致相等。

④此处标准偏差的计算使用"有偏差"和"n"方法。

⑤函数 STDEVPA 的计算公式如下：

$$\sigma = \sqrt{\frac{n\sum x^2 - \left(\sum x\right)^2}{n^2}} = \sqrt{\frac{\sum (x - \bar{x})^2}{n}}$$

其中 $\bar{x}$ 是平均值 AVERAGE（Value1，Value2，…）且 n 是参与计算的数据的个数。

63. STEYX

估计标准误差函数。拟合的直线方程的预测值与实际值所产生的标准误差。估计标准误差用来度量根据单个 x 变量计算出的 y 预测值的误差量。

（1）语法：

STEYX（Known_y's，Known_x's）

其中：Known_y's——因变量数据点数组或区域；

　　　Known_x's——自变量数据点数组或区域。

（2）说明：

①参数必须是数字，或者是包含数字的名称、数组或引用。

②如果数组或引用参数包含文本、逻辑值或空白单元格，则这些值将被忽略；但包含零值的单元格将被计算在内。

③如果 Known_y's 和 Known_x's 为空或其数据点个数不同，函数 STEYX 返回错误值#N//A。

④预测值 y 的标准误差计算公式如下：

$$S_{yx} = \sqrt{\frac{1}{n(n-2)}\left\{ n\sum y^2 - \left(\sum y\right)^2 - \frac{\left[n\sum xy - \left(\sum x\right)\left(\sum y\right)\right]^2}{n\sum x^2 - \left(\sum x\right)^2} \right\}}$$

其中 n 是参与计算的数据的个数。

（3）例示：计算基于两组相关数据所拟合的直线方程的估计标准误差，见图 1 - 1 - 65。

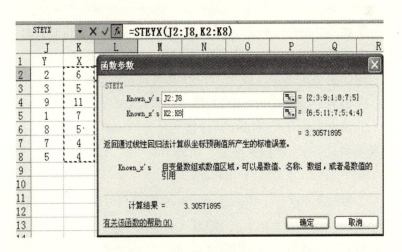

图 1 - 1 - 65　估计标准误差的计算

输出结果：估计标准误差为 3. 305719。

64. TDIST

t 分布函数。t 分布函数用在一定的自由度和显著水平下得出 t 分布的概率面积。t 分布适用于总体方差未知的小样本数据的假设检验。使用该函数可以代替 t 分布的临界值表。

（1）语法：

TDIST（x，Degrees_freedom，Tails）

其中：x——需要计算分布的数值，即计算 t 统计量 $\left(\dfrac{\overline{x} - \mu_0}{s/\sqrt{n}}\right)$；

　　　　Degrees_freedom——自由度（为整数）；

　　　　Tails——指明输出的分布函数是单尾分布还是双尾分布。如果 Tails = 1，TDIST 函数输出单尾分布临界值。如果 Tails = 2，TDIST 函数输出双尾分布临界值。

（2）说明：

①如果任一参数为非数值型，函数 TDIST 返回错误值#VALUE!。

②如果 Degrees_freedom < 1，函数 TDIST 返回错误值#NUM!。

③参数 Degrees_freedom 和 Tails 将被截尾取整。

④如果 Tails 不为 1 或 2，TDIST 函数返回错误值#NUM!。

⑤如果 x < 0，TDIST 函数返回错误值#NUM!。

⑥如果 Tails = 1，TDIST 的计算公式为 TDIST = P（X > x），其中 X 为服从 t 分布的随机变量。如果 Tails = 2，TDIST 的计算公式为 TDIST = P（|X| > x）= P（X > x or X < −x）。

⑦因为不允许 x < 0，当 x < 0 时要使用 TDIST，应该注意 TDIST（−x，df，1）= 1 − TDIST（x，df，1）= P（X > −x）和 TDIST（−x，df，2）= TDIST（x，df，2）= P（|X| > x）。

（3）例示：假设检验时，依样本信息计算的检验统计量

$\left(\dfrac{\overline{x} - \mu_0}{s\sqrt{n}}\right)$，输入到图中对话框中的 x 里，样本量（n – 1）输入到

Degrees_freedom 里，就可得到直接与显著性水平 α 比较的概率值。此外分别就单、双侧检验，自由度为 24 时，1.71088 所对应的显著性水平概率值。见图 1 – 1 – 66 和图 1 – 1 – 67。

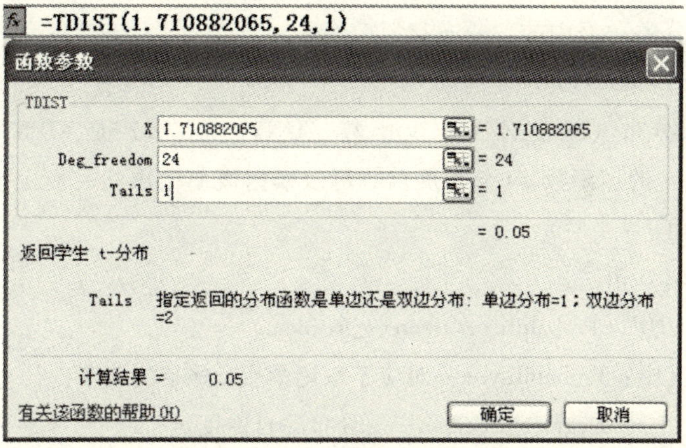

图 1 – 1 – 66　指定数值关于显著性水平单尾分布的概率的计算

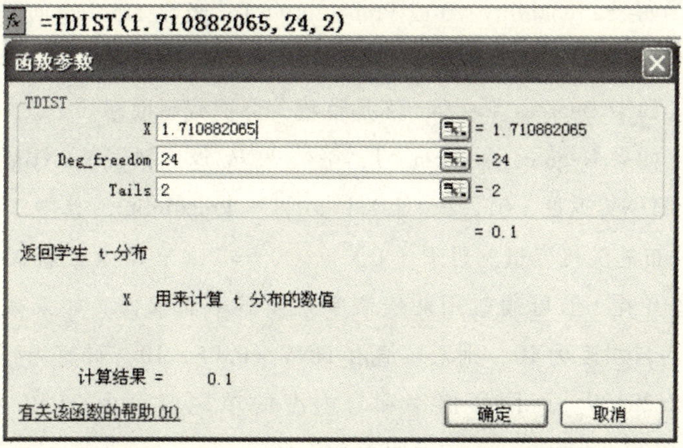

图 1 – 1 – 67　指定数值关于显著性水平双尾分布的概率的计算

两个输出结果分别是单尾和双尾 t 分布值。表明当显著性水平 $\alpha = 0.05$，自由度 df = 24 时，t 单尾分布的临界值 $t_\alpha = 1.7109$；当显著性水平 $\alpha = 0.1$，自由度 df = 24 时，t 双尾分布的临界值 $t_{\frac{\alpha}{2}} = 1.7109$。

注释：若要以百分比的形式显示数字，请选择单元格并在"格式"菜单上单击"单元格"，再单击"数字"选项卡，然后单击"分类"框中的"百分比"。

65. TINV

t 分布（学生分布）反函数。TINV（p，df）是 TDIST（x，df，2）的逆函数。t 分布反函数可以根据概率输出某一自由度的 t 分布值。

（1）语法：

TINV（Probability，Degrees_freedom）

其中：Probability——对应于双尾学生 t 分布的概率；

Degrees_freedom——分布的自由度。

（2）说明：

①如果任一参数为非数值型，函数 TINV 返回错误值#VALUE！。

②如果 Probability < 0 或 Probability > 1，函数 TINV 返回错误值#NUM！。

③如果 Degrees_freedom 不是整数，将被截尾取整。

④如果 Degrees_freedom < 1，函数 TINV 返回错误值#NUM！。

⑤TINV 返回 t 值，P（|X| > t）= Probability，其中 X 为服从 t 分布的随机变量，且 P（|X| > t）= P（X < −t 或者 X > t）。

⑥单尾 t 值可通过用两倍概率替换概率而求得。如果概率为 0.05 而自由度为 10，则双尾值由 TINV（0.05，10）计算得到，它返回 2.28139。而同样概率和自由度的单尾值可由 TINV（2 * 0.05，10）计算得到，它返回 1.812462。

（3）例示：计算显著性水平为 0.1，自由度为 24 的双尾 t 统计量的临界值。

计算结果：$\alpha = 0.1$，$df = 24$ 时，$t_{\frac{\alpha}{2}} = 1.711$（见图 $1 - 1 - 68$）。

注释：在这里，概率被描述为（$1 - P$）即显著性水平。

如果已给定概率值，则 TINV 使用 TDIST（x，Degrees_freedom，2）= Probability 求解数值 x。因此，TINV 的精度取决于 TDIST 的精度。TINV 使用迭代搜索技术。如果搜索在 100 次迭代之后没有收敛，则函数返回错误值#N/A。

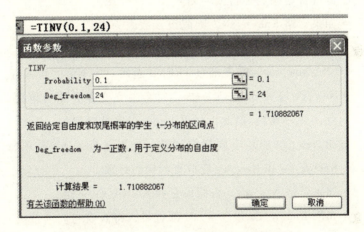

图 $1 - 1 - 68$ 双尾 t 统计量的临界值的计算

66. TREND

拟合直线趋势值函数。该函数输出一条拟合的线性回归直线的值。即找到适合已知数组 Known_y's 和 Known_x's 的直线（用最小二乘法），并返回指定数组 New_x's 在直线上对应的 y 值。

（1）语法：

TREND（Known_y's，Known_x's，New_x's，Const）

其中：Known_y's 是关系表达式 $y = mx + b$ 中已知的 y 值集合。

● 如果数组 Known_y's 在单独一列中，则 Known_x's 的每一列被视为一个独立的变量。

- 如果数组 Known_y's 在单独一行中，则 Known_x's 的每一行被视为一个独立的变量。

  Known_x's 是关系表达式 $y = mx + b$ 中已知的可选 x 值集合。

- 数组 Known_x's 可以包含一组或多组变量。如果只用到一个变量，只要 Known_y's 和 Known_x's 维数相同，它们可以是任何形状的区域。如果用到多个变量，Known_y's 必须为向量（即必须为一行或一列）。

- 如果省略 Known_x's，则假设该数组为 {1，2，3，…}，其大小与 Known_y's 相同。

  New_x's 为需要函数 TREND 返回对应 y 值的新 x 值。

- New_x's 与 Known_x's 一样，每个独立变量必须为单独的一行（或一列）。因此，如果 Known_y's 是单列的，Known_x's 和 New_x's 应该有同样的列数。如果 Known_y's 是单行的，Known_x's 和 New_x's 应该有同样的行数。

- 如果省略 New_x's，将假设它和 Known_x's 一样。

- 如果 Known_x's 和 New_x's 都省略，将假设它们为数组 {1，2，3，…}，大小与 Known_y's 相同。

  Const 为一逻辑值，用于指定是否将常量 b 强制设为 0。

- 如果 Const 为 TRUE 或省略，b 将正常计算。

- 如果 Const 为 FALSE，b 将被设为 0（零），m 将被调整以使 $y = mx$。

（2）说明：

①有关 MicrosoftExcel 对数据进行直线拟合的详细信息，请参阅 LINEST 函数。

②可以使用 TREND 函数计算同一变量的不同乘方的回归值来拟合多项式曲线。例如，假设 A 列包含 y 值，B 列含有 x 值。可以在 C 列中输入 x^2，在 D 列中输入 x^3，等等，然后根据 A 列，对

B 列到 D 列进行回归计算。

③对于返回结果为数组的公式，必须以数组公式的形式输入。

④当为参数（如 Known_x's）输入数组常量时，应当使用逗号分隔同一行中的数据，用分号分隔不同行中的数据。

（3）例示：根据时间序列数据，预测线性情况下时间点为 15 的资产值（见图 1 - 1 - 69）。

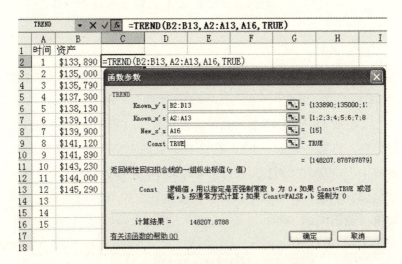

图 1 - 1 - 69　直线趋势预测值的计算

计算结果表明：当 t = 15 时，资产为 148207. 88。

注释：示例中的公式必须以数组公式的形式输入。将示例复制到空白工作表后，请选中以公式单元格开始的区域 C2：C13 或 B15：B19。按 F2，再按 Ctrl + Shift + Enter。如果公式不是以数组公式的形式输入，则单个结果为 133953. 3333 和 146171. 5152。

67. TRIMMEAN

切尾均值函数。TRIMMEAN 函数先从数据集的头部和尾部剔除一定百分比的数据点，然后再求平均值，得到数据分布中心部分的算术平均值。当希望在分析中剔除一部分最大值和最小值的计算时，可以使用此函数。

（1）语法：

TRIMMEAN（Array，Percent）

其中：Array——需要进行整理并求平均值的数组或数值区域；

Percent——计算时所要剔除的数据点的比例，例如对于有 20 个数值的数据集，如果 Percent = 0.2，意味着就要除去 4 个数据点（20 × 0.2）：头部剔除 2 个，尾部剔除 2 个。

（2）说明：

①如果 Percent < 0 或 Percent > 1，函数 TRIMMEAN 返回错误值 #NUM!。

②函数 TRIMMEAN 将除去的数据点数目向下舍入为最接近的 2 的倍数。如果 Percent = 0.1，30 个数据点的 10% 等于 3 个数据点。函数 TRIMMEAN 将对称地在数据集的头部和尾部各除去 1 个数据。

（3）例示：计算以下数据中，前后各去掉 10% 的数据后的平均值（见图 1 – 1 – 70）。

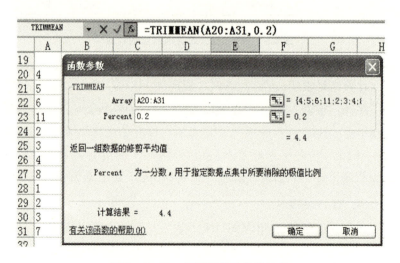

图 1 – 1 – 70　切尾后的均值的计算

此处 20% 是指上下各剔除 10% 的数据，剩余 80% 的数据的平均值为 4.4。

68. TTEST

t 检验函数。该函数输出与 t 检验相关的双尾概率 P 值。若判断两个样本是否可能来自两个具有相同平均值的总体，可以使用 TTEST 函数。

（1）语法：

TTEST（Array1，Array2，Tails，Type）

其中：Array1——第一组数据集；

Array2——第二组数据集；

Tails——指示分布曲线的尾数。如果 Tails = 1，函数 TTEST 使用单尾分布。如果 Tails = 2，函数 TTEST 使用双尾分布。

Type——为 t 检验的类型。t 赋值不同，检验的类型不同，见表 1 - 1 - 3。

表 1 - 1 - 3 t 检验类型

Type 赋值	检验类型
1	成对
2	等方差双样本检验
3	异方差双样本检验

（2）说明：

①如果 Array1 和 Array2 的数据点个数不同，且 Type = 1（成对），函数 TTEST 返回错误值#N/A。

②参数 Tails 和 Type 将被截尾取整。

③如果 Tails 或 Type 为非数值型，函数 TTEST 返回错误值#VALUE！。

④如果 Tails 不为 1 或 2，函数 TTEST 返回错误值#NUM!。

⑤TTEST 使用 Array1 和 Array2 中的数据计算非负值 t 统计。如果 Tails = 1，假设 Array1 和 Array2 为来自具有相同平均值的总体的样本，则 TTEST 返回 t 统计的较高值的概率。假设"总体平均值相同"，则当 Tails = 2 时返回的值是当 Tails = 1 时返回的值的两倍，且符合 t 统计的较高绝对值的概率。

（3）例示：健康人与某种疾病患者就某项生理指标的样本测定值如图 1 – 1 – 71 中左侧所示。现欲检验健康人与患者的该项指标是否有显著差异。

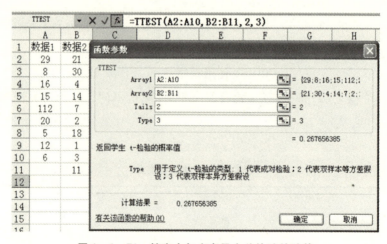

图 1 – 1 – 71　健康人与患者异方差检验的计算

计算结果表明：对应于双样本异方差的 t 检验的概率 P 值（双尾分布）为 0.267656，大于显著性水平 α，健康人与患者的该项指标没有显著差异。

69. VAR

样本方差函数。计算基于给定样本的方差。

（1）语法：

VAR（Number1，Number2，…）

其中：Number1，Number2，…为对应于总体样本的 1～30 个参数。

（2）说明：

①函数 VAR 假设其参数是样本总体中的一个样本。如果数据为样本总体，则应使用函数 VARP 来计算方差。

②逻辑值（TRUE 和 FALSE）和文本将被忽略。如果不能忽略逻辑值和文本，请使用 VARA 工作表函数。

③函数 VAR 的计算公式如下：

$$s^2 = \frac{n \sum x^2 - \left(\sum x \right)^2}{n(n-1)}$$

其中 n 为样本大小。

（3）例示：假设 32 个学生成绩是从 144 名学生中随机抽取出来的，求其方差就可以使用该函数（见图 1 – 1 – 72）。

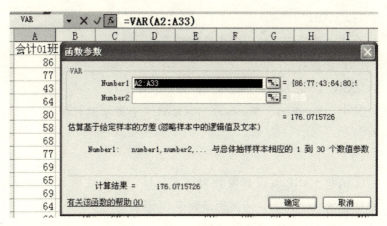

图 1 – 1 – 72　样本方差的计算

计算结果为 176.072。

70. VARA

包含文本和逻辑值的样本方差函数。

（1）语法：

VARA（Value1，Value2，…）

其中：Value1，Value2，…为对应于总体的一个样本的 1～30 个参数。

（2）说明：

①函数 VARA 假设参数为总体的一个样本。如果数据代表的是样本总体，则必须使用函数 VARPA 来计算方差。

②包含 TRUE 的参数作为 1 计算；包含文本或 FALSE 的参数作为 0 计算。如果在计算中不能包含文本值或逻辑值，请使用 VAR 工作表函数来代替。

③函数 VARA 的计算公式如下：

$$s^2 = \frac{n \sum x^2 - \left(\sum x \right)^2}{n(n-1)}$$

其中：n 是样本大小。

71. VARP

总体方差函数。输出整个总体的方差。

（1）语法：

VARP（Number1，Number2，…）

其中：Number1，Number2，…为对应于样本总体的 1～30 个参数。

（2）说明：

①函数 VARP 假设其参数为样本总体。如果数据只是代表样本总体中的一个样本，请使用函数 VAR 计算方差。

②函数 VARP 的计算公式如下：

$$\sigma^2 = \frac{n \sum x^2 - \left(\sum x \right)^2}{n^2}$$

其中：n 为参与计算的数据个数。

③逻辑值（TRUE 和 FALSE）和文本将被忽略。如果不能忽略逻辑值和文本，请使用 VARPA 工作表函数。

（3）例示：计算某班级统计学成绩的总体方差（见图 1 - 1 -73）。

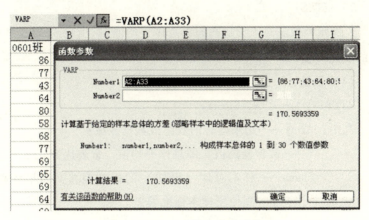

图 1 - 1 -73　总体方差的计算

计算结果为 170. 569。

72. VARPA

包含文本和逻辑值的总体方差函数。不仅数字，文本值和逻辑值（如 TRUE 和 FALSE）也将计算在内。

（1）语法：

VARPA（Value1，Value2，…）

其中：Value1，Value2，…为对应于样本总体的 1～30 个参数。

（2）说明：

①函数 VARPA 假设参数即样本总体。如果数据代表的是总体的一个样本，则必须使用函数 VARA 来估计方差。

②包含 TRUE 的参数作为 1 计算；包含文本或 FALSE 的参数作为 0 计算。如果在计算中不能包含文本值或逻辑值，请使用 VARP 工作表函数来代替。

③函数 VARPA 的计算公式如下：

$$\sigma^2 = \frac{n \sum x^2 - \left(\sum x \right)^2}{n^2}$$

其中：n 为参与计算的数据个数。

73. ZTEST

Z 检验函数。对于给定的假设总体平均值 μ_0，ZTEST 输出 Z 检验的双尾 P 值。

（1）语法：

ZTEST（Array，x，Sigma）

其中：Array——用来检验的数组或数据区域；

x——被检验的值，即总体平均值，常表达为 μ_0；

Sigma——样本总体（已知）的标准偏差，如果省略，则使用样本标准偏差。

（2）说明：

①如果 Array 为空，函数 ZTEST 返回错误值#N/A。

②不省略 Sigma 时，函数 ZTEST 的计算公式如下：

$$\text{ZTEST}(\text{Array},x) = 1 - \text{NORMSDIST}\left(\frac{\mu - \bar{x}}{\sigma / \sqrt{n}} \right)$$

省略 sigma 时，函数 ZTEST 的计算公式如下：

$$\text{ZTEST}(\text{Array},\mu_0) = 1 - \text{NORMSDIST}\left(\frac{\bar{x} - \mu_0}{s / \sqrt{n}} \right)$$

其中，$\bar{x}$ 为样本平均值 AVERAGE（array）；s 为样本标准偏差 STDEV（array）；n 为样本中的观察值个数 COUNT（array）。

③ZTEST 检验的是当总体平均值为 μ_0 时，样本平均值 AVERAGE（array）大于总体均值的概率。由于正态分布是对称的，如果 AVERAGE（array）$< \mu_0$，则 ZTEST 函数的输出值将大于0.5。

④当总体平均值为 μ_0，样本平均值从 μ_0（沿任一方向）变化到 AVERAGE（array）时，下面的 Excel 公式可用于计算双尾概率：=

$2*\{MIN[ZTEST(array, \mu_0, sigma), (1-ZTEST(array, \mu_0, sigma))]\}$。

（3）例示：检验学生的平均成绩是否高于 85 分，是一个单侧检验问题（见图 1 - 1 - 74）。

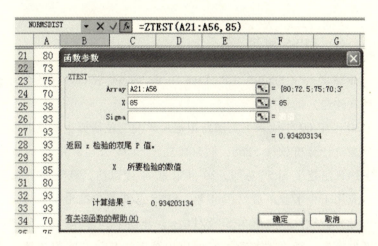

图 1 - 1 - 74　单侧 Z 检验的计算

输出结果：Z 检验的单尾概率值为 0.9342，P = 1 - 0.9342 = 0.0658 > α（0.05），不能拒绝原假设，说明学生成绩高于 85 分。

例示 2：检验学生的平均成绩是否等于 85 分，是一个双侧检验问题（见图 1 - 1 - 75）。依然使用该函数，公式中输入"=2 * $\{MIN[ZTEST(A21：A56, 85), (1-ZTEST(A21：A56, 85))]\}$"。

B22		fx	=2*(MIN(ZTEST(A21:A56,85),1-ZTEST(A21:A56,85))			
	A	B	C	D	E	F	G
21	80						
22	73	0.1315937					
23	75						

图 1 - 1 - 75　双侧 Z 检验的计算

输出结果：Z 检验双尾概率值为 0. 13159，大于 α，不能拒绝原假设，即可以认为学生的平均成绩等于 85 分。

二　SPSS 简介

（一）　SPSS 概述

SPSS 是英文 Statistical Package for the Social Science（社会科学统计软件包）的缩写。

20 世纪 60 年代末，美国斯坦福大学的三位研究生研制开发了最早的统计分析软件 SPSS，同时成立了 SPSS 公司，并于 1975 年在芝加哥组建了 SPSS 总部。20 世纪 80 年代以前，SPSS 统计软件主要应用于企事业单位。1984 年，SPSS 总部首先推出了世界第一个统计分析软件微机版本 SPSS/PC +，开创了 SPSS 微机系列产品的开发方向，极大地扩充了它的应用范围，并使其能很快地应用于自然科学、技术科学、社会科学的各个领域。

SPSS 是世界上最早采用图形菜单驱动界面的统计软件，它最突出的特点就是界面非常友好，除了数据录入及部分命令程序等少数输入工作需要键盘键入外，大多数操作可通过鼠标拖曳、点击"菜单"、"按钮"和"对话框"来完成。具有完整的数据输入、编辑、统计分析、报表、图形制作等功能。它将绝大部分的功能以统一、规范的界面展现出来，使用 Windows 的窗口方式展示各种管理和分析数据方法的功能，对话框展示出各种功能选择项。用户只要掌握一定的 Windows 操作技能，粗通统计分析原理，就可以使用该软件为特定的科研工作服务。SPSS 采用类似 Excel 表格的方式输入与管理数据，数据接口较为通用，能方便地从其他数据库中读入数据。其统计过程包括常用的、较为成熟的统计过程，完全可以满足非统计专业人士的工作需要。输出结果十分美观，存储时则是专用的 SPO 格式，可以转存为 HTML 格式和文本格式。对于熟悉老版本编程运行方式的用户，SPSS 还特别设计了语法生成窗口，用户只需要在菜单中选好各个选项，然后按"粘贴"按钮就可以自动生成标准的 SPSS 程序，极大地方便了中、高级用户。

SPSS 自带 11 种类型 136 个函数。SPSS 提供了从简单的统计描述到复杂的多因素统计分析功能，比如数据的探索性分析、统计描述、列联表分析、二维相关、秩相关、偏相关、方差分析、非参数检验、多元回归、生存分析、协方差分析、判别分析、因子分析、聚类分析、非线性回归、Logistic 回归等。SPSS 也有专门的绘图系统，可以根据数据绘制各种图形。

SPSS 现已推广到各种操作系统的计算机上，它和 SAS、BMDP 并称为国际上最有影响的三大统计软件。在国际学术界有条不成文的规定，即在国际学术交流中，凡是用 SPSS 软件完成的计算和统计分析，可以不必说明算法，由此可见其影响之大和信誉之高。

1. SPSS for Windows 的不同版本

到目前为止，SPSS 已具有适合于 DOS、Windows、Unix、Macintosh、OS/2、Vista 等多种操作系统使用的软件。由于 SPSS for Windows 界面友好，功能强大，使用者越来越多。SPSS for Windows 的主要版本有 SPSS V10.0、SPSS V11.0、SPSS V13.0 等，SPSS V10.0 以上有服务器（Server）与本地（Local）/客户版本之分。SPSS 18 还提供了新的图形选项以及 PDF 格式输出功能。

本书以运行于 Windows XP/NT/2000 上的 SPSS 13.0 for Windows 本地版本为例，并简称 SPSS。

2. SPSS 的运行环境

（1）SPSS 的硬件环境。能运行 Windows 95/NT/2000 或以上版本的微机。

（2）SPSS 的软件环境。目前 SPSS 还没有简体中文版，SPSS 能在中英文 Windows 9X、Windows NT 4.0、Windows 2000 及更高

版本的 Windows 操作系统上运行。

3. SPSS 的安装

如果您的计算机中没有安装 SPSS，则按下列步骤进行 SPSS 的安装：

（1）启动 Windows 后，把 SPSS 系统安装软盘（或光盘）插入软驱（或光驱），并找到 SPSS 的安装程序的可执行文件 Setup. exe。

（2）双击 Setup. exe 文件，安装程序向导将给出每一步操作的提示。在出现【Welcome】（欢迎）窗口后，选择【Next】进入下一步。

（3）安装程序显示【Software License Agreement】（软件协议）对话框时，选择【Yes】表示接受显示的协议条款。

（4）选择把 SPSS 安装到哪个文件夹（目录），默认文件夹为程序文件目录下的 SPSS 目录（如"C：\ Program Files \ SPSS"）。如果要改变安装目录，按【Browse】选择新的目录。然后单击【Next】按钮。

（5）在【User Information】窗口中输入【Name】（姓名）、【Organization】（组织、单位、机构）、【Serial Number】（产品序列号）（如图 1 - 2 - 1 所示），然后单击【Next】按钮。

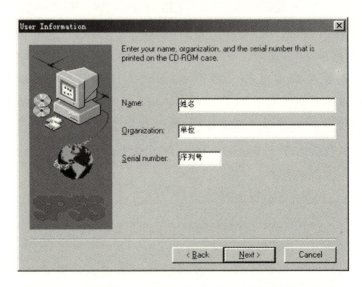

图 1 - 2 - 1　在【User Information】窗口中输入使用者的信息

（6）根据需要选择安装类型：【Typical】（典型安装）、【Compact】（最小安装）、【Custom】（定制安装）（如图1－2－2所示）。这里假设要进行定制安装，所以选择【Custom】。按【Next】进入下一步。

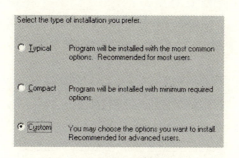

图1－2－2　安装类型的选择

（7）选择需要安装的部件（如图1－2－3所示）。

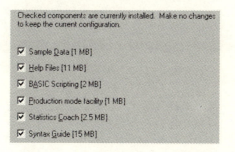

图1－2－3　需要安装的部件的选择

（8）根据授权情况选择个人安装或共享安装（如图1－2－4所示）。

（9）输入许可证号（如图1－2－5所示），单击【Next】。

（10）选择要安装的模块（如图1－2－6所示），然后单击【Next】。系统将根据用户的选择安装有关文件。

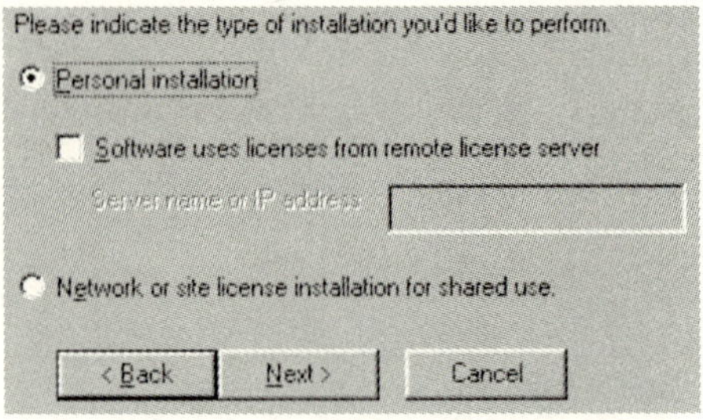

图 1 - 2 - 4　个人安装或共享安装的选择

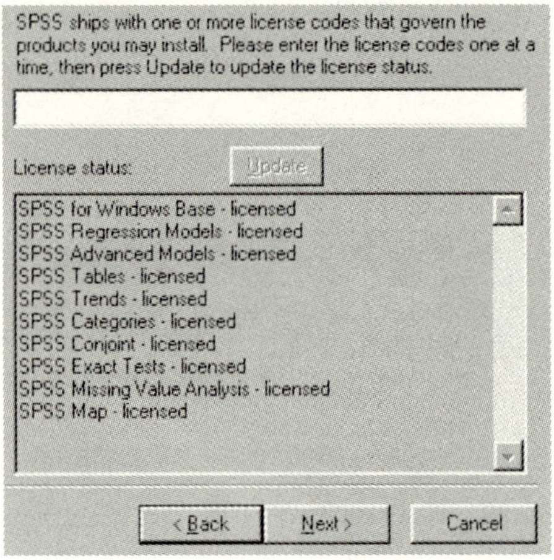

图 1 - 2 - 5　输入许可证号

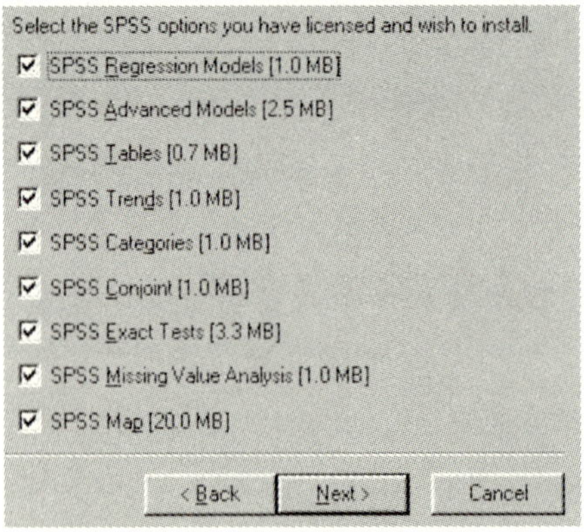

图 1 - 2 - 6　安装模块的选择

（11）安装完文件后，SPSS 显示如图 1 – 2 – 7 所示的对话框。SPSS 提供了 SPSS 命令语法说明文件，这些文件是以 PDF 格式保存的，如果要阅读这些文件，就必须安装 Adobe 公司的 Acrobat Reader 软件。这里，选择【Do not reinstall Adobe Acrobat Reader】，单击【Next】。

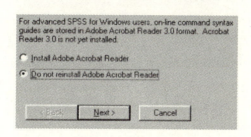

图 1 – 2 – 7　显示对话框

（12）SPSS 安装程序显示如图 1 – 2 – 8 的对话框，如果不重装 ODBC 驱动程序，选择【Do not reinstall ODBC】，然后单击【Next】。

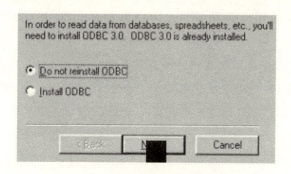

图 1 – 2 – 8　不重装对话框的选择

（13）安装程序显示如图 1 – 2 – 9 所示的对话框，表明 SPSS 安装成功。图 1 – 2 – 9 的对话框中有两个选项【Launch tutorial now?】（单击［Finish 后马上启动 SPSS 软件吗?）］和【Display the ReadMe file now?】（马上显示 SPSS 自述文件吗?）。单击【Finish】按钮结束 SPSS 安装过程。

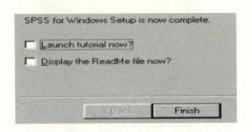

图 1 − 2 − 9　安装成功

4. SPSS 的运行方式

SPSS 运行方式灵活，主要有四种方式：

（1）批处理方式。把已编写好的程序（语句程序）存为一个文件，提交给【开始】菜单上【SPSS for Windows】 => 【Production Facility】程序运行。

（2）完全窗口菜单运行方式。这种方式通过选择窗口菜单和对话框即可完成各种操作，用户无须学会编程，此方式简单易用。

（3）程序运行方式。这种方式是在语句（Syntax）窗口中直接运行编写好的程序或者在脚本（Script）窗口中运行脚本程序的一种运行方式。这种方式要求掌握 SPSS 的语句或脚本语言。

（4）混合运行方式。混合运行方式指以上各种方法的结合方式。本书采用"完全窗口菜单运行方式"。

5. SPSS 的启动与退出

（1）启动 SPSS。单击 Windows 的【开始】按钮（如图 1 − 2 − 10 所示），在【程序】中查找【SPSS for Windows】菜单项，单击它的子菜单【SPSS 10.0 for Windows】。

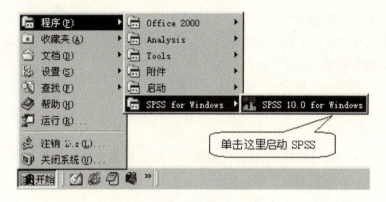

图 1 - 2 - 10　启动 SPSS

（2）SPSS 的主界面。启动 SPSS 后，出现 SPSS 主界面（数据编辑器）。同大多数 Windows 程序一样，SPSS 是以菜单方式驱动的。多数功能通过从菜单中选择来完成。主菜单包括 10 个菜单（如图 1 - 2 - 11 所示），各菜单的含义和功能如下：

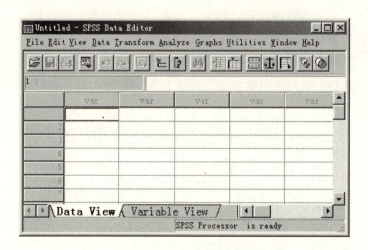

图 1 - 2 - 11　SPSS 主界面（数据编辑器）

①File（文件）：文件管理菜单，用于进行新建、读入、保存、

显示、打印 SPSS 各类文件等的操作。

②Edit（编辑）：编辑菜单，对于打开的文件进行选择、剪切、复制、粘贴、删除、查找、改变 SPSS 默认设置等。

③View（显示）：用于窗口"视图"的控制、自定义工具栏、显示字体设置、显示变量标志、在数据浏览和变量浏览之间切换等的操作。

④Data（数据）：数据管理菜单，用于数据变量的定义、插入变量、插入观测值、定义观测量、合并其他文件数据等的操作。

⑤Transform（转换）：数据转换菜单，用于数值的计算、重新编码、缺失值替代等操作。

⑥Analyze（分析）：统计分析菜单，在 10.0 以前版本中为"Statistics（统计）"，包含各种统计程序（Procedure），可进行各种统计分析，如回归分析、相关分析、因子分析等。

⑦Graphs（图表）：图表菜单，对于当前数据绘制和编辑，可产生条形图、饼图、直方图、散点图和其他全颜色、高分辨率的图形，甚至动态的交互式图形。有些统计过程也产生图形，所有的图形都可以编辑。

⑧Utilities（实用选项）：实用选项菜单，进行变量列表、输出文件信息、运行菜单编辑器、定义和使用变量集合、自定义 SPSS 菜单等操作。

⑨Window：（窗口）：窗口管理菜单，用于窗口的选择、最小化、切换、激活等操作。

⑩Help：（帮助）：帮助菜单，包含 SPSS 系统帮助、在线指南、统计分析指导等功能。

（3）退出 SPSS。选择数据编辑器的【File】菜单中的【Exit】或单击标题栏上的关闭按钮即可退出 SPSS。

（二）SPSS 的基本操作

使用 SPSS 进行统计分析时，首先要录入数据或者打开一个已经存在的数据文件，根据需要进行数据转换；然后选择合适的统计分析过程，选择统计分析所采用的方法和参数；最后分析 SPSS 输出的结果，并保存结果。

1. 数据管理（Data Management）

启动 SPSS 后，出现的界面是数据编辑器窗口（如图 1 - 2 - 11 所示），SPSS 的数据编辑与 Excel 一样采用二维表格形式，即由行和列组成，行列的交叉处为单元格。每一行就是一个观测量，每一列就是一个变量，每一个单元格存放着相应变量对应观测量的具体数值。在它的底部有两个选项：【Data View】（数据浏览窗口）和【Variable View】（变量浏览窗口），用以产生和编辑 SPSS 数据文件。

【Data View】用于查看、录入和修改数据，【Variable View】用于定义和修改变量。数据文件的范围是由观测量和变量的数目决定的。可以在任一单元中输入数据。如果在定义好的数据文件边界以外键入数据，SPSS 可将数据长方形延长到包括那个单元和文件边界之间的任何行和列。

2. 打开数据文件

如果要分析的数据还没有录入，可用数据编辑器来键入数据并保存为一个 SPSS 数据文件（其扩展名默认为 . sav）。

如果要打开一个已经保存在电脑上的数据文件，按照以下步骤进行。

（1）选择【File】→【Open】→【Data】（表示打开 SPSS 主界面，点击 File 后产生一个下拉菜单，在下拉菜单中点击 Open，在 Open 的菜单中点击 Data，以后同）。

（2）随后弹出 Open File 对话框，对话框中会出现当前目录下可用数据文件的列表，如图 1 - 2 - 12 所示。假如要打开的文件就在其中，就可直接点击这个文件，该文件的文件名就会出现在图 1 - 2 - 12 下方【文件名】文本框中，然后再点击【打开】按钮就可以打开这个文件了。

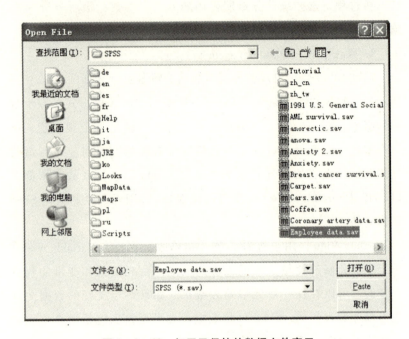

图 1 - 2 - 12   打开已保持的数据文件窗口

在 Open File 对话框中，SPSS 默认打开的是当前驱动器和当前目录找那个文件列表，如果要打开的数据文件不在当前目录下，或者不在当前逻辑盘中，当前文件列表就看不到它。这时可点击 🗁 按钮去上一级目录或逻辑盘中查找所要的文件。

（3）找到所要的文件之后选定它，点击【打开】按钮打开文件。这时就可在数据编辑窗口中看到所要的文件数据。

3. 数据的编辑

（1）更改数据。如果要改变某个单元格已有的数值，可按以下步骤进行。

①单击激活这个单元格，此时这个单元格的四边显示为加重的黑边，它的数据出现在工具栏下方的数据编辑区中，如图 1 - 2 - 13

所示。

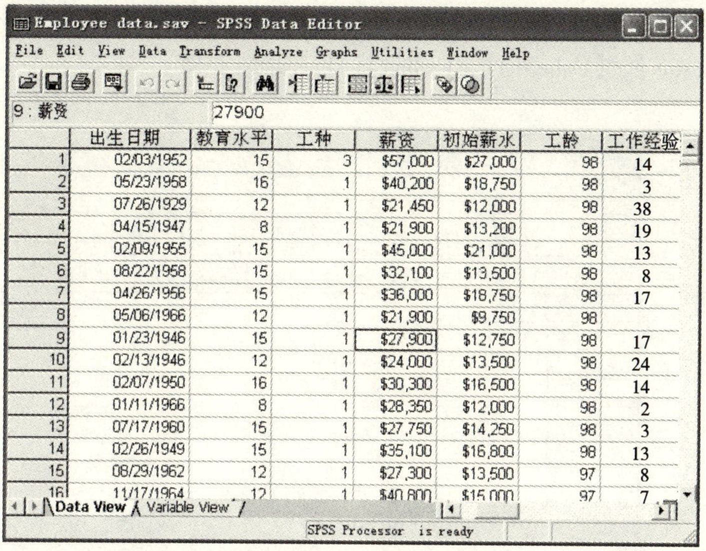

	出生日期	教育水平	工种	薪资	初始薪水	工龄	工作经验
1	02/03/1952	15	3	$57,000	$27,000	98	14
2	05/23/1958	16	1	$40,200	$18,750	98	3
3	07/26/1929	12	1	$21,450	$12,000	98	38
4	04/15/1947	8	1	$21,900	$13,200	98	19
5	02/09/1955	15	1	$45,000	$21,000	98	13
6	08/22/1958	15	1	$32,100	$13,500	98	8
7	04/26/1956	15	1	$36,000	$18,750	98	17
8	05/06/1966	12	1	$21,900	$9,750	98	
9	01/23/1946	15	1	$27,900	$12,750	98	17
10	02/13/1946	12	1	$24,000	$13,500	98	24
11	02/07/1950	16	1	$30,300	$16,500	98	14
12	01/11/1966	8	1	$28,350	$12,000	98	2
13	07/17/1960	15	1	$27,750	$14,250	98	3
14	02/26/1949	15	1	$35,100	$16,800	98	13
15	08/29/1962	12	1	$27,300	$13,500	97	8
16	11/17/1964	12	1	$40,800	$15,000	97	7

图 1－2－13　数据编辑区

②输入新的数值，然后按回车键。这时可以看到单元格中的数值已经更新了。也可以在数据编辑区（表格与工具栏按钮的中间空白条）中，输入新的数值以替换原来的数值，按回车键确认后单元格中的数值才能改变；不按回车键确认，单元格中数值不会被更新。

③如果在输入新的数值之后没按回车键之前又不想更改了，可按 Esc 键取消，或点击其他单元格。

（2）新建数据。如果要新建一个数据文件，就必须先输入数据。通常，输入数据前首先要定义变量。定义变量即要定义变量名、变量类型、变量长度（小数位数）、变量标志和变量的格式。其步骤如下：

①单击数据编辑窗口下方的［Variable View］选项或双击列题

头（Var），显示如图 1－2－14 所示的变量定义视图，在出现的变量视图中定义变量。每一行存放一个变量的定义信息，包括【Name】、【Type】、【Width】、【Decimal】、【Label】、【Value】、【Missing】、【Columns】、【Align】、【Measure】等。

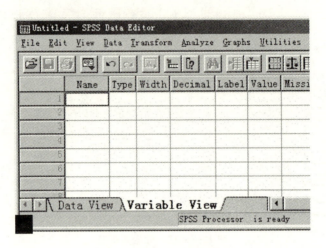

图 1－2－14　定义变量

②单击选定【Name】正下方的第一个单元格，输入变量名（变量名必须以字母或字符@开头，其他字符可以是任何字母、数字或_、@、#、$等符号。变量名总长度不能超过 8 个字符，即 4 个汉字）。

③变量名输入后，第一行的 Type，Width，Decimals 三列都不再是空白。Type 列出现 Numeric 字样和一个灰色按钮。如果要定义的变量是数值型数据，就不必管它，直接进行后面的操作。但如果要定义的变量是其他类型的数据，就要单击这个按钮，然后会看到界面弹出一个关于 Variable Type（变量类型）的对话框，如图 1－2－15所示。

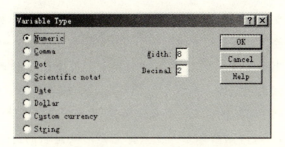

图 1 - 2 - 15　定义变量类型对话框

SPSS 的主要变量类型有 Numeric（标准数值型）、Comma（带逗号的数值型）、Dot（圆点数值型）、Scientific Notation（科学记数型）、Date（日期型）、Dollar（美元符号型）、Custom Currency（自定义型）、String（字符型）。这 8 种数据类型的含义和显示格式如表 1 - 2 - 1 所示。

表 1 - 2 - 1　SPSS 的变量类型

变量类型	含义	数据显示格式	示例
Numeric	标准数值型	用标准计数格式显示数值	1234.56
Comma	带逗号的数值型	整数部分从右向左每 3 位加一个 "，" 作为分隔符	1，234.56
Dot	圆点数值型	整数部分从右向左每 3 位加一个 "." 作为分隔符，逗号作小数点的数值型	1.234，56
Scientific Notation	科学计数型	用科学计数法显示数字	1.23E + 3
Date	日期型	从 SPSS 所提供的时间及显示形式中选择所需要的即可，该类型数据不能参与计算	11/11/2011
Dollar	美元符号型	从 SPSS 所提供的显示形式中选择所需要的即可	$1234.56
Custom Currency	自定义型	自定义常用的数值显示形式，也可按以下菜单顺序实现重定义：【Edit】→【Options】→【Currency】	
String	字符型	输入字符，可用中文，不能参与运算	北京 123

④定义变量类型时，可以使用默认的变量长度和小数点位数，如果不想使用默认的长度或位数，可自己输入长度。

（3）其他定义。定义完变量的类型、长度和小数点位数后，接下来可依次定义变量标志、变量值标示、缺失值等。这些在定义变量时都是可选的，不是必须定义的。

①【Label】变量标志：变量标志是对变量名的进一步描述，变量只能由不超过 8 个的字符组成，8 个的字符经常不足以表示变量的含义。而变量标志可长达 120 个字符，变量标志对大小写敏感，显示时与输入值完全一样，需要时可对变量名的含义加以解释。

②【Value】变量值标签：变量值标签是对变量的每一个可能取值的进一步描述，当变量是定类或定序变量时，这是非常有用的。单击【Value】相应单元可产生，如图 1 - 2 - 16 所示的对话框，在对话框中进行设置。

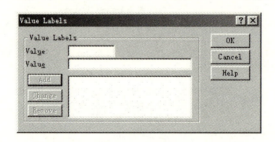

图 1 - 2 - 16   修改变量标志和值标签

③【Missing】缺失值的定义：SPSS 有两类缺失值：系统缺失值和用户缺失值。在数据文件中任何空的数字单元都被认为系统缺失值，用点号"·"表示。SPSS 可以指定那些由于特殊原因造成的信息缺失值，然后将它们标为用户缺失值，统计过程中带有缺失值的观测值被特别处理，默认为【None】。单击【Value】相应单元中的按钮，可改变缺失值定义方式，如

图 1 – 2 – 17 所示。

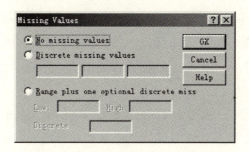

图 1 – 2 – 17　改变缺失值的定义方式

（4）输入数据。定义好变量之后，就可以输入数据了。在数据编辑窗口输入数据的步骤如下：

①单击要输入数据的其实单元格，此时这个单元格被激活。

②从键盘输入数值，回车后输入的数值显示在单元格中，此时下一个单元格被激活。

（5）数据文件的修改。对数据文件修改，无外乎两种情况。一种是不改变文件原有结构，只修改某一单元格的数据或某个变量的定义，这种情况正是前面详细说明的。另一种情况是改变文件原有结构，即增减行或列。

①增加一个新变量。如果要在某个变量前增加一个新变量，可先选定这一列中任一单元格，然后选择菜单【Data】 → Insert Variable，就会看到新增的一列，其变量名默认为 Var 00001，排在其后的其他各变量均向右顺延一列。

②删除一个变量。如果要删除某个变量，可单击该变量名（即列头），这时整列呈现黑底白字，表明被选中，然后按【Edit】 → Clear，或直接按【Delete】键，该列就被删除了，排在其后的各变量均向左前移一列。

③增加一个新的观测量。如果要在某个观测量前增加一个

新的观测量，可先选定这一行中任一单元格，然后选择菜单【Data】。

④删除一个观测量。如果要删除某个观测量，可单击该观测量的行号（即行头），这时整行呈现黑底白字，表明被选中，然后按【Edit】→Clear，或直接按【Delete】键，该行就被删除了。

此外还会有一些修改数据的情况。如在输入数据时遗漏或重复输入了某个数值，或需要改变变量和观测量的顺序，或需要分析部分变量或观测量等，这些操作与 Excel 表格操作非常类似。用鼠标单击选定数据区域，然后选择【Edit】菜单中的 Cut、Copy、Paste、Clear 等命令，或者在选定的区域后用鼠标右击，在弹出的快捷菜单中选择这些命令，实现相应的操作。

4. 数据的转换、保存与调用

（1）数据的转换。在理想情况下，输入的原始数据完全适合要执行的统计分析类型，遗憾的是，这种情况很罕见，经常需要通过数据转换来提示变量之间的真实关系。利用 SPSS 可进行从简单到复杂的数据转换。例如：

①根据已存在的变量建立新变量。选择【Transform】→【Compute】，进入如图 1-2-18 所示的【Compute Variable】（计算变量）对话框。在对话框中的左上角【Target Variable】（目标变量）窗口中输入符合变量命名规则的变量名，目标变量可以是现存变量或新变量。在对话框中的右上角【Numeric Expression】（数值表达式）的文本框是用于输入计算目标变量值的表达式。表达式能够使用左下框列出的现存变量名、计算器列出的算术运算符、常数和【Functions】（函数）列表框显示的各种函数等。可以在文本框中直接输入和编辑表达式，也可以使用变量列表、计算器和函数列表等粘贴到文本框中。

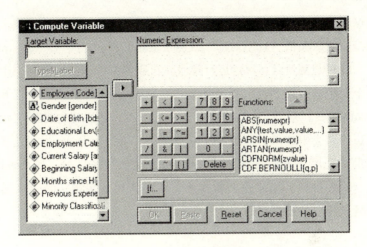

图 1 - 2 - 18　计算变量对话框

计算器包括数字、算术运算符、关系运算符和逻辑运算符，可以像使用计算器一样使用它们。计算器上的算术运算符有" + "（加）、" - "（减）、" * "（乘）、" / "（除）、" * * "（指数）、"（ ）"（运算符顺序）等；关系运算符有" < "（小于）、" > "（大于）、" <= "（小于等于）、" >= "（大于等于）、" = "（等于）、" ~ = "（不等于）等；逻辑运算符有："&"（and，"与"运算，A、B 均为真时 A&B 才为真）、" | "（or，"或"运算，A、B 任一关系为真时 A | B 即为真）、" ~ "（not，"非与"运算，颠倒表达式的真假结果，A 为真则 ~A 为假，A 为假则 ~A 为真）。

函数列表框中有 70 多个函数，包括算术函数、统计函数、分布函数、逻辑函数、日期和时间汇总与提取函数、缺失值函数、字符串函数、随机变量函数、自然对数 LN（ ）、绝对值对数 ABS（ ）、求和函数 SUM（ ）等。

计算器下面有一个【IF】按钮，单击该按钮即可打开条件表达式对话框。在条件表达式对话框中指定一个逻辑表达式，一个逻辑表达式对每一个观测量（case）返回真、假或缺失值。如果一个逻辑表达式的结果是真，就把转换应用于那个观测量；如果结果是假或缺失值，就不对那个观测量应用转换。

②对观测量（case）进行排序。在数据文件中，可根据一个或多个变量进行排序。选择【Data】→Sort Cases 并单击，即打开了【Sort Cases】对话框，如图 1 – 2 – 19 所示。然后将主排序变量从左边的列表中选入右侧的 Sort by 框中，并在 Sort Order 框中选择该变量是升序还是降序排列。Ascending 表示升序排列，Descending 表示降序排列。如果是多重排序，还要依次指定第二、第三排序变量及相应的排序规则。

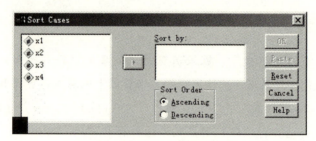

图 1 – 2 – 19   排序对话框

③观测量和变量转置。在 SPSS 中将行作为观测量，列作为变量。对那些观测量和变量的行列关系与此相反的数据文件，可以选择【Data】→【Transpose】将行列互换，对话框如图 1 – 2 – 20 所示。

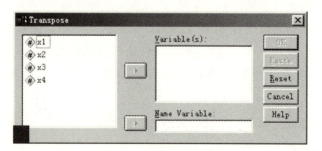

图 1 – 2 – 20   转置对话框

④文件合并。可以将两个或更多个数据文件合并在一起，既可将具有相同变量但观测量不同的文件合并，也可将观测量相同而变量不同的文件合并。选择【Data】→【Merge Files】→【Add Cases】从第二个文件即外部 SPSS 数据文件向当前工作的数据文件追加观测量，达到合并目的。选择【Data】→【Merge Files】→【Add Variables】合并包含相同观测量但不同变量的两个 SPSS 外部文件。

⑤数据的拆分。可以将数据分组以便对部分数据进行分析，具体操作如下：选择【Data】→【Split Files】，于是出现图 1 - 2 - 21所示的对话框，将拆分变量从左边的列表中选入右边的 Groups Based on 框中。拆分会使后面的统计分析结果产生不同的输出方式。其中 Compare groups 表示将拆分后的统计分析结果输出在同一张表格中，以便比较；Organize output by groups 表示将拆分的统计分析结果输出在不同的表格中。

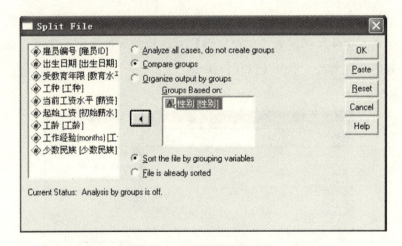

图 1 - 2 - 21　数据拆分窗口

需要说明的是，这里的拆分将对后面的分析一直起作用，即无论采用哪种统计分析方法，都将拆分后的不同组别分别进行分析计算。

⑥选取观测子集。可以选择【Data】→【Select Cases】根据包含变量和复杂的表达式的准则把统计分析限于某一特定观测子集，也可选取一个随机观测样本。这样就可以同时对不同的观测子集作不同的统计分析。

⑦其他转换。除前面叙述的行列互换、文件合并、特定目标选择等功能外，SPSS 还具备很多功能。如数据汇总，【Data】→【Aggregate】；数据加权，　【Data】→【Weight Cases】；数值编码，【Transform】→【Recode】；数据求秩，【Transform】→【Rank Cases】；产生时间序列，【Transform】→【Create Time Series】；等等。

（2）数据文件的保存。在数据文件中所做的任何变化都仅在这个 SPSS 过程期间保留，除非明确地保存它们。要保存对先前建立的数据文件所作任何修改，选择【File】→【Save】或按 Ctrl + S 快捷键即可。如果要把数据文件保存为一个新文件或将数据以不同格式保存，可选择【File】→【Save As】，打开如图 1 - 2 - 22 所示的对话框，找到要存放文件的目录后，在【文件名】文本框中输入文件名；点击【保存类型】对话框的下拉菜单，选择要保存的文件类型，单击【保存】按钮。

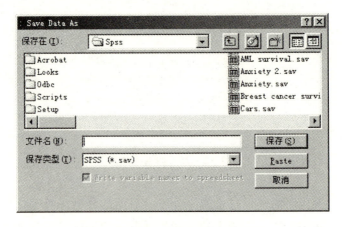

图 1 - 2 - 22　【另存为】对话框

　　在【保存类型】的下拉菜单中，有十多种文件类型，以适应不同应用程序的文件格式，主要文件格式及其含义如表1-2-2所示。

表1-2-2　SPSS可保存的主要数据文件格式

文件格式（后缀）	含　义	说　明
SPSS（*.sav）	SPSS for Windows 版本默认的数据格式	不能被 SPSS for Windows 7.0 之前的版本识读
SPSS 7.0（*.sav）	SPSS for Windows 7.0 版本的数据格式	可被 SPSS for Windows 7.0 及之前的版本识读
SPSS/PC +（*.sys）	SPSS for DOS 版本的数据格式	能保存的最大变量个数为 512
SPSS Portable（*.por）	SPSS for Windows 版本 ASCII 码的数据格式	可被其他操作系统下运行的 SPSS 软件调用
Tab-delimited（*.dat）	制表符分隔的 ASCII 码文本格式	数值之间以制表符分隔
Excel（*.xls）	Microsoft Excel 数据格式	能保存的最大变量个数为 256
1-2-3 Rel 3.0（*.wk3）	Lotus 1-2-3 3.0 版本的电子表格文件	能保存的最大变量个数为 256
Fixed ASCII（*.dat）	固定格式的 ASCII 文本格式	变量之间没有制表符和空格符

　　（3）数据文件的调用。SPSS 不仅能够将数据以多种格式保存起来，它也能调用或者说打开多种格式的数据文件。下面以调用 Excel 文件 Book1.xls 为例，说明调用步骤。

　　①进入 SPSS 的数据编辑窗口。

　　②单击工具栏上的【Open file】按钮，或选择【File】→【Open】→【Data】，打开文件对话框。

　　③在【文件类型】的下拉列表中选取所要调用的文件 Excel（*.xls）。

　　④找到 Book1.xls 所在的文件夹，单击所选文件，然后单击

【打开】按钮，出现文件选项对话框，如图 1 – 2 – 23 所示。

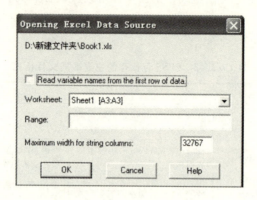

图 1 – 2 – 23　打开 Excel 文件

⑤在对话框中选中 Read variable names（读取变量名称）的复选框，单击 OK 按钮，SPSS 就可以在数据编辑窗口读取 Book1. xls 的数据信息。

值得注意的是，除了 ∗. sav 格式的文件外，SPSS 对于其他格式不能直接读取，需要进行一定的设置。对于不同格式的文件设置的方式和步骤也不相同。这里受篇幅的限制，不赘述。

5. 菜单栏中的"Analysis（分析）"菜单简介

在 SPSS 中建立了数据文件或打开一个数据文件之后，选择正确的统计分析方法，是得到正确分析结果的关键步骤。统计分析过程在菜单栏【Analyze】（分析）中的下拉菜单中包含以下选项，如表 1 – 2 – 3 所示。

6. 菜单栏中的"Graphical"（图形）菜单简介

统计图是用点的位置、线段的升降、直条的长短或面积的大小等方法来表达统计数据的一种形式，它可以把资料所反映的变化趋势、数量多少、分布状态和相互关系等形象直观地表现出来，以便于读者的阅读、比较和分析。统计图具有简明生动、形象具体和通俗易懂的特点。SPSS 的图形分析功能很强，许多高精度的统计图形可从【Analyze】菜单的各种统计分析过程产生，也可以直接从【Graphs】菜单中所包含的各个选项完成。图形分析的一般过程为：建立或打开数据文件，如果数据文件结构不符合分析需要，则必须转换数据文件结构；生成图形；修饰生成的图形；保存结果。常用的统计图形有条形图、线图、面积图、圆饼图、散点图、直方图、箱线图等，见表 1-2-4。其中统计图形有两种形式，一种为一般图形，另一种为交互式图形。交互式图形提供了更多的选项，可绘制出更强大的图形（见表 1-2-5）。

表 1-2-3 统计分析过程

菜 单 项	菜单项包含的统计分析功能（子菜单项）
Reports（报告）	OLAP Cubes（On Line Analytical Processing Cubes） Case Summaries（观测概要） Report Summaries in Rows（行形式输出报告） Report Summaries in Columns（列形式输出报告）
Descriptive Statistics（描述统计）	Frequencies（一维频数分布表） Descriptive（描述统计量计算） Explore（数据探索） Crosstabs（多维频数列表，列联分析）
Compare Means（均值比较）	Means（分组求均值） One-Sample T Test（单样本 T 检验） Independent-Samples T Test（独立样本 T 检验） Paired-Samples T Test（配对/相关样本 T 检验） One-way ANOVA（一维方差分析）
General Linear Model（GLM，一般线性模型）	Univariate（单变量 GLM） Multivariate（多变量 GLM） Repeated Measures（重复测量设计的 GLM） Variance Components（方差成分）
Correlate（相关分析）	Bivariate（两个变量的相关分析） Partial（偏相关分析） Distances（距离分析）

菜 单 项	菜单项包含的统计分析功能（子菜单项）
Regression （回归分析）	Linear （线性回归分析） Curve Estimation （曲线估计） Binary Logistic （二元逻辑回归分析） Multinomial Logistic （多元逻辑回归分析） Ordinal （有序回归） Probit （Probit 回归分析） Nonlinear （非线性回归分析） Weight Estimation （加权估计） 2 – Stage Least Squares （两阶段最小二乘法回归分析）
Loglinear （对数线性模型）	General （一般对数线性模型分析） Logit （Logit 分析） Model Selection （模型选择对数线性分析）
Classify （分类）	K-Means Cluster （K 均值大样本聚类分析） Hierarchical Cluster （系统/层次聚类分析） Discriminant （判别分析）
Data Reduction （数据降维）	Factor （因子分析，主成分分析） Correspondence （对应分析）
Scale （等级分析）	Reliability Analysis （可靠性分析） Multidimensional Scaling （多维等级分析）
Nonparametric Tests （非参数检验）	Chi-Square （卡方检验） Binomial （二项检验） Runs （游程检验） 1-Sample K-S （单样本 K-S 检验） 2 Independent Samples （两个独立样本非参数检验） K Independent Samples （多个独立样本非参数检验） 2 Related Samples （两个相关样本非参数检验） K Related Samples （多个相关样本非参数检验）
Time Series （时间序列）	Exponential Smoothing （指数平滑） Autoregression （自回归） ARIMA （差分自回归移动平均模型） X11 ARIMA （X11 自回归移动平均模型） Seasonal Decomposition （季节分解）
Survival （生存分析）	Life Tables （生命表分析） Kaplan-Meier （卡普兰—梅尔分析） Cox Regression （Cox 回归分析）
Multiple Response （多重应答）	Define Sets （定义多重应答数据集合） Frequencies （多重应答频数） Crosstabs （多重应答交叉列表）
Missing Value Analysis	Missing Value Analysis （缺失值分析）

表 1 - 2 - 4　一般统计图形

图形名称	示　意　图	菜单项选择
条形图（Bar）		【Graphs】=>【Bar】
线图（Line）		【Graphs】=>【Line】
面积图（Area）		【Graphs】=>【Area】
饼图（Pie）		【Graphs】=>【Pie】
高低图（High-Low）		【Graphs】=>【High-Low】
帕累托图（Pareto）		【Graphs】=>【Pareto】
工序控制图（Control）		【Graphs】=>【Control】
箱线图（Boxplot）		【Graphs】=>【Boxplot】
误差条图（Error Bar）		【Graphs】=>【Error Bar】
散点图（Scatter）		【Graphs】=>【Scatter】
直方图（Histogram）		【Graphs】=>【Histogram】
P－P 正态概率图 （Normal P－P）		【Graphs】=>【P－P】

图形名称	示意图	菜单项选择
Q-Q 正态概率图 （Normal Q-Q）		【Graphs】 => 【Q-Q】
时序图（Sequence）		【Graphs】 => 【Sequence】
自相关图 （Autocorrelations）		【Graphs】 => 【Time Series】 => 【Autocorrelations】
互相关图 （Cross-Correlations）		【Graphs】 => 【Time Series】 => 【Cross-Correlations】

表 1-2-5　交互式统计图形

图形名称	菜单项选择
条形图（Bar）	【Graphs】 => 【Interactive】 => 【Bar】
点图（Dot）	【Graphs】 => 【Interactive】 => 【Dot】
线图（Line）	【Graphs】 => 【Interactive】 => 【Line】
带状图（Ribbon）	【Graphs】 => 【Interactive】 => 【Ribbon】
点线图（Drop-Line）	【Graphs】 => 【Interactive】 => 【Drop-Line】
面积图（Area）	【Graphs】 => 【Interactive】 => 【Area】
饼图（Pie）	【Graphs】 => 【Interactive】 => 【Pie…】
箱线图（Boxplot）	【Graphs】 => 【Interactive】 => 【Boxplot】
误差条图（Error Bar）	【Graphs】 => 【Interactive】 => 【Error Bar】
直方图（Histogram）	【Graphs】 => 【Interactive】 => 【Histogram】
散点图（Scatterplot）	【Graphs】 => 【Interactive】 => 【Scatterplot】

7. 输出管理（Output Management）

不论是统计分析还是图形分析，其结果都输出到新的窗口——Viewer 窗口或 Draft Viewer 窗口，SPSS 默认输出窗口为 Viewer 窗口（如图 1 - 2 - 24 所示）。Viewer 窗口的左边是输出大纲视图（如图 1 - 2 - 25 所示），可以单击统计过程名称左边的"＋"和"－"展开或收缩输出大纲，也可以拖动输出内容项目改变项目的位置。Viewer 窗口的右边显示具体的输出内容。

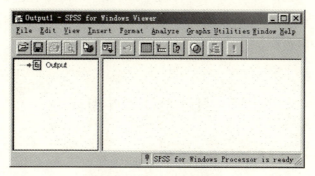

图 1 - 2 - 24　输出窗口

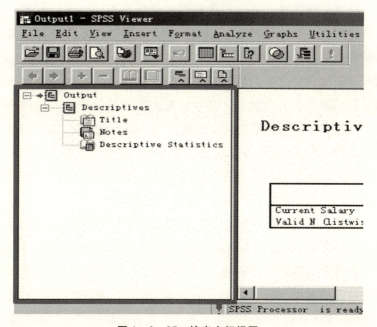

图 1 - 2 - 25　输出大纲视图

一般通过文字、表格、图形显示统计计算结果。许多输出结果以数据透视表（Pivot Table）的表格形式显示，数据透视表功能强大，便于用户自行定义所需格式。如果要查看数据透视表中某个统计术语的含义，双击该数据透视表，右击术语，在弹出的快捷菜单中选择 [What's This]，就可获得该术语的简单定义。用户可通过与操作 Windows 应用程序一致的方法使用 Viewer 窗口，这里不详细介绍。

三　其他统计软件概述

（一）SAS 统计分析系统

SAS（Statistical Analysis System）软件是为处理数据而研制的大型统计分析系统，是融数据管理和统计分析于一体，由多个小软件构成的一个大型软件。该软件 1972 年由美国 SAS 软件研究所首推市场，其后，经过不断完善，当今已成为世界上最有影响力的统计分析软件之一。它具有完备的数据库访问、数据管理、数据分析以及数据显示能力。其中，强大的数据分析能力是使 SAS 成为业界著名应用软件的重要因素。SAS 支持多种软、硬件平台，广泛地运行在各种型号的大、中、小型机和微型计算机上。SAS 系统中提供的主要分析功能包括统计分析、经济计量分析、时间序列分析、决策分析、财务分析和全面质量管理等。

SAS 系统是一个组合软件系统，它由多个功能模块组合而成，其基本部分是 BASE SAS 模块。BASE SAS 模块是 SAS 系统的核心，承担着主要的数据管理任务，并管理用户使用环境，进行用户语言的处理，调用其他 SAS 模块和产品等。SAS 系统的运行，须首先启动 BASE SAS 模块，它除了本身所具有的数据管理、程序设计及描述统计等计算功能外，还是 SAS 系统的中央调度室。它除可单独存在外，也可与其他软件或模块共同构成一个完整的系统。各模块的安装及更新都可通过其安装程序非常方便地进行。SAS 系统具有灵活的功能扩展接口和强大的功能衔接模块，在 BASE SAS 的基础上，还可以通过增加很多不同的模块而增加不同的功能，如 SAS/STAT（统计分析模块）、SAS/GRAPH（绘图模块）、SAS/QC（质量控制模块）、SAS/ETS（经济计量学和时间序列分析模块）、S/OR（运筹学模块）、SAS/IML（交互式矩阵程序设计模块）、SAS/FSP（快速数据处理的交互式菜单系统模块）、SAS/AF（交互式全屏幕软件应用模块）等。

在统计功能方面（SAS/STAT），SAS 可以完成以下任务：

（1）方差分析：单因素、多因素方差分析和单变量和多变量方差分析；

（2）离散型数据的分析：二维列表分析、分层分析、对数线性模型和 Logistic 模型；

（3）回归分析：一元线性回归、多元线性回归、逐步回归、非线性回归和正交回归等；

（4）生成分析：生命表及 Cox 回归模型；

（5）时间序列分析；

（6）多元统计分析：相关分析、样品聚类、变量聚类、判别分析、因子分析和对应分析等。

SAS 有一个智能型绘图系统，不仅能绘制各种统计图，还能绘制地形图。

SAS 提供多个统计过程，每个过程均含有极丰富的任选项。用户还可以通过对数据集的一连串加工，实现更为复杂的统计分析。此外，SAS 还提供了各类概率分析函数、分位数函数、样本统计函数和随机数生成函数，使用户能方便地实现特殊统计要求。

SAS 提供两种非交互式（批处理方式、程序方式）运行方式和两种交互式（命令行方式、菜单方式）运行方式，以适应不同的应用场合和不同层次的使用者。非交互式适用于大批量、经济性统计分析和用户应用系统。交互方式则适用于临时性统计分析和程序调试。其中菜单方式只需要用户在屏幕上显示的程序框架中填入合适的参数,尤其适合不熟悉 SAS 的使用者。SAS 多窗口技术提供多种系统定义窗口,使运行情况一目了然。此外,用户还可自己定义各种窗口,使用户研制的系统更为方便、友好。

SAS 的通信功能允许用户与主机进行数据及程序交换,可实现 SAS 数据文件与 SQL Server、Access、Excel 等互相交换数据。

SAS 系统简单易学、使用方便,即使是没有编程经验甚至不太熟悉计算机的用户,也可以在很短的时间内学会使用 SAS 系统进行基本的数据分析和统计工作。对统计人员来说,SAS 系统是一个得心应手的工具,所有的工作都可以在本系统内完成。

有关 SAS 系统的最新动态参见 SAS 网页,http://www.sas.com。

(二) Windows 下的 MiniTab 软件

Windows 下的 MiniTab 统计软件比 SAS、SPSS 等小得多,但其功能并不弱,特别是它的试验设计以及质量控制等功能。MiniTab 提供了对存储在二维工作表中的数据进行分析的多种功能,包括基本统计分析、回归分析、方差分析、多元分析、非参数分析、时间序列分析、试验设计、质量控制、模拟、绘制高质量三维图形等。有关 MiniTab 的最新动态参见 MiniTab 网页,http://www.minitab.com;也可下载 30 天全功能试用版尝试。

第二部分 基于 **Excel** 的统计学实验

Chapter 2

实验一 用 Excel 搜集与整理数据

一 实验目的及要求

掌握用 Excel 进行抽样、整理和显示的原理和方法。要求将本小组调查的数据输入 Excel 工作簿，进行整理并呈现出来。

二 实验原理

在调查的起始阶段，需要给调查对象编号，按照编号进行抽样，然后依据抽取出来的样本进行调查。对调查回来的数据进行筛选，这个筛选过程就是剔除不符合要求的样本。最后，对筛选过的数据进行整理。

（一）数据的整理

数据的整理过程在实际操作过程中是分几步进行的。

1. 数据清单结构的建立与数据录入

数据清单是指包含相关数据的一系列工作表的数据行。数据清单可以作为数据库使用，其中行表示记录，列表示字段。数据清单的第一行中包含列标，通常称列的名称为变量或标志，或字段；行的名称为观察值，每一个单元格中包含了一个观察值的相应变量所对应的数值。

2. 数据排序与分组

通常，录入的数据是无序的，不能反映现象的本质与规律。为了使用方便，要将其进行排序，根据排序情况进行分组，使相同性质的数据归为一组，从而让它们之间的差异显现出来。

3. 编制次数分布表与累计次数分布表

次数分布表可以表明各组间的单位数在总体中所出现的次数或所占的比重，揭示总体内部的结构特征。累计次数分布则能够表明某一组段以上或以下数据所出现的次数或比重。

（二）数据的显示

数据的显示就是对已经整理过的数据通过图表的形式呈现出来。以数据分布表为基础，制作各种各样的统计图，这样可以形象、直观地表明数据的分布形态、发展变化的规律与趋势。

三　实验内容与具体步骤

（一）用 Excel 抽取样本，进而调查数据

调查数据的方法有多种，可以采用典型调查、重点调查或抽样调查，但多以抽样为主，为此我们在这里介绍一下如何用 Excel 随机抽取样本。

使用 Excel 进行抽样，首先要对各个单位进行编号，编号可以按随机原则，也可以按有关标志或无关标志给出，编号后，将其输入工作表。

【例 1】假定有 100 个单位，每个单位分别给一个编号，这里假定有 1 到 100 个编号，输入工作表后如图 2 - 1 - 1 所示。

	A	B	C	D	E	F	G	H	I	J
	A2	▼		fx	=A1+1					
1	1	11	21	31	41	51	61	71	81	91
2	2	12	22	32	42	52	62	72	82	92
3	3	13	23	33	43	53	63	73	83	93
4	4	14	24	34	44	54	64	74	84	94
5	5	15	25	35	45	55	65	75	85	95
6	6	16	26	36	46	56	66	76	86	96
7	7	17	27	37	47	57	67	77	87	97
8	8	18	28	38	48	58	68	78	88	98
9	9	19	29	39	49	59	69	79	89	99
10	10	20	30	40	50	60	70	80	90	100
11										

图 2 - 1 - 1　总体各单位编号表

输入总体各单位的编号后，可按以下具体步骤进行。

第一步：单击"工具"菜单，选择加载宏，在弹出的对话框中选择"分析工具库"，确认后再次单击"工具"菜单，选择"数据分析"选项，打开"数据分析"对话框，从中选择"抽样"。如图 2 - 1 - 2 所示。

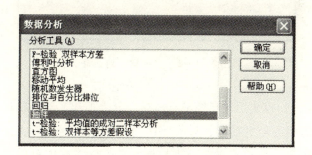

图 2 - 1 - 2　"数据分析"对话框

第二步：单击"抽样"选项，弹出"抽样"对话框。如图2 - 1 - 3 所示。

第三步：在输入区域框中输入单位编号所在的单元格区域，

在本例是 $A$1：$J$10，系统将从 A 列开始抽取样本，然后按顺序抽取 B 列至 J 列。如果输入区域的第一行或第一列为标志项（横行标题或纵列标题），可单击标志复选框。

第四步：在抽样方法项下，有周期和随机两种抽样模式。

"周期"模式即所谓的等距抽样，采用这种抽样方法，需要将总体单位数除以要抽取的样本单位数，求得取样的周期间隔。如我们要在 100 个总体单位中抽取 12 个，则在"间隔"框中输入 8。

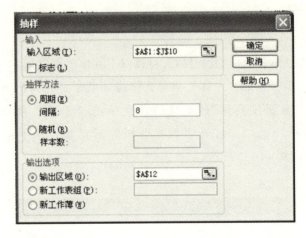

图 2－1－3　"抽样"对话框

"随机"模式适用于纯随机抽样、分类抽样、整群抽样和阶段抽样。采用纯随机抽样，只需要在"样本数"框中输入要抽取的样本单位数即可；若采用分类抽样，必须先将总体单位按某一标志分类编号，然后在每一类中随机抽取若干单位，这种抽样方法实际上是分组法与随机抽样的结合；整群抽样也要先将总体单位分类编号，然后按随机原则抽取若干类作为样本，对抽中的类的所有单位全部进行调查。可以看出，此例的编号输入方法，只适用于等距抽样和纯随机抽样。

第五步：指定输出区域，在这里我们输入＄A＄12，单击【确定】后，即可得到抽样结果，结果以 A12 为起始单元格呈列式输出，如图 2 - 1 - 4 所示。

	A	B	C	D	E	F	G	H	I	J	K
7	7	17	27	37	47	57	67	77	87	97	
8	8	18	28	38	48	58	68	78	88	98	
9	9	19	29	39	49	59	69	79	89	99	
10	10	20	30	40	50	60	70	80	90	100	
11											
12	8										
13	16										
14	24										
15	32										
16	40										
17	48										
18	56										
19	64										
20	72										
21	80										
22	88										
23	96										

图 2 - 1 - 4　等距抽样结果

这样就可以按照输出结果抽取样本数据了。

（二）用 Excel 筛选数据

将调查的数据输入 Excel 表格后，下一步就需要进行数据的筛选。将符合某种特定条件的数据筛选出来，或将某些不符合要求的数据或有明显错误的数据予以剔除。

【例 2】假定某水果配送中心数据输入工作表。用 Excel 进行数据筛选的具体操作步骤如下。

第一步：打开 Excel 表格，点击菜单中的"数据→筛选→自动筛选"，如图 2 - 1 - 5 所示。每个列标题旁都出现带有箭头的小按钮，如图 2 - 1 - 6 所示。

第二步：我们以苹果销售量为例来进行操作，用鼠标点击"苹果销售量"旁边的小按钮（小按钮其实就是下拉菜单），会出现如图 2 - 1 - 7 所示的画面。

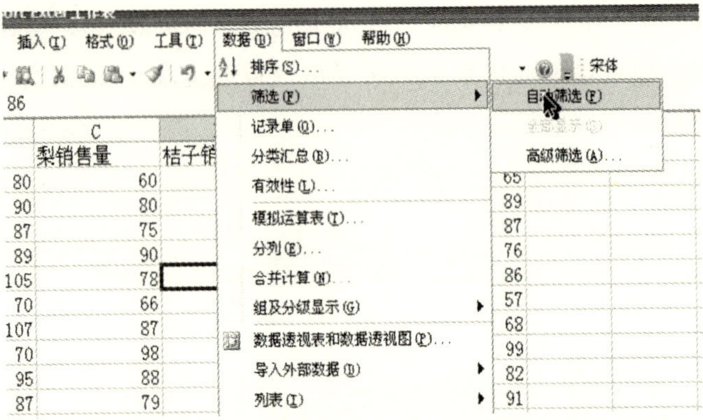

图 2-1-5 从菜单中找到"自动筛选"项

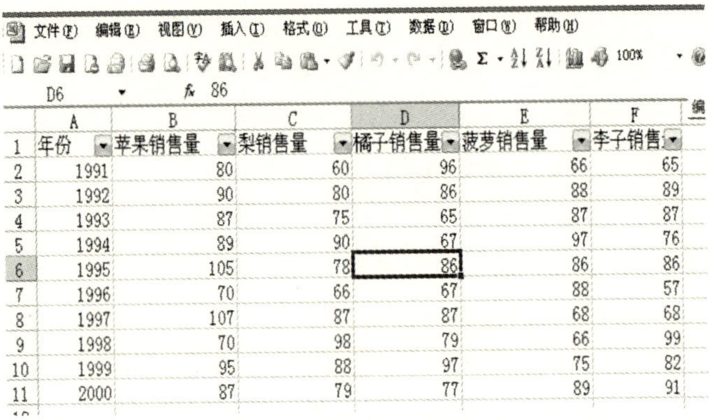

图 2-1-6 带箭头的小按钮

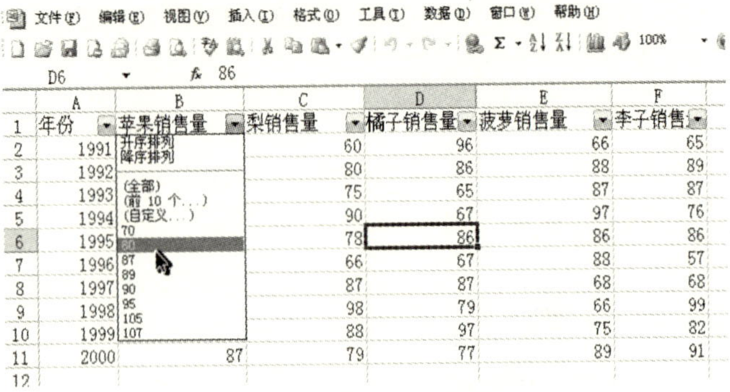

图 2-1-7 "苹果销售量"项下出现一个下拉菜单

第三步：我们可以在下拉菜单中选择 Excel 提供的筛选条件，如果我们需要的条件不在其中，我们可以使用菜单中的"自定义"项，来建立自己的筛选条件。例如选择 80，会出现如图 2 - 1 - 8 所示的画面。

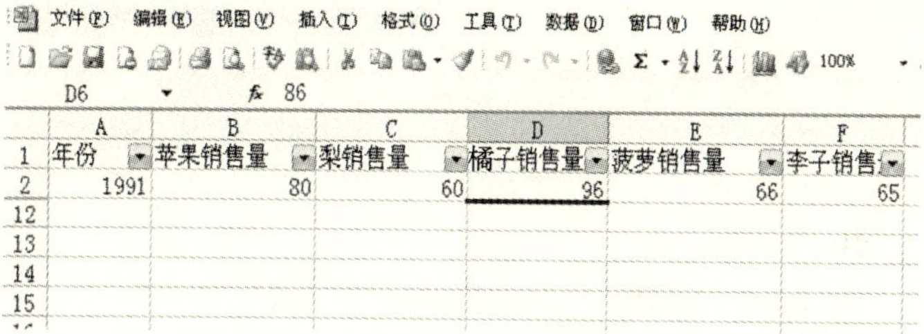

图 2 - 1 - 8　对苹果筛选的结果

如果我们选择销量大于 80 并且小于 107，这就需要用鼠标点击"苹果销售量"旁边的下拉菜单（见图 2 - 1 - 9），选择"自定义"，此时会弹出"自定义自动筛选方式"对话框，如图 2 - 1 - 10 所示。

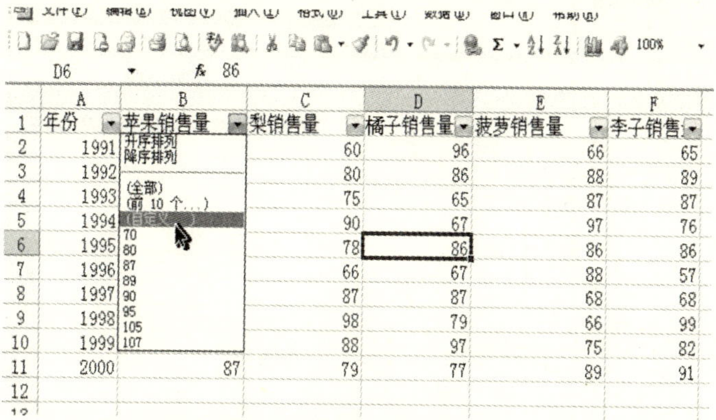

图 2 - 1 - 9　对苹果进行自定义筛选

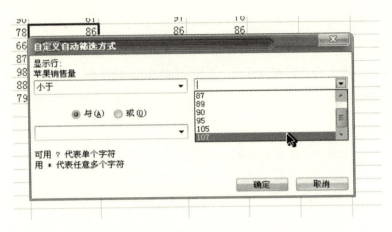

图 2 - 1 - 10 "自定义自动筛选方式"对话框

　　这时将要筛选的条件输入对话框即可，如选择小于107并且大于80，如图 2 - 1 - 11 所示，然后单击【确定】按钮，即出现如图 2 - 1 - 11所示的对话框。

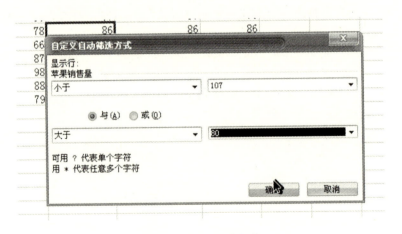

图 2 - 1 - 11 筛选条件

　　第四步：在进行数据筛选时，会看到筛选结果（见图 2 - 1 - 12）把一些不符合要求的数据隐藏了起来，我们只要选择如图 2 - 1 - 9

所示的"全部"项或进行如图 2 - 1 - 13 所示的操作，即可将数据全部显示出来。

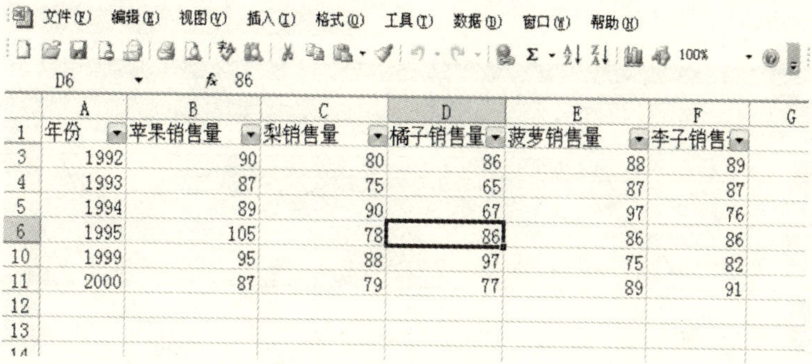

图 2 - 1 - 12　筛选结果

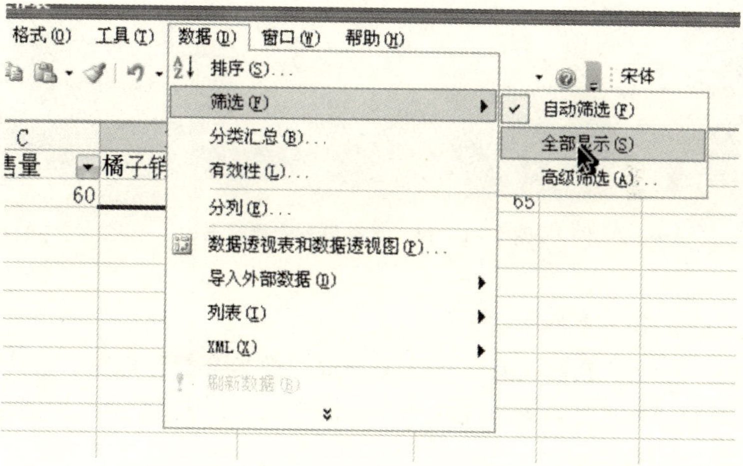

图 2 - 1 - 13　全部显示数据

（三）用 Excel 进行统计分组

用 Excel 进行统计分组有两种方法，一是利用 FREQUENCY 函数；二是利用数据分析中的"直方图"工具。这里介绍一下后者的操作方法。

【例3】我们采用某调查小组采集的城市道路车流量数据，把连续 50 次某路口车流量资料输入工作表，如图 2 - 1 - 14 所示。

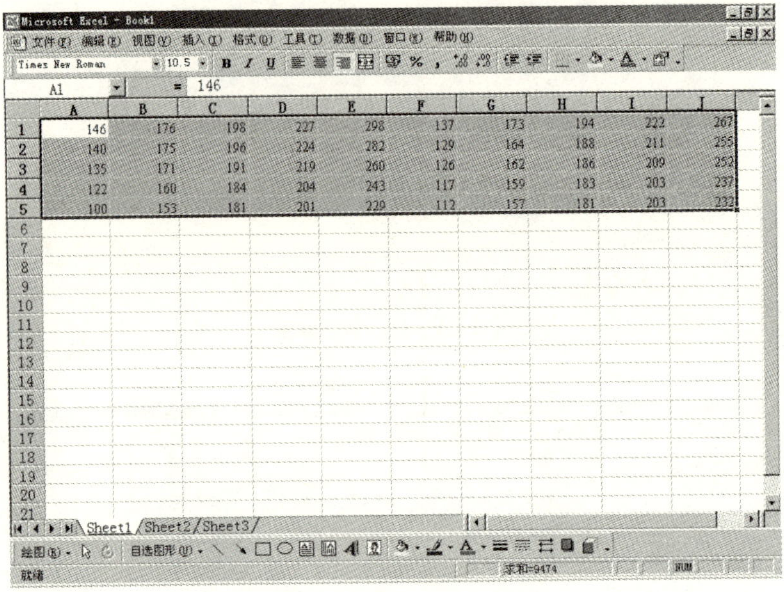

图 2 - 1 - 14　某路口车流量数据

然后按以下具体步骤操作。

第一步：在"工具"菜单中单击"数据分析"选项，从其对话框的分析工具列表中选择"直方图"，打开"直方图"对话框。如图 2 - 1 - 15所示。

第二步：在输入区域键入 $A\$1 : \$J\$5，在接收区域键入 \$A\$9 : \$A\$15$。接收区域指的是分组标志所在的区域，假定我们把分组标志输入到 A9：A15 单元格。注意这里只能输入每一组的上限值，即 130，160，190，220，250，280，310。

第三步：选择输出选项，这里可选择输入区域、新工作表或新工作簿。如果我们在这里选择输入区域，可以直接选择一个区

域，也可以直接输入一个单元格（代表输出区域的左上角），这里
我们输入一个单元格（本例为 A17），因为我们往往事先并不知道
具体的输出区域有多大。

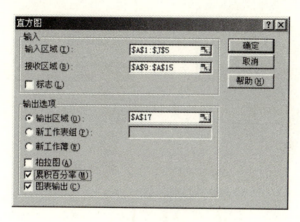

图 2 - 1 - 15 "直方图"对话框

第四步：选择图表输出，可以得到直方图；选择"累计百分
率"，系统将在直方图上添加累积频率折线；如果选择"柏拉图"，
可得到按降序排列的直方图。

第五步：按【确定】按钮，可得输出结果如图 2 - 1 - 16
所示。

应当注意，此图实际上是一个条形图，而不是直方图，若要
把它变成直方图，可按如下操作进行。

用鼠标左键单击条形图中的任一条，然后右键单击，在弹出
的快捷菜单中选取"数据系列格式"，弹出"数据系列格式"对话
框，如图 2 - 1 - 17 所示。

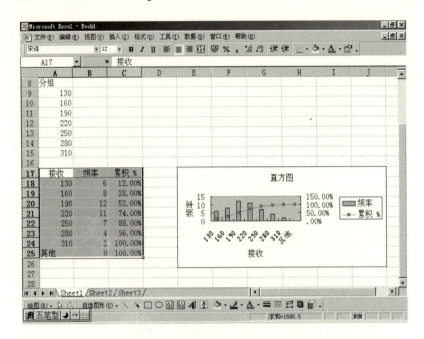

图 2 – 1 – 16　频数分布和直方图

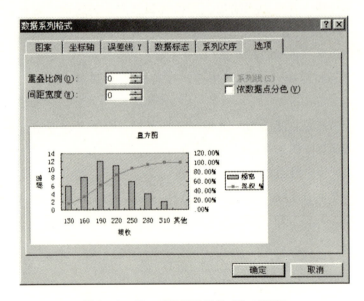

图 2 – 1 – 17　"数据系列格式"对话框

在对话框中选择选项标签,把间距宽度改为 0,按【确定】按钮后即可得到直方图,如图 2 – 1 – 18 所示。

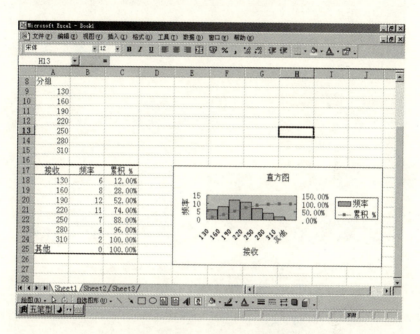

图 2 – 1 – 18 调整后的直方图

(四) 用 Excel 作统计图

Excel 提供的统计图有多种,包括柱形图、条形图、折线图、饼图、散点图、面积图、圆环图、雷达图、曲面图、气泡图、箱线图、圆柱图、圆锥图等,各种图的做法大同小异。

【例 4】我们采用某省第五次人口普查数据资料,看一下如何做饼图。首先把数据输入到工作表中,如图 2 – 1 – 19 所示。

按以下步骤可做出饼图。

第一步:选中某一单元格,单击"插入"菜单,选择"图表"选项,弹出图表向导对话框。如图 2 – 1 – 20。

市	总 人 口 数（万人）	比重（%）
全省	6699.13	100
石家庄市	895.94	13.37
唐山市	700.15	10.45
秦皇岛市	268.2	4
保定市	1062.43	15.86
邯郸市	844.33	12.6
邢台市	661.36	9.87
沧州市	673.55	10.05
张家口市	448.94	6.7

图 2 - 1 - 19　某省主要城市第五次人口普查资料

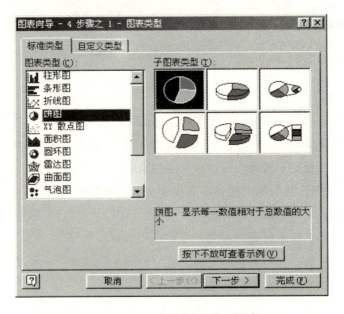

图 2 - 1 - 20　"图表向导"对话框

第二步：在图表类型中选择"饼图"，然后在子图表类型中选择一种类型，这里我们选用系统默认的方式。然后单击【下一步】按钮，打开"源数据"对话框。如图 2 - 1 - 21 所示。

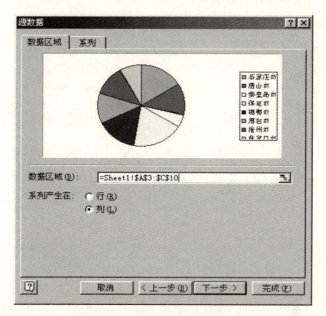

图 2 - 1 - 21　"源数据"对话框

第三步：在"源数据"对话框中填入数据所在区域，单击【完成】按钮，即可得到如图 2 - 1 - 22 所示的饼图。

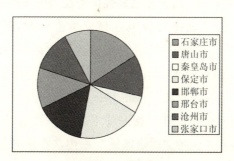

图 2 - 1 - 22　饼图

（五）用 Excel 创建数据透视表

数据透视表是一种将大量数据快速汇总和建立交互列表的交叉式表格，用于对多种来源的数据进行汇总。建立表格后，可以对其进行重新排序，以便从不同的透视角度观察数据。

【例 5】将某公司第一季度管理费用收支情况输入 Excel 表中，如图 2 - 1 - 23 所示。

	A	B	C	D	E	F
	姓名	部门	项目	收入额	支出额	余额
2	y c y	财务	差旅费	15000		15000
3	m l	销售	办公费		2000	13000
4	g d x	设计	办公费		60	12940
5	y w	企划	办公费		120	12820
6	d w h	生产	差旅费		580	12240
7	c w j	生产	办公费		1800	10440
8	m y h	生产	宣传费		530	9910
9	y c y	生产	办公费		700	9210
10	l x d	生产	差旅费		300	8910
11	r m	生产	会议费		1200	7110
12	z y c	生产	办公费		1500	6210
13	w x l	质检	办公费		480	5730
14	z t	质检	会议费		400	5330
15	s m	销售	差旅费		600	4730
16	liu yue	销售	差旅费		600	4130

（上方单元格引用栏：G19，fx）

图 2 - 1 - 23 数据准备

利用图 2 - 1 - 23 的建立创建数据透视表的步骤如下。

第一步：选择统计表数据区域，单击"数据"菜单，选择"数据透视表和数据透视图"，进入"数据透视表和数据透视图向导"对话框，如图 2 - 1 - 24 所示。

第二步：在数据源类型区域和报表类型区域（默认状态为数据透视表）做相应的选择，点击【下一步】弹出对话框，被选中数据区域的地址显示在"选定区域"框内。如图 2 - 1 - 25 所示。

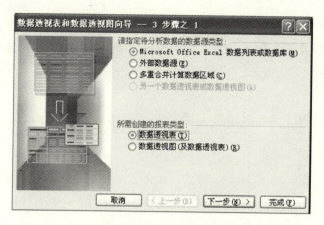

图 2 - 1 - 24　"数据透视表和数据透视图向导"对话框

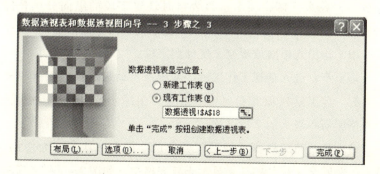

图 2 - 1 - 25　"选定区域"对话框

第三步：确认选定的数据区域正确后，点击【下一步】，弹出对话框，选择透视表建立的位置，单击对话框的【完成】即可，如图 2 - 1 - 26 所示。

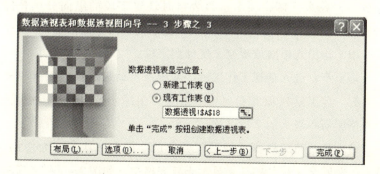

图 2 - 1 - 26　单击对话框"完成"

第四步：完成透视表创建过程后，自动在当前工作表标签左侧添加新工作表标签，同时显示"数据透视表"工具栏，如图 2 - 1 - 27 所示。

图 2 - 1 - 27　数据透视空白工作表

在新工作表中，左上角提供了新表格重组的设置区。该区域包括"上表头"区：用于重组表格时设置字段的纵向分类依据；"左表头"区：用于重组表格时设置记录的横向分类依据；"统计"区：用于重组表格时放置交叉统计用字段。

第五步：进入透视工作区后，系统将自动显示"数据透视表"工具栏。该工具栏顶部罗列了一组工具图标，底部则显示重新组合表格所需各表头的字段名称。

第六步：将"数据透视"工具栏的字段名依次拖至对应的区域中，此时交叉统计的结果显示于新表格中，如图 2 - 1 - 28 所示。

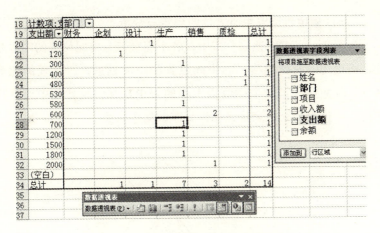

图 2 – 1 – 28 数据透视新工作表生成

实验二 用 Excel 计算综合指标

一 实验目的与要求

通过对 Excel 的操作练习，强化综合指标的概念和公式的应用；熟练运用平均值、标准差计算的公式编辑方法、函数计算方法，有效地使用分析工具，进行综合指标的统计分析。

要求运用小组调查的数据，进行综合指标的计算，并对调查的样本有基本的描述和分析。

二 实验原理

综合指标分析是基础的统计分析方法。对于原始数据，通过简单的整理，就可以进行综合指标的描述性统计分析，挖掘出很多统计量的特征。顾名思义，综合指标主要是分析和描述数据群集中的方位、离散程度、数据群分布的状况等。

（一） 集中趋势或中心方位的测定与分析

在图 2 - 2 - 1 的数据分布中，各个变量值与中间位置的距离越近，所出现的次数越多；与中间位置的距离越远，所出现的次数越少，从而形成了以中间值为中心的集中趋势。统计学中通常用均值、中位数和众数来描述总体分布的集中趋势。

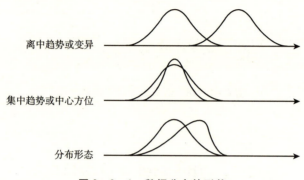

图 2 - 2 - 1 数据分布的形状

（二） 离中趋势或变异的测定与分析

如图 2 - 2 - 2 所示，三条不同的曲线表示三个不同的总体，其均值相同，但离中趋势不同。

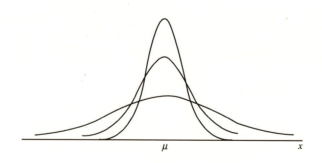

图 2 - 2 - 2 表示离散性数据的示意图

描述数据离散程度的指标有方差、标准差、极差等。

1. 标准差

标准差（Standard Deviation），是各数据点偏离平均数的距离的平方和平均后的方根，用 σ 表示。标准差是方差的算术平方根。公式是：

$$\sigma = \sqrt{\frac{\sum (x_i - \bar{x})^2 f}{\sum f}}$$

标准差可视为各数据点与平均数的平均差距，能反映一个数据集的离散程度。平均数相同的，标准差未必相同。

2. 分位数

分位数分为四分位数、十分位数、百分位数等。在四分位数中，位于总体第 25% 位置的数值是第 1 四分位数 Q1，又叫下四分位数；总体第 50% 位置的数值是第 2 四分位数 Q2，也就是中位数；位于总体第 75% 位置的数值是第 3 四分位数 Q3，又叫上四分位数。

3. 离散系数

离散系数又称变异系数，是衡量数据群中各观测值变异程度的另一个统计量。离散系数有全距系数、平均差系数和标准差系数等。

常用的是标准差系数。标准差系数 = 标准差与均值的比率，用公式表示为 $v = \dfrac{\sigma}{\bar{x}}$ 或 $\dfrac{s}{\bar{x}}$。当进行两个或多个资料变异程度的比较时，如果度量单位与平均数相同，可以直接利用标准差来比较。如果单位和（或）平均数不同时，比较其变异程度就不能采用标准差，而需要采用标准差与平均数的比值（相对值）来比较。离散系数可以消除单位和（或）平均数不同对两个或多个资料变异程度比较的影响。

4. 极差

指数据群中最大数与最小数的差，在统计中常用极差（或叫全距）来刻画一组数据的离散程度。表示为 R = Xmax − Xmin。反映的是变量分布的变异范围和离散幅度，在总体中任何两个单位的标准值之差都不能超过极差。同时，它能体现一组数据变动的范围。

（三）分布形态的测定与分析

对于一组数据，不仅要描述其集中趋势、离中趋势，而且也要描述其分布形态。这是因为，一个总体如果均值相同，标准差相同，但也可能分布形态不同。另外，分布的形态有助于识别整个总体的数量特征。总体的分布形态可以从两个角度考虑，一是分布的对称程度，另一个是分布的高低。前者的测定称为偏度或偏斜度，后者的测定称为峰度。

在统计分析中，对数据分布的对称程度用偏度系数指标对其进行测定。偏度系数等于零，说明分布为对称；偏度系数大于零，说明分布呈右偏态；偏度系数小于零，说明分布呈左偏态。

峰度是掌握分布形态的另一个指标，它能够描述分布的平缓或陡峭，这里的平缓或陡峭是相对于正态分布而言的。如果峰度系数等于 0，说明分布为正态；如果峰度系数大于 0，说明分布呈陡峭状态；如果峰度系数小于 0，则说明分布形态趋于平缓。

三　实验内容与具体步骤

Excel 中用于计算综合指标中描述现象的集中方位和集中程度的方法有三种，即函数法、分析工具中的描述统计法和自行编辑公式。

（一）用函数计算集中方位和集中程度的统计量

常用的统计量有众数、中位数、平均数（包括算术平均数、调和平均数、几何平均数）、极差、四分位数、标准差、方差、标准差系数等。一般来说，在 Excel 中计算上述统计量，对于未分组资料可用函数计算，对于已分组资料可自行编辑公式计算。这里我们先介绍如何用函数计算。

1. 众数

【例6】为了解某学院新毕业大学生的工资情况，随机抽取 30 人，月均收入已经输入图 2-2-3 左侧。

（1）用函数求众数。点击"插入"菜单栏，在弹出的"插入函数"对话框中查找选择类别窗口中的"统计"，如图 2-2-3 所示，在"选择函数"窗口中查找 MODE 函数，点击【确定】按钮后出现函数参数对话框，选择待计算数据所在的区域后，点击【确定】按钮后即可得众数为 1560。

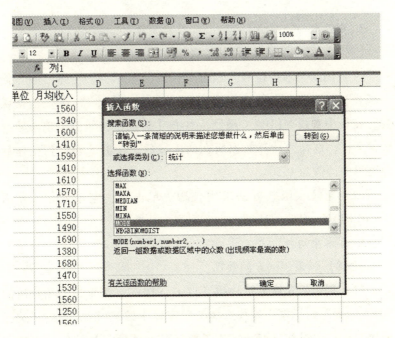

图 2-2-3 插入函数对话框

（2）用输入函数方法求众数。应先将 30 个人的工资数据输入

A1：A30 单元格，然后单击任一空单元格，输入 " = MODE（C2：C31）"，如图 2 - 2 - 4 所示，回车后即可得众数。

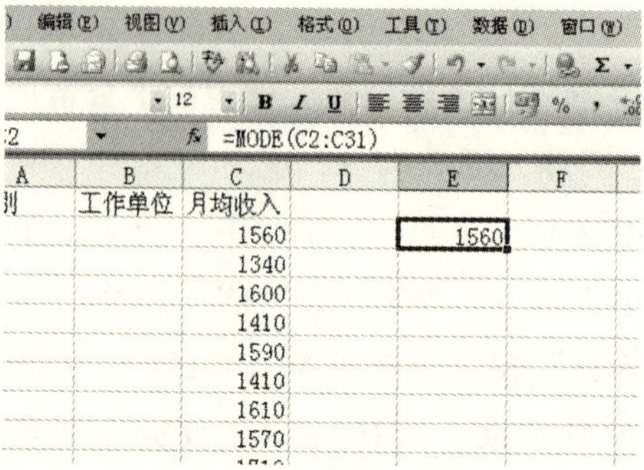

图 2 - 2 - 4　输入函数

2. 中位数

【例7】仍采用例6的数据。

（1）用函数求中位数。点击"插入"菜单栏，在弹出的"插入函数"对话框中查找选择类别窗口中的"统计"，在"选择函数"窗口中查找 MEDIAN 函数，点击【确定】按钮后出现函数参数对话框，选择待计算数据所在的区域后，点击【确定】按钮后即可得中位数为1550。

（2）用输入函数方法求中位数。单击任一空单元格，输入 " = MEDIAN（C2：C31）"，回车后得中位数。

3. 算术平均数

【例8】仍采用例6的数据。

（1）用函数求算术平均数。点击"插入"菜单栏，在弹出的"插入函数"对话框中查找选择类别窗口中的"统计"，在"选择函数"窗口中查找 AVERAGE 函数，点击【确定】按钮后出现函数参数对话框，选择待计算数据所在的区域后，点击【确定】按钮后即可得平均数为1535。

（2）用输入法求算术平均数。单击任一单元格，输入" = AVERAGE（C2：C31）"，回车后得算术平均数。

4. 标准差

在 Excel 中用于计算标准差的函数有两个。总体标准差函数（STDEVP）和样本标准差函数（STDEV）。其中，总体标准差函数（STDEVP）用来反映总体相对于均值的离散程度；样本标准差函数（STDEV）用来计算样本中的各个数值相对于样本均值的离散程度。

【例9】仍采用例6的数据。

（1）用函数求标准差。点击"插入"菜单栏，在弹出的"插入函数"对话框中查找选择类别窗口中的"统计"，在"选择函数"窗口中查找 STDEVP 函数，点击【确定】按钮后出现函数参数对话框，选择待计算数据所在的区域后，点击【确定】按钮后即可得标准差为 135.0287。

（2）用输入法求标准差。单击任一单元格，输入" = STDEV（C2：C31）"，回车后得标准差。

5. 方差

【例10】仍采用例6的数据。

（1）用函数求方差。点击"插入"菜单栏，在弹出的"插入函数"对话框中查找选择类别窗口中的"统计"，在"选择函数"窗口中查找 VARP 函数，点击【确定】按钮后出现函数参数对话框，选择待计算数据所在的区域后，点击【确定】按钮后即可得方差为 18232.76。

（2）用输入法求方差。单击任一单元格，输入" = VARP（C2：C31）"，回车后得方差。

6. 极距

【例11】仍采用例6的数据。

点击"插入"菜单栏，在弹出的"插入函数"对话框中查找选择类别窗口中的"统计",在"选择函数"窗口中查找 Max 函数,点击【确定】按钮后出现函数参数对话框,选择待计算数据所在的区域后,点击【确定】按钮后即可得最大值为1250。同样方法得到最小值 Min 为1980;两数相减得730。

7. 四分位数

【例12】仍采用例6的数据。

点击"插入"菜单栏,在弹出的"插入函数"对话框中查找选择类别窗口中的"统计",在"选择函数"窗口中查找 Quartile 函数,点击【确定】按钮后出现函数参数对话框,在 Array 窗口输入待计算数据所在的区域后,在 Quart 窗口输入 1,会得到1462.5,如图 2-2-5 所示;如果在 Quart 窗口输入 3,点击【确定】按钮后即可得第三个四分位数为1585;如果在 Quart 窗口输入 2,就将得到中位数。

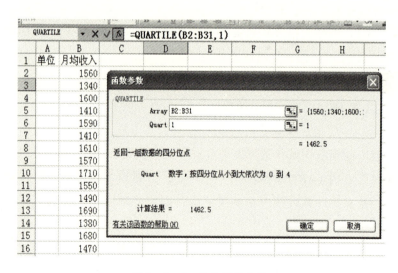

图 2-2-5 输入函数参数

(二) 描述统计工具的使用

【例13】仍采用例6的数据。

我们已经把数据输入到（C2：C31）单元格，然后按以下步骤操作：

第一步：在"工具"菜单中选择"数据分析"选项（如果找不到"数据分析"选项，可先按"加载宏"，再点击"工具"菜单），从其对话框中选择"描述统计"，按【确定】按钮后打开描述统计对话框，如图 2-2-6 所示。

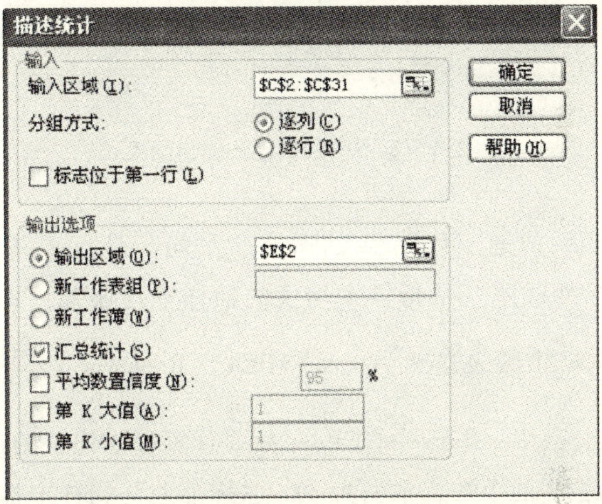

图 2-2-6 描述统计对话框

第二步：在输入区域中输入 $C$1：$C$31，在输出区域中选择 E2，其他复选框可根据需要选定，选择汇总统计，可给出一系列描述统计量；选择平均数置信度，会给出用样本平均数估计总体平均数的置信区间；第 K 大值和第 K 小值会给出样本中第 K 个大值和第 K 个小值。

第三步：单击【确定】按钮，可得输出结果，如图 2-2-7 所示的是仅选择了"汇总统计"选项而输出的结果。

B	C	D	E	F	G	H
位单位	月均收入					
	1560		列1			
	1340					
	1600		平均	1535		
	1410		标准误差	24.65276		
	1590		中位数	1550		
	1410		众数	1560		
	1610		标准差	135.0287		
	1570		方差	18232.76		
	1710		峰度	3.257451		
	1550		偏度	0.832785		
	1490		区域	730		
	1690		最小值	1250		
	1380		最大值	1980		
	1680		求和	46050		
	1470		观测数	30		
	1530					
	1560					

图 2 - 2 - 7 描述统计输出结果

需要说明的是，上面的结果中，"平均"是指这 30 个数的平均值；"标准误差"是指样本均值的抽样平均误差，其表达式为 $\frac{\sigma}{\sqrt{n}}$，在 Excel 中的表达式为：= STDEV（Range of Values）/SQRT（Number），其中：Range of Values 指要计算标准误差的这些数据，Number 为数据的个数，本例为 30。"标准差"指样本标准差，自由度为 n – 1；"峰度"即峰度系数的简称；"偏度"即偏度系数；"区域"实际上是极距、极差或叫全距（Excel 翻译的问题）；"观测数"是参与计算的数据个数。

（三）自行编辑公式

【例 14】 我们仍然利用例 3 中某调查小组采集路口的车流量的分组数据，进行计算公式的编辑。数据如图 2 - 2 - 8 所示。

1. 众数

首先确定众数组，众数组是第三组，下限是 190，组距是 30，众数的数学表达式为 $Mo = L + \frac{\Delta_1}{\Delta_1 + \Delta_2} \times d$，据此需要编辑的公式为 "= C5 +（D5 – D4）*（C6 – C5）/（D6 – D4）"。

图 2 - 2 - 8 计算数据

2. 中位数

首先确定中位数组，中位数组的位置是 25，中位数组是第三组，其下限是 190，组距是 30，中位数的数学表达式为 $Me = L + \dfrac{\sum f/2 - S_{m-1}}{f_m} \times d$，据此需要编辑的公式为"= C5 + （D11/2 - D4 - D3）* （C6 - C5）/D5"。

3. 平均数

对于分组资料求平均数，首先在单元格 F3 编辑公式"= C3 * D3"，如图 2 - 2 - 9 所示。

图 2 - 2 - 9 编辑公式

然后利用数据的复制拖曳功能求出各组数据的乘积，再次点击上边的【Σ】求和功能钮求和，最后编辑"=F11/D11"实现平均数的计算。如图 2 - 2 - 10 所示。

	A	B	C	D	E	F	G
	QUARTILE	▼ X ✓ ƒx	=SUM(F3:F10)				
1	分组						
2	130		接收	频率	累积%		
3	160		130	6	12.00%	780	
4	190		160	8	28.00%	1280	
5	220		190	12	52.00%	2280	
6	250		220	11	74.00%	2420	
7	280		250	7	88.00%	1750	
8	310		280	4	96.00%	1120	
9	其他		310	2	100.00%	620	
10			其他	0	100.00%		
11				50		=SUM(F3:F10)	
12						SUM(number1, [number	
13							

图 2 - 2 - 10　利用功能钮计算

需要说明的是，在编辑公式时用到的冒号"："、括号"（）"等均应为英文状态下的符号。

实验三　用 Excel 进行时间序列分析

一　实验目的及要求

用 Excel 进行时间序列分析。要求小组自行搜集时间序列数据，并采用编辑公式、函数运算的方式计算逐期增量、累计增量、平均增量、发展速度、平均发展速度、长期趋势测定和季节变动指数等指标。

二　实验原理

逐期增量是报告期发展水平与其前一期发展水平之差；累计增量是报告期发展水平与基期发展水平之差；平均增量则是对逐

期增量求平均，表明经济现象在一段时期内平均每期增加的数量；发展速度是报告期发展水平与其比较期发展水平之商；平均发展速度则是对发展速度求平均，具体计算时有几何平均法和高次方程法两种。

　　长期趋势测定主要有移动平均和趋势线拟合等方法。移动平均法是通过边移动边平均，对时间序列进行修匀，从而显现经济现象长期走势的一种简单方法。趋势线拟合是通过直线、抛物线、指数曲线等的拟合，得到长期趋势的表达式，从而表述经济现象的发展趋势。

　　季节变动则是通过季节指数的测定来反映经济现象随着季节变化而变动的规律。

三　实验内容与具体步骤

（一）测定增长量和平均增长量

【例15】根据 1999～2008 年国内生产总值数据，如图 2－3－1 中 A 列和 B 列所示，计算逐期增长量、累计增长量和平均增长量。

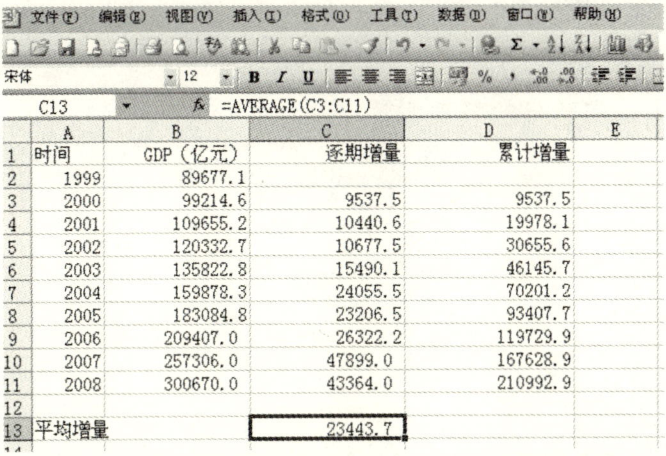

图 2－3－1　用 Excel 计算增长量和平均增长量资料及结果

具体计算步骤如下：

第一步：输入国内生产总值。

第二步：计算逐期增长量：在 C3 中输入公式：= B3 - B2，并用鼠标拖曳将公式复制到 C3：C11 区域。

第三步：计算累计增长量：在 D3 中输入公式：= B3 - B2，并用鼠标拖曳将公式复制到 D3：D19 区域。

第四步：计算平均增长量：在 C13 中输入公式：= SUM（C3：C11）/（10 - 1），或点击上方【Σ】钮，在编辑栏得到 SUM（）再除以 9，或输入公式：= D11/9 按回车键；也可利用函数求平均值的方法，即可得到平均增长量。

（二）测定发展速度和平均发展速度

【例 16】仍以 1999～2008 年国内生产总值数据为例，说明如何计算发展速度、增长速度和平均发展速度。

第一步：输入国内生产总值。

第二步：计算环比发展速度。在 C3 中输入公式：= B3/B2，并用鼠标拖曳将公式复制到 C3：C8 区域，如图 2 - 3 - 2 所示。

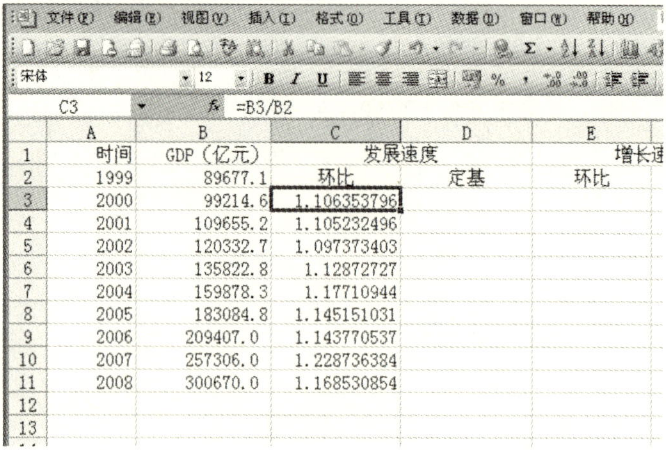

图 2 - 3 - 2　用 Excel 计算发展速度及结果

第三步：计算定基发展速度。在 D3 中输入公式：= B3/$B$2，并用鼠标拖曳将公式复制到 D3：D11 区域，如图 2-3-3 所示。

	A	B	C	D	E
1	时间	GDP（亿元）		发展速度	
2	1999	89677.1	环比	定基	环比
3	2000	99214.6	1.106353796	1.106353796	
4	2001	109655.2	1.105232496	1.222778167	
5	2002	120332.7	1.097373403	1.341844239	
6	2003	135822.8	1.12872727	1.514576185	
7	2004	159878.3	1.17710944	1.782821924	
8	2005	183084.8	1.145151031	2.041600364	
9	2006	209407.0	1.143770537	2.335122345	
10	2007	257306.0	1.228736384	2.869249786	
11	2008	300670.0	1.168530854	3.352806904	
12					
13					
14					

图 2-3-3　用 Excel 计算定基发展速度及结果

第四步：计算环比增长速度。在 E3 中输入公式：=（C3-1）* 100，或输入 =（B3/B2-1）* 100，并用鼠标拖曳将公式复制到 E4：E11 区域，如图 2-3-4 所示。

第五步：计算定基增长速度：在 F3 中输入公式：=（D3-1）* 100，或输入 =（B3/B2-1）* 100，并用鼠标拖曳将公式复制到 F4：F11 区域。

第六步：计算平均发展速度（水平法）。选中 C13 单元格，单击插入菜单，选择函数选项，出现插入函数对话框后，选择 GEOMEAN（返回几何平均值）函数，在数值区域中输入 C3：C11 即可；或在 C13 中输入公式：=（B11/B2）^（1/9），也可得到相同的结果，如图 2-3-5 所示。

文件(F) 编辑(E) 视图(V) 插入(I) 格式(O) 工具(T) 数据(D) 窗口(W) 帮助(H) 键入需要

E3 ▼ fx =(C3-1)*100

	A	B	C	D	E	F
	时间	GDP（亿元）	发展速度		增长速度%	
	1999	89677.1	环比	定基	环比	定
	2000	99214.6	1.106353796	1.106353796	10.6353796	
	2001	109655.2	1.105232496	1.222778167	10.5232496	
	2002	120332.7	1.097373403	1.341844239	9.737340318	
	2003	135822.8	1.12872727	1.514576185	12.87272703	
	2004	159878.3	1.17710944	1.782821924	17.71094397	
	2005	183084.8	1.145151031	2.041600364	14.51510305	
	2006	209407.0	1.143770537	2.335122345	14.37705369	
	2007	257306.0	1.228736384	2.869249786	22.87363842	
	2008	300670.0	1.168530854	3.352806904	16.85308543	

图 2 - 3 - 4 用 Excel 计算环比增长速度及结果

文件(F) 编辑(E) 视图(V) 插入(I) 格式(O) 工具(T) 数据(D) 窗口(W) 帮助(H) 键入需

C13 ▼ fx =GEOMEAN(C3:C11)

	A	B	C	D	E	
1	时间	GDP（亿元）	发展速度		增长速度%	
2	1999	89677.1	环比	定基	环比	
3	2000	99214.6	1.106353796	1.106353796	10.6353796	10.
4	2001	109655.2	1.105232496	1.222778167	10.5232496	22.
5	2002	120332.7	1.097373403	1.341844239	9.737340318	34.
6	2003	135822.8	1.12872727	1.514576185	12.87272703	51.
7	2004	159878.3	1.17710944	1.782821924	17.71094397	78.
8	2005	183084.8	1.145151031	2.041600364	14.51510305	104.
9	2006	209407.0	1.143770537	2.335122345	14.37705369	133.
0	2007	257306.0	1.228736384	2.869249786	22.87363842	186.
1	2008	300670.0	1.168530854	3.352806904	16.85308543	235.
2						
3		平均发展速度	1.143875418			
4		平均增长速度				
5						

图 2 - 3 - 5 用 Excel 计算平均发展速度及结果

第七步：计算平均增长速度：选中 E14 单元格，输入公式：= C13 - 1 即可得平均增速，也可在 E14 中输入公式：= (B11/B2) ^ (1/9) - 1，也可得到相同的结果，如图 2 - 3 - 6 所示。由此可知国内生产总值的平均增长率为 14.39%。

图 2 - 3 - 6 用 Excel 计算平均增长速度及结果

（三）长期趋势测定

【例 17】 以 1994～2008 年国内生产总值数据为例，说明如何用移动平均法计算长期趋势，如图 2 - 3 - 7 所示。

图 2 - 3 - 7 用 Excel 计算长期趋势及结果

第一步：在 B 列输入 GDP 数值。

第二步：计算三项移动平均：在 C3 中输入"＝（B2 + B3 + B4）/3"，并用鼠标拖曳将公式复制到 C3：C16 区域。

经过三项移动平均，消除了偶然因素的影响，描述了 GDP 随着时间的变化呈现出逐年增加的态势。

如果是计算二、四或六项移动平均，就需要进行二次平均，也叫移正平均或正位平均，正位平均通常都采用二项移动平均。步骤如下：

第一步：在 B 列输入 GDP 数值。

第二步：计算四项移动平均。在 D3 中输入"＝SUM（B2：B5）/4"，并用鼠标拖曳将公式复制到 D3：D14 区域。

第三步：计算二项移正平均数。在 E4 中输入"＝（D3 + D4）/2"，并用公式拖曳将公式复制到 E5：E14 区域。

这里仅仅是测定 GDP 有长期变动的趋势，至于呈现出哪种趋势，可用趋势线来拟合。

（四）季节变动测定

【例 18】利用某种商品五年分季度的销售额资料，如图 2 - 3 - 8 所示的 B 列和 D 列，说明如何用移动平均趋势剔除法测定季节变动。

第一步：按图上的格式在 A 列输入年份，在 B 列输入季别，在 C 列输入销售收入。

第二步：计算四项移动平均。在 D3 中输入"＝SUM（C2：C4）/4"，并用鼠标拖曳将公式复制到 D3：D19 区域。

第三步：计算趋势值 T（即移正平均）。在 E4 中输入"＝（D3 + D4）/2"，并用鼠标拖曳将公式复制到 E5：E19 区域。

第四步：剔除长期趋势，即计算 Y/T。在 F4 中输入"＝C4/E4"，并用鼠标拖曳将公式复制到 F5：F19 区域。

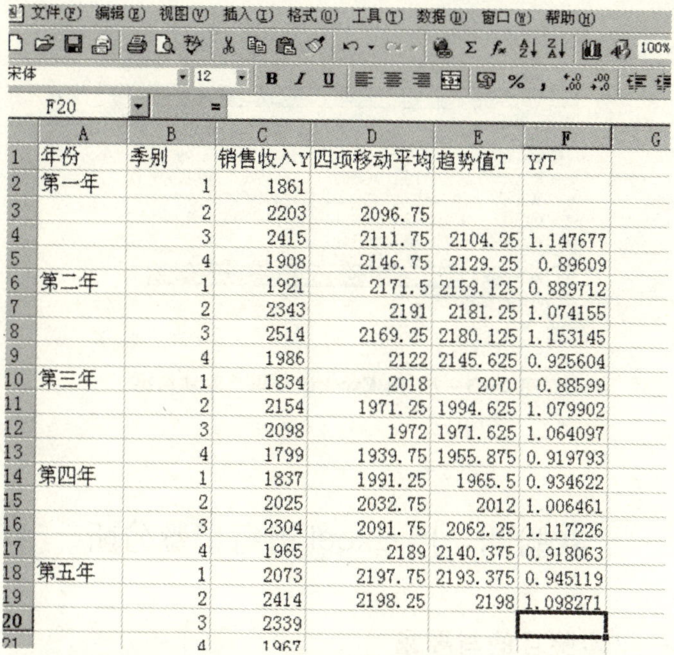

	A	B	C	D	E	F	G
1	年份	季别	销售收入Y	四项移动平均	趋势值T	Y/T	
2	第一年	1	1861				
3		2	2203	2096.75			
4		3	2415	2111.75	2104.25	1.147677	
5		4	1908	2146.75	2129.25	0.89609	
6	第二年	1	1921	2171.5	2159.125	0.889712	
7		2	2343	2191	2181.25	1.074155	
8		3	2514	2169.25	2180.125	1.153145	
9		4	1986	2122	2145.625	0.925604	
10	第三年	1	1834	2018	2070	0.88599	
11		2	2154	1971.25	1994.625	1.079902	
12		3	2098	1972	1971.625	1.064097	
13		4	1799	1939.75	1955.875	0.919793	
14	第四年	1	1837	1991.25	1965.5	0.934622	
15		2	2025	2032.75	2012	1.006461	
16		3	2304	2091.75	2062.25	1.117226	
17		4	1965	2189	2140.375	0.918063	
18	第五年	1	2073	2197.75	2193.375	0.945119	
19		2	2414	2198.25	2198	1.098271	
20		3	2339				
21		4	1967				

图 2-3-8　用 Excel 计算季节变动资料

第五步：重新排列 F4：F19 区域中的数字，使同季的数字位于一列，共排成四列，如图 2-3-9 所示。

第六步：计算各年同季平均数。在 B29 单元格中输入公式：= average（B25：B28）；在 C29 中输入公式 = average（C25：C28），或直接拖曳 B29 单元格向右移动三格；在 D29 中输入公式 = average（D24：27），或修改拖曳的公式的区域；在 E29 中输入公式 = average（E24：E27），或拖曳 D29 单元格向右移动一格。

第七步：计算调整系数。在 B31 中输入公式：= SUM（B29：E29）/4。

第八步：计算季节比率。在 B30 中输入公式：= B29 *$B$31，并用鼠标拖曳将公式复制到单元格区域 B30：E30，就可以得到季节比率的值，具体计算结果见图 2-3-9。

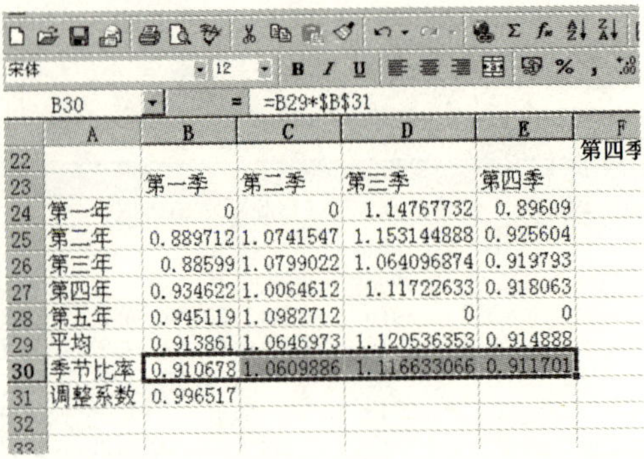

B30 =B29*$B$31

	A	B	C	D	E	F
22						第四季
23		第一季	第二季	第三季	第四季	
24	第一年	0	0	1.14767732	0.89609	
25	第二年	0.889712	1.0741547	1.153144888	0.925604	
26	第三年	0.88599	1.0799022	1.064096874	0.919793	
27	第四年	0.934622	1.0064612	1.11722633	0.918063	
28	第五年	0.945119	1.0982712	0	0	
29	平均	0.913861	1.0646973	1.120536353	0.914888	
30	季节比率	0.910678	1.0609886	1.116633066	0.911701	
31	调整系数	0.996517				
32						

图 2-3-9 用 Excel 计算季节变动结果

实验四 用 Excel 进行指数分析

一 实验目的与要求

利用 Excel 进行各种指数的计算。要求根据各小组关心的问题，收集有关时间数据，通过 EXCEL 表格进行指数因素分析。

二 实验原理

统计指数源于 18 世纪中叶欧洲对物价变动的分析。在我国统计界一般认为：统计指数是研究社会经济现象数量方面时间变动状况和空间对比关系的分析方法。同时还认为，统计指数有广义和狭义之别。从广义来说，凡是用来反映所研究社会经济现象时间变动和空间对比状况的相对数，如动态相对数、比较相对数和计划完成情况相对数，都可称为指数。但从狭义来说，统计指数则是用来综合反映所研究社会经济现象复杂总体数量时间变动和空间对比状况的一种特种相对数。所谓复杂总体是指不同度量单位或性质各异的若干事物所组成的、数量不能直接加总或不可以直接加总的总体。必须明确，统计指数分析法中的统计指数是对狭义指数而言，不指广义指数。

统计指数按照不同的研究目的和要求，又可分为个体指数和总指数、数量指标指数和质量指标指数、定基指数和环比指数以及动态指数和静态指数。按照计算方法分为综合指数和平均指数。

（一）综合指数是计算总指数的一种形式

综合指数是由包括两个以上因素的总量指标对比而形成的指数。它将其中一个或一个以上的因素（指标）固定下来，观察另一个因素（指标）的综合变动。固定下来的因素称同度量因素，它使另一个因素变得可以相加，同时也起着权数的作用。以销售量指数为例，其以基期销售价格作同度量因素的销售量指数公式为：

$$\bar{K}_q = \frac{\sum q_1 p_0}{\sum q_0 p_0}$$

式中 q_0、q_1 分别代表基期和报告期的销售量，p_0 代表基期销售价格。该指数反映多种商品销售量这一个因素综合（平均）变动的幅度，销售价格作为同度量因素固定在基期，这是计算多种商品销售数量指数的共同要求。指数分子与分母相减的绝对值，说明在销售价格不变的情况下，仅仅由于商品销售量一个因素的增加（或减少）而使销售额的增加（或减少）的绝对数额。

对于质量指标这一商品物价指数，其综合指数公式则可采用不同时期的同度量因素。它可得到不同的结果，具有不同的经济内容。

1. 如果按基期销售量作同度量因素计算

其公式为：

$$\bar{K}_q = \frac{\sum p_1 q_0}{\sum p_0 q_0}$$

说明报告期多种商品价格总的变化程度，它不受销售量变化的影响。其分子与分母之差额说明仅仅由于商品价格下降（上升）致使销售额减少（或增加）的绝对数额。

2. 如果按报告期销售量作同度量因素计算

其公式为：

$$\bar{K}_q = \frac{\sum p_1 q_1}{\sum p_0 q_1}$$

说明报告期所售多种商品的价格总变动幅度，其中包含销售量这一因素从基期到报告期的变动程度。分子与分母之差说明由于价格变动使报告期实际增减的销售额，它说明居民购买当前商品时由于价格变动而实际节约或增加的金额，更具有现实意义。

（二）平均指标指数是计算总指数的又一形式

因综合指数的计算要求每一种商品销售价格和销售量的基期绝对数据，这些数据时常难以取得，因此在上述公式的基础上进行了变换。如果能够搜集到各种商品的单价变动或销售量变动的相对数（个体指数），将上述公式作相应变动，仍然能够进行价格指数和销售量指数的变动分析。

1. 销售量变动指数

仍以销售量指数为例，其公式为：

$$\bar{K}_q = \frac{\sum q_1 p_0}{\sum q_0 p_0} = \frac{\sum k_q \cdot p_0 q_0}{\sum p_0 q_0}$$

其中，$k_q = \dfrac{q_1}{q_0}$。

2. 销售价格变动指数

其公式为：

$$\bar{K}_q = \frac{\sum p_1 q_1}{\sum p_0 q_1} = \frac{\sum p_1 q_1}{\sum \dfrac{1}{k_p} \cdot p_1 q_1}$$

其中，$k_p = \frac{p_1}{p_0}$。

三　实验内容与具体步骤

指数分析法是研究社会经济现象数量变动情况的一种统计分析法。从计算方法上来说，指数有总指数与平均指数之分，在这一节我们介绍如何用 Excel 进行指数分析与因素分析。

（一）用 Excel 计算综合指数

【例 19】 图 2－4－1 中的 A1：F5 区域是某企业甲、乙、丙三种产品不同时期的生产情况统计资料，要求以基期价格 p 作为同度量因素，计算企业产品生产量指数。

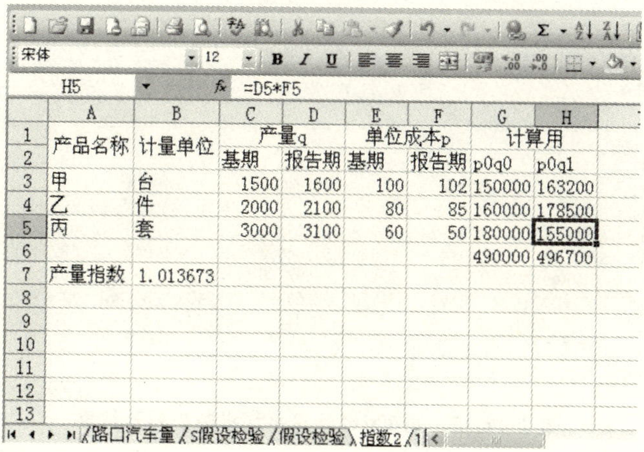

	A	B	C	D	E	F	G	H
1	产品名称	计量单位	产量q		单位成本p		计算用	
2			基期	报告期	基期	报告期	p0q0	p0q1
3	甲	台	1500	1600	100	102	150000	163200
4	乙	件	2000	2100	80	85	160000	178500
5	丙	套	3000	3100	60	50	180000	155000
6							490000	496700
7	产量指数	1.013673						

图 2－4－1　用 Excel 计算指数资料及结果

计算步骤：

第一步：计算各个 p_0q_0：在 G3 中输入 " = C3 * E3"，并用鼠标拖曳将公式复制到 G3：G5 区域。

第二步：计算各个 $p_0 * q_1$：在 H3 中输入 " = D3 * F3"，并用鼠标拖曳将公式复制到 H3：H5 区域。

第三步：计算 $\sum p_0 q_0$ 和 $\sum p_0 q_1$：选定 G6 单元格，单击工具栏上的【Σ】按钮，在 G5 出现该列的求和区域，选定 G3：G5 区域，回车，即出现所选区域的和；用鼠标拖曳至 H6，就出现 H 列的求和值。

第四步：计算以基期价格为同度量因素的产量综合指数，$Iq = \sum p_0 q_1 / \sum p_0 q_0$：在 B7 中输入"$= H6/G6$"，便可得到产量指数。

注意：在输入公式的时候，不要忘记等号，否则就不会出现计算结果。

(二) 用 Excel 计算平均指数

【例 20】图 2 - 4 - 2 中的 A11：F16 区域内是上海金属期货交易所两个不同时期的交易资料，计算其交易量平均指数。

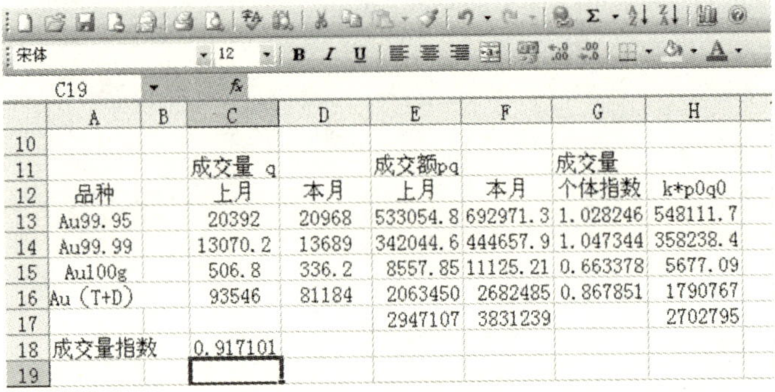

图 2 - 4 - 2 用 Excel 计算平均指数资料及结果

计算步骤：

第一步：计算各个品种的成交量指数，$k = q_1 / q_0$。在 G13 中输入"$= D13/C13$"，并用鼠标拖曳将公式复制到 G13：G16 区域。

第二步：计算 $k * p_0 q_0$ 并求和。在 H13 中输入"$= G13 * E13$"，并用鼠标拖曳将公式复制到 H13：H16 区域。选定 H13：H16 区域，单击工具栏上的【Σ】按钮，在 H17 单元格出现该列的求和值。

第三步：计算生产量平均指数。在 C18 中输入 "＝H17/E17" 即得到所求的值。

（三）用 Excel 进行因素分析

【例21】仍以上海金交所发布的数据为例。

图 2 - 4 - 3 中的 A11：F16 区域内为金交所发布的数据，根据这些数据，进行因素分析的计算步骤如下：

宋体		▾ 12	▾	**B** *I* <u>U</u>				
C20	▾	f_x =F17/E17					
	A	B	C	D	E	F	G	H
10								
11			成交量 q		成交额pq		成交量	
12	品种		上月	本月	上月	本月	个体指数	k*p0q0
13	Au99.95		20392	20968	533054.8	692971.3	1.028246	548111.7
14	Au99.99		13070.2	13689	342044.6	444657.9	1.047344	358238.4
15	Au100g		506.8	336.2	8557.85	11125.21	0.663378	5677.09
16	Au (T+D)		93546	81184	2063450	2682485	0.867851	1790767
17					2947107	3831239		2702795
18	成交量指数		0.917101	-244313				
19	成交价格指数		1.41751	1128445				
20	成交额指数		1.3	884132.2				
21								
22								

Ⅰ ◀ ▶ ▶Ⅰ\路口汽车量\S\假设检验\假设检验\指数2\1\ ◀

图 2 - 4 - 3　用 Excel 进行因素分析资料及结果

第一步：计算两个时期成交额的总数。选定 E17 单元格，单击工具栏上的【Σ】按钮，在 E17 出现该列的求和区域，选定 E13：E16 区域，回车，即出现所选区域的和；用鼠标拖曳至 H17，就出现 H 列的求和值。

第二步：计算各个品种金属的成交量指数，$k = q_1/q_0$。在 G13 中输入 "＝D13/C13"，并用鼠标拖曳将公式复制到 G13：G16 区域。

第三步：计算 $k * p_0 q_0$ 并求和。在 H13 中输入 "＝G13 * E13"，并用鼠标拖曳将公式复制到 H13：H16 区域。选定 H13：

H16 区域，单击工具栏上的【Σ】按钮，在 H17 单元格就出现该列的求和值。

第四步：计算成交量指数。在 C18 中输入 "= H17/E17"，即得到成交量指数。

第五步：计算成交价格指数。在 C19 中输入 "= F17/H17"，即求得成交价格指数。

第六步：计算成交额指数。在 C20 中输入 "= F17/E17"，即得成交额指数。

第七步：计算成交额差值。在 D18 到 D20 中分别输入 "= H17 – E17"、"= F17 – H17" 和 "= F17 – E17"，分别求得因成交量的变动而引起的成交额变动的绝对数、成交价格变动而引起的成交额变动的绝对数和不同时期成交额变动的绝对数值。

实验五 用 Excel 进行参数估计和假设检验

一 实验目的和要求

用 Excel 进行参数估计和假设检验。要求根据统计小组调查的数据，通过自行编辑公式、调用函数和分析工具等方式，进行总体参数的估计和假设检验。

二 实验原理

（一）参数估计

参数估计（Parameter Estimation）是根据从总体中抽取的样本估计总体分布中包含的未知参数的方法。它是统计推断的一种基本形式，是数理统计学的一个重要分支，分为点估计和区间估计两部分。

　　点估计是依据样本估计总体分布中所含的未知参数或未知参数的函数。通常它们是总体的某个特征值，如数学期望、方差和相关系数等。点估计问题就是要构造一个只依赖于样本的统计量，作为未知参数或未知参数的函数的估计值。例如，设一批产品的废品率为 θ。从这批产品中随机地抽取 n 个单位做检查，以 X 记其中的废品个数，那么废品率为 X/n，用 X/n 估计 θ，这就是点估计。

　　区间估计是依据抽取的样本，根据一定的正确度与精确度的要求，构造出适当的区间，来估计总体分布的未知参数或参数的函数的真值所在范围。例如人们常说的有百分之多少的把握保证某值在某个范围内，即是区间估计的最简单的应用。

　　利用大样本或总体方差已知的小样本的信息估计总体均值的公式为：

$$\left(\bar{x} - \frac{\sigma}{\sqrt{n}} \cdot z_{\frac{a}{2}}, \bar{x} + \frac{\sigma}{\sqrt{n}} \cdot z_{\frac{a}{2}} \right)$$

　　利用小样本且总体方差未知的信息估计总体均值的公式为：

$$\left[\bar{x} - \frac{s}{\sqrt{n}} \cdot t_{\frac{a}{2}}(n-1), \bar{x} + \frac{s}{\sqrt{n}} \cdot t_{\frac{a}{2}}(n-1) \right]$$

　　利用样本信息估计总体比例的公式为：

$$\left[p - \frac{s}{\sqrt{n}} z_{\frac{a}{2}}, p + \frac{s}{\sqrt{n}} z_{\frac{a}{2}} \right] = \left[p - \sqrt{\frac{p(1-p)}{n}} \cdot z_{\frac{a}{2}}, p + \sqrt{\frac{p(1-p)}{n}} \cdot z_{\frac{a}{2}} \right]$$

　　对于正态总体，总体方差 σ^2 的区间估计公式为：

$$\left[\frac{\sum_{i=1}^{n}(x_i - \mu_0)^2}{\chi_{\frac{a}{2}}^2(n)}, \frac{\sum_{i=1}^{n}(x_i - \mu_0)^2}{\chi_{1-\frac{a}{2}}^2(n)} \right]$$

（二）假设检验

　　假设检验依据的是概率论与数理统计中的小概率原理。假设检验的规则就是把随机变量取值区间划分为两个互不相交的部分，即拒绝区域与接受区域。当样本的某个统计量落入拒绝区域时，将拒绝原假设。落入拒绝区域的概率，就是小概率，一般用显著性水平表示。

假设检验可大体分为这样几步：

1. 建立假设

根据研究问题的需要提出原假设 H_0 和备择假设 H_1。

2. 确定检验的统计量及其分布

假设确定以后，需要确定适当的检验统计量。选择什么样的统计量作为检验统计量，需要考虑样本量的大小、总体方差是否已知等。对于均值检验来说，当总体方差已知时，或大样本条件下，可选择 z 统计量作为检验统计量；如果总体标准差未知，且小样本情况下，则应选择 t 统计量作为检验统计量。

3. 确定显著性水平

确定显著性水平以后，拒绝区域也就随之而定。

如果拒绝区域落在正态分布曲线两侧，则称为双侧检验或双尾检验，两边各为 $\dfrac{\alpha}{2}$。

如果拒绝区域落在正态分布曲线一侧，称为单侧检验或单尾检验。

显著性水平的大小可根据研究问题所需要的精确程度和可靠程度而定。

4. 确定决策规则并作出统计决断

决策规则通常有两种方法。一种是临界值法，即统计量与临界值 z 或 t 进行比较，通常对于双侧检验，统计量绝对值大于临界值便拒绝原假设，小于临界值便不能拒绝原假设。另一种是 P 值法，它是将统计量所计算的 z 值或 t 值转换成与显著性水平相关的概率值 P，然后与显著性水平进行比较。如果 $P < \alpha$，则拒绝原假

设 H_0，说明样本所描述的总体与原假设所描述的总体具有显著差异；如果 $P > \alpha$，则不能拒绝 H_0，说明所采用的检验方法不能证明样本所描述的总体与原假设所描述的总体具有显著差异。

三　实验内容与具体步骤

在 Excel 中，进行参数估计只能使用公式和函数的方法，而假设检验除以上两种方法外，还可以使用假设检验工具。

（一）用 Excel 进行区间估计

【例 22】某调查小组在周一抽查了在校食堂就餐的 28 位女同学的午餐消费情况，消费额（元）列表如 2 - 5 - 1 所示。

表 2 - 5 - 1　28 位女生周一午餐消费数据

单位：元

4. 6	4. 6	5. 6	2. 7
3. 4	3. 6	2. 8	3. 2
4. 4	4. 2	3. 1	3. 6
3. 5	5. 2	4. 2	4. 7
3. 4	4. 5	4. 5	5. 3
4. 8	3. 6	3. 6	3. 2
1. 8	4. 7	2. 8	4. 6

求在 90% 的概率保证下，估计女生周一平均消费额的置信区间。

方法 1，运用描述统计实现参数估计，计算方法如下：

第一步：把数据输入到 A2：A29 单元格。

第二步：在"工具"菜单中选择"数据分析"选项（如果找不到"数据分析"选项，可先按"加载宏"，再点击"工具"菜单），从其对话框中选择"描述统计"，按【确定】按钮后打开描述统计对话框，如图 2 - 5 - 1 所示。

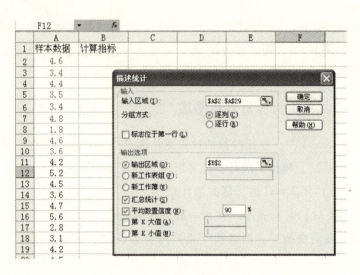

图 2 – 5 – 1　描述统计对话框

在输出选项窗口中应选择"汇总统计"和"平均数置信度"
两个选项,当选择了"平均置信度"选项时,其旁边的小窗口就
从灰色不可动状态变为白色,这时需要输入置信度数值,然后点
击【确定】按钮,可得如图 2 – 5 – 2 所示的结果。

	A	B	C	D	E
1	样本数据	计算指标			
2	4.6		列1		
3	3.4				
4	4.4	平均	3.935714286		
5	3.5	标准误差	0.171069951		
6	3.4	中位数	3.9		
7	4.8	众数	3.6		
8	1.8	标准差	0.905217095		
9	4.6	方差	0.819417989		
10	3.6	峰度	-0.362677987		
11	4.2	偏度	-0.236370977		
12	5.2	区域	3.8		
13	4.5	最小值	1.8		
14	3.6	最大值	5.6		
15	4.7	求和	110.2		
16	5.6	观测数	28		
17	2.8	置信度(90.0%)	0.291381467		

图 2 – 5 – 2　描述统计计算结果

从输出的计算结果中，可以提取到参数估计需要的信息，见图中黑斜体。其中：平均值为 3.936，置信度为 90% 时的最大允许误差为 0.291，总体均值估计的上下限就是 3.936 ± 0.291。这里对应置信度的最大允许误差是 Excel 按照 t 分布的 t 值计算的，无论大小样本。

方法 2，自行编辑计算公式或查找相应函数来实现。计算方法如下：

第一步：把数据输入到 A2：A50 单元格，并将参数估计时需要设定的指标明示在表格中（见图 2 – 5 – 3）。

	B10	f_x	置信上限	
	A	B	C	
1	样本数据	计算指标		
2	4.6	样本均值		
3	3.4	样本标准差		
4	4.4	样本数据个数		
5	3.5	样本抽样平均标准差		
6	3.4	置信度		
7	4.8	T分布临界值		
8	1.8	最大误差		
9	4.6	置信下限		
10	3.6	置信上限		
11	4.2			
12	5.8			

图 2 – 5 – 3　指标名称的设定

第二步：在 C2 中输入公式 "= AVERAGE（A2：A50）"，回车后得到样本均值；或从 "插入" 菜单中，左击 "函数"，找到 AVERAGE 函数，输入数据区域，按【确定】后得到样本均值。

第三步：在 C3 中输入 "= STDEV（A2：A50）"，回车后得到样本的标准差；或从 "插入" 菜单中，左击 "函数"，找到 STDEV 函数，输入数据区域，按【确定】后得到样本标准差。

第四步：在 C4 中输入 "= COUNT（A2：A50）"，回车后得到观测值的个数；或从 "插入" 菜单中，左击 "函数"，找到 COUNT 函数，输入数据区域，按【确定】后得到样本量。

第五步：在 C5 中输入"= C3/SQRT（C4）"，回车后得到样本平均数的抽样平均误差。

第六步：在 C6 中输入 0.90，这是按照参数估计的要求给出的量。

第七步：在 C7 中输入"= TINV（1 - C6，C4 - 1）"，回车后得到 t 分布的 t 值，也可在"函数"中找到 TINV 函数。注意：这里的 TINV 函数，要求输入的是显著性水平和自由度，而非置信度和样本数据个数。

第八步：在 C8 中输入"= C7 * C5"，回车后得到最大允许误差或叫极限误差。

第九步：在 C9 中输入"= C2 - C8"，在 C10 中输入"= C2 + C8"，回车后，便可得到估计值的上下区间。计算结果如图 2 - 5 - 4 所示。

	A	B	C	D
	样本数据	计算指标		
1				
2	4.6	样本均值	3.935714286	
3	3.4	样本标准差	0.905217095	
4	4.4	样本数据个数	28	
5	3.5	样本抽样平均标准差	0.171069951	
6	3.4	置信度	0.9	
7	4.8	T分布临界值	1.703288423	
8	1.8	最大误差	0.291381467	
9	4.6	置信下限	3.644	
10	3.6	置信上限	4.227	
11	4.2			

图 2 - 5 - 4　计算结果

从上面的结果我们可以知道，该校 90% 的女生周一午餐的平均消费额在 3.644 元至 4.227 元之间。

对于大样本，需要使用 z 值进行区间估计，这时可以用 NORMSINV 函数（返回标准正态分布的临界值点）来求得 z 值，方法如下：

NORMSINV 函数给出的 z 值是单边临界值，参数估计是要求双侧的 z 值，因此需要先对给出的概率做变换，以适应 Excel 固有的函数的要求，变换的公式为：$1 - \dfrac{1-P}{2}$。例如若计算概率为 0.9 的 z 值，则需要在 NORMSINV 函数参数对话框的 Probability 窗口（见图 2-5-5）中输入 0.95，得到 z 值为 1.6448；同理若计算概率为 0.95 的 z 值，则需要在 NORMSINV 函数参数对话框的 Probability 窗口中输入 0.975，得到 z 值为 1.95996；如计算概率为 0.99 的 z 值，则需要在 Probability 窗口中输入 0.995，得到 z 值为 2.5758 等。

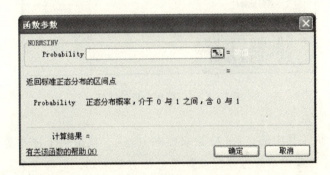

图 2-5-5　函数参数对话框

关于总体方差的估计、总体比例的估计等可按类似方法进行，由同学们自行完成。

（二）用 Excel 进行假设检验

在 Excel 中，利用"数据分析"中的"分析工具"进行假设检验的工具主要有五个，它们分别是"双样本方差的 F 检验"、"平均值的成对二样本分析"、"双样本等方差假设的 t 检验"、"双样本异方差假设的 t 检验"和"双样本平均差检验的 z 检验"，如图 2-5-6 所示。

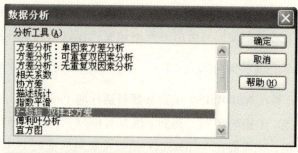

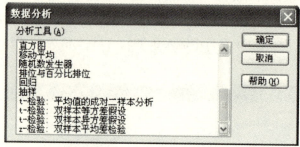

图 2 - 5 - 6　数据分析对话框

分析工具中的"F - 检验双样本方差",就是两个样本方差的 F 检验;"双样本等方差假设"是总体方差未知,但假定其相等的条件下进行的 t 检验;"双样本异方差假设"指的是总体方差未知,但假定其不等的条件下进行的 t 检验;"平均值的成对二样本分析"是针对匹配样本均值差的检验;"双样本平均差检验"指的是配对样本的 z 检验。分述如下。

1. 方差不等的双样本均值检验

【例 23】某厂铸造车间为提高缸体的耐磨性而试制了一种镍合金铸件以取代一种铜合金铸件,现从两种铸件中各抽一个样本进行硬度测试(表示耐磨性的一种考核指标),其结果如表 2 - 5 - 1 所示。

比较两种材料硬度的平均值是否相同。

H_0:两种材料硬度的平均值相同。

因无总体方差资料,视总体方差不等进行处理,则需要进行 t

检验。具体步骤如下：

表 2 - 5 - 1　两种材料硬度数据

单位：公斤/mm²

| 镍合金铸件（X）72.0 | 69.5 | 74.0 | 70.5 | 71.8 | 72.0 |
| 铜合金铸件（Y）69.8 | 70.0 | 72.0 | 68.5 | 73.0 | 70.0 |

第一步：输入数据到工作表。

第二步：单击"工具"菜单，选择"数据分析"选项，弹出对话框后，在其中选择"平均值的成对二样本分析"选项，弹出"双样本异方差假设"对话框，如图 2 - 5 - 7 所示。

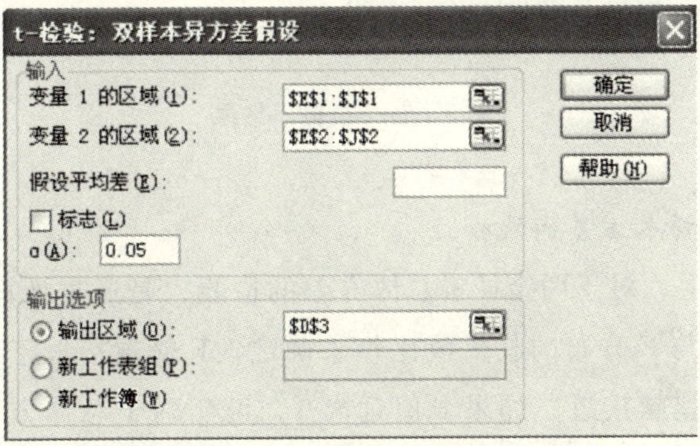

图 2 - 5 - 7　"双样本异方差假设"对话框

第三步：按图 2 - 5 - 7 所示输入各个窗口数据后，按【确定】按钮，得输出结果，如图 2 - 5 - 8 所示。

在上面的结果中，我们可以根据 P 值进行判断，也可以根据统计量和临界值比较进行判断。如本例题采用的是单尾检验，其单尾 P 值为 0.13231，大于给定的显著性水平 0.05，所以应该接受原假设，即镍合金铸件硬度没有明显提高；若用 t 临界值判断，其 t 值为 1.18182，小于 t 单尾临界值 1.81246，由于是右尾检验，所以也是接受原假设。

输出结果中，df 是假设检验的自由度，对于双样本来说 $df = 2(n-1)$ 或 $df = n_1 - 1 + n_2 - 1$。

t-检验: 双样本异方差假设						
D	E	F	G	H	I	J
镍合金	72	69.5	74	70.5	71.8	72
铜合金	69.8	70	72	68.5	73	.70
t-检验: 双样本异方差假设						
	变量 1	变量 2				
平均	71.6333	70.55				
方差	2.34667	2.695				
观测值	6	6				
假设平均差	0					
df	10					
t Stat	1.18182					
P(T<=t) 单尾	0.13231					
t 单尾临界	1.81246					
P(T<=t) 双尾	0.26462					
t 双尾临界	2.22814					

图 2 – 5 – 8　输出结果

2. 双样本方差的检验

理论上，对于两个样本总体方差的检验，是通过计算 F 比值，用 F 比值与 F 分布的临界值比较来确定。F 值越接近于 1 说明两个总体方差越接近；如果 F 值远离 1，说明两个总体方差之间有较大差异。在 Excel 的 "双样本方差的 F 检验" 中，该工具运用的是 F – 统计（或 F – 比值）单侧检验原理。在双样本方差的 F 检验输出结果中，根据给定的显著水平计算的 F 值，如果 $F < 1$，这时 "F 单尾临界值" 一栏会返回一个小于 1 的临界值，若 $F > F_\alpha$，说明两个总体方差相差不显著；如果 $F > 1$，则 "F 单尾临界值" 一栏就会返回一个大于 1 的临界值，若 $F < F_\alpha$，说明两个总体方差相同。

【例 24】仍以例 23 的数据为例，比较两种材料硬度的标准差是否相同。

比较两个样本总体标准差是否相同，可以通过双样本方差的 F

检验来完成。具体步骤如下：

H_0：两种材料硬度样本的总体方差相同。

第一步：输入数据到工作表。

第二步：单击"工具"菜单，选择"数据分析"选项，弹出对话框后，在其中选择"F – 检验双样本方差"选项，弹出对话框，如图 2 – 5 – 9 所示。

图 2 – 5 – 9　双样本方差对话框

第三步：按图 2 – 5 – 9 所示各个窗口输入数据后，按【确定】按钮，得输出结果如图 2 – 5 – 10 所示。

F-检验 双样本方差分析						
D	E	F	G	H	I	J
镍合金	72	69.5	74	70.5	71.8	72
铜合金	69.8	70	72	68.5	73	70

F-检验 双样本方差分析		
	变量 1	变量 2
平均	70.55	71.6333
方差	2.695	2.34667
观测值	6	6
df	5	5
F	1.14844	
P(F<=f) 单尾	0.44149	
F 单尾临界	5.05033	

图 2 – 5 – 10　双样本方差分析输出结果

在上面的结果中，我们可以根据统计量 F 和临界值比较进行判断。本例 F 值为 1.14844，小于临界值 5.05033，所以接受原假设。结论：可以认为两种材料的硬度方差相同。

3. 双样本均值的检验

【例 25】仍以例 23 的数据为例，比较两种材料的硬度平均值是否相同。

根据以往经验，已知硬度 $X \sim N(\mu_1, \sigma_1^2)$，$Y \sim N(\mu_2, \sigma_2^2)$，且 $\sigma_1 = \sigma_2 = 2$，试在 $\alpha = 0.05$ 水平上比较镍合金铸件硬度有无显著提高。

具体步骤如下：

H_0：$\mu_1 = \mu_2$，两种材料硬度平均差为零。

第一步：输入数据到工作表。

第二步：单击"工具"菜单，选择"数据分析"选项，弹出对话框后，在其中选择"双样本平均差分析"选项，弹出对话框，如图 2-5-11 所示。

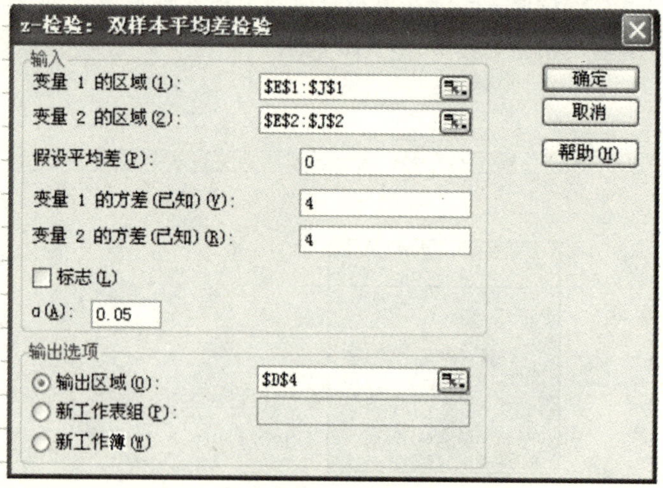

图 2-5-11 双样本平均差分析对话框

第三步：按图 2 - 5 - 11 所示输入后，按【确定】按钮，得输出结果如图 2 - 5 - 12 所示。

在上面的结果中，我们可以根据 P 值进行判断，也可以根据统计量和临界值比较进行判断。如本例题采用的是单尾检验，其单尾 P 值为 0.17407，大于给定的显著性水平 0.05，所以应该接受原假设，即镍合金铸件硬度没有明显提高；若用临界值判断，得出的结论是一样的，如本例 z 值为 0.93819，小于临界值 1.644853，由于是右尾检验，所以也是接受原假设。

z-检验: 双样本均值分析						
D	E	F	G	H	I	J
镍合金	72	69.5	74	70.5	71.8	72
铜合金	69.8	70	72	68.5	73	70

z-检验: 双样本均值分析	变量 1	变量 2
平均	71.6333	70.55
已知协方差	4	4
观测值	6	6
假设平均差	0	
z	0.93819	
P(Z<=z) 单尾	0.17407	
z 单尾临界	1.64485	
P(Z<=z) 双尾	0.34814	
z 双尾临界	1.95996	

图 2 - 5 - 12　双样本平均差分析结果

4. 成对样本 t 检验

前面的问题是对两个全部不相关的变量进行平均数差异的检验，这里的成对与前面的双样本不同。这里的成对指的是匹配样本，即一个人、一个实验对象或一组实验时，实验方式或实验条件、环境的变化，产生两个数值。

【例 26】六位工人分别在两个不同的刨床上以相同的时间切削不同材质的材料，其切削厚度数据如表 2 - 5 - 2 所示。

表 2 - 5 - 2   刨床切削厚度数据

单位：mm

刨床 A	72.0	69.5	74.0	70.5	73.0	72.0
刨床 B	69.8	70.0	72.0	68.5	71.8	70.0

要求检验两个刨床有无显著差异。

本例是对于匹配样本进行分析的，适合使用平均值的成对二样本的 t 检验工具。

H_0：$\mu_1 = \mu_2$，两个刨床切削材料没有显著差异；

H_1：$\mu_1 \neq \mu_2$，两个刨床切削材料有明显差异。

具体步骤如下：

第一步：输入数据到工作表。

第二步：单击"工具"菜单，选择"数据分析"选项，弹出对话框后，在其中选择"平均值的成对二样本分析"选项，弹出对话框，如图 2 - 5 - 13 所示。

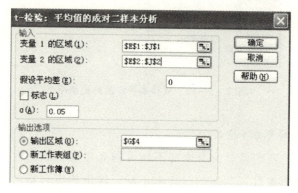

图 2 - 5 - 13   "匹配样本平均差"对话框

第三步：按图 2 - 5 - 13 所示输入后，点击【确定】按钮，得输出结果如图 2 - 5 - 14 所示。

在上面的结果中，我们可以根据 P 值进行判断，也可以根据 t

统计量和 t 临界值相比较进行判断。本例题采用的是双尾检验，其双尾 P 值为 0.01692，小于给定的显著性水平 0.05，所以应该拒绝原假设，即两个刨床切削材料有明显差异。若用 t 临界值判断也可，得出的结论应是一样的。如本例 t 值为 3.51968，大于 t 双尾

A3	▼	*fx*	t-检验：成对双样本均值分析			
	A	B	C	D	E	F	G
1	刨床A	72	69.5	74	70.5	73	72
2	刨床B	69.8	70	72	68.5	71.8	70
3	t-检验：成对双样本均值分析						
4							
5		变量 1	变量 2				
6	平均	71.8333	70.35				
7	方差	2.66667	1.759				
8	观测值	6	6				
9	泊松相关系数	0.7757					
0	假设平均差	0					
1	df	5					
2	t Stat	3.51968					
3	P(T<=t) 单尾	0.00846					
4	t 单尾临界	2.01505					
5	P(T<=t) 双尾	0.01692					
6	t 双尾临界	2.57058					

图 2-5-14 匹配样本平均差分析结果

临界值 2.57058，由于是双尾检验，所以也是拒绝原假设。

输出结果中，出现了泊松相关系数，这是衡量两组系数相关程度的量，本例为 0.7757，说明两组数据具有显著相关性。

如果要对单样本进行检验，就只能自行编辑公式，或利用相应的函数进行检验了。

5. 单样本均值检验

对于单样本均值的检验，就没有双样本那么幸运，Excel 没有给出单样本假设检验工具，需要用 Excel 函数和编辑公式协调完成假设检验，这与参数估计类似。

【例 27】某城镇 2009 年居民家庭平均每人每月生活费 375 元。根据抽样调查，2010 年该城镇 50 户居民家庭平均每人每月生活费数据如表 2-5-3 所示。

表 2 - 5 - 3　某城镇居民家庭平均每人每月生活费数据

单位: 元

467	422	394	373	337	498	427	398	376	346
411	455	340	375	396	424	482	329	364	388
335	371	391	419	460	326	362	386	409	452
437	322	360	384	404	443	317	359	383	403
300	353	381	401	429	312	357	381	403	432

在显著性水平 $\alpha = 0.05$ 情况下，试分析该城镇居民家庭人均月生活费 2010 年与 2009 年相比是否有显著提高。

设该城镇 2010 年各居民家庭平均每人每月生活费收入为 Y，其总体平均数为 μ，可建立以下假设：

H_0: $\mu \leqslant 375$ （2010 年人均月生活费小于等于 375 元）

H_1: $\mu > 375$。

分析步骤如下：

第一步：将数据输入 A2：A51 单元格中。

第二步：计算 z 检验统计量。在任一个空单元格内，输入如下公式：= （AVERAGE （A2：A51） - 375）/ （STDEV （A2：A51））/SQRT （COUNT （A2：A51）），如图 2 - 5 - 15 所示。

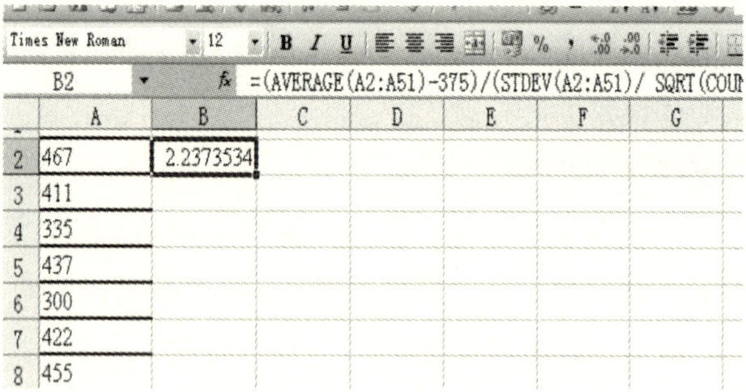

图 2 - 5 - 15　计算 z 单侧临界值

第三步：计算 z 单侧临界值。在另一个空单元格内，"插入" NORMSINV 函数，在弹出的对话框 Probability 窗口中输入 0.95，得到 1.64485Z 单侧临界值；

第四步：根据上述计算结果作出决断。用临界值判断，z = 2.237353 ≥ 1.64485。结论：拒绝原假设。说明该城镇居民家庭人均月生活费 2010 年与 2009 年比较有显著提高。

相应的单个总体比例检验、方差检验等由同学们自行编辑完成。

实验六　用 Excel 进行方差分析和实验设计

一　实验目的和要求

通过操作练习，掌握方差分析表的创建与分析方法，熟练操作分析工具，掌握单因素方差分析和双因素方差分析方法，灵活运用相应函数。

二　实验原理

方差分析是指所获得的数据按某些项目分类后，再分析各组数据之间有无差异的方法。例如不同的机床加工相同的零件，调查分析不同的机床之间有无真正的差异时一般常采用方差分析法。通过各个数据资料之间所显示的偏差与各组群资料中认为是属于误差范围内的偏差进行比较，来测验各组资料之间有无显著差异存在。通常用方差（Variance）表示偏差程度的量，先求某一群体的平均值与实际值差数的平方和，再用自由度除以平方和所得之数即为方差（普通自由度为实测值的总数减 1）。组群间的方差除以误差的方差称为方差比，以发现者 R. A. Fisher 的第一字母 F 表示。将 F 值查对 F 分布表，即可判明实验中组群之差仅仅是偶然性的原因，还是很难用偶然性来解释。换言之，即判明实验所得之差值在统计学上是否显著。方差分析也适用于包含多因子的试验，处理方法也有多种。在根据实验设计所进行的实验中，方差分析法尤为有效。

根据实验设计类型的不同，有以下两种方差分析的方法：

（1）对成组设计的多个样本均数比较，应采用完全随机设计的方差分析，即单因素方差分析。

（2）对随机区组设计的多个样本均数比较，应采用双因素方差分析。

两类方差分析的基本步骤相同，只是变异的分解方式不同。对成组设计的资料，总变异分解为组内变异和组间变异（随机误差），即：$SS_{总} = SS_{组间} + SS_{组内}$；而对匹配组设计的资料，总变异除了分解为处理组变异和随机误差外还包括匹配组变异，即：$SS_{总} = SS_{处理} + SS_{匹配} + SS_{误差}$。整个方差分析的基本步骤如下：

首先，建立检验假设。H_0：多个样本总体均数相等；H_1：多个样本总体均数不相等或不全相等，显著性水平为 0.05。其次，计算检验统计量 F 值。最后确定 P 值并作出推断结果。

对于多个样本来说，若经过方差分析拒绝了检验假设，只能说明多个样本总体均数不相等或不全相等。若要得到各组均数间更详细的信息，应在方差分析的基础上进行多个样本均数的两两比较。

三　实验内容与具体步骤

（一）利用 Excel 来建立方差分析表

为了得到方差分析所需要的数据，需要将工作表中的数据复制到另一个工作表中。

【例 28】这是一组不同条件下元器件使用寿命的数据，如图 2-6-1 所示。

D8	▼	f_x	=AVERAGE(B2:D6)
A	B	C	D
	A	B	C
	2058	3339	2228
	2176	2777	2578
	3449	3020	1227
	2517	2437	2044
	944	3067	1681
样本均值	2228.8	2928	1951.6
总体均值			2369.467

图 2 – 6 – 1 数据准备

H_0：$\mu_1 = \mu_2 = \mu_3$，不同条件（A、B、C）下元器件使用寿命相同。

H_1：μ_1、μ_2、μ_3 不全等。

方差分析表操作步骤如下：

第一步：选定"计算表"工作表，在单元格 B1 中输入"A"，在单元格 C1 中输入"B"，在单元格 D1 中输入"C"。

在数据工作表中选定区域 B2：B6，在工具档单击【复制】按钮。

切换到"计算表"工作表，选定单元格 F2，在"编辑"菜单中选择"选择性粘贴"选项，打开"选择性粘贴"对话框，如图 2 – 6 – 2所示。

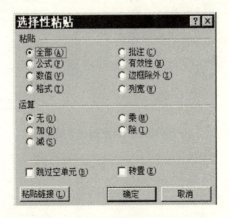

图 2 – 6 – 2 "选择性粘贴"对话框

在"粘贴"栏下选择"全部",在"运算"栏下选择"无",单击【粘贴链接】按钮,数据从工作表中被复制到"计算表"的 F2:F6 区域中。

在数据工作表中选择单元格 B7,在工具栏中单击【复制】快捷按钮。

切换到"计算表"工作表,选定单元格 G2:G6,在"编辑"菜单中选择"选择性粘贴"选项,打开"选择性粘贴"对话框。重复与图 2-6-2 有关的步骤,这时在 G2:G6 中每一单元格将显示 A 组均值 2228.8。

在单元格 E2:E6 中输入的是 A 组的样本数据。

重复以上操作,将"B"和"C"的数据及均值复制链接到"计算表"中,如图 2-6-3 所示。在"计算表"中,在 E7:E11 单元格中输入"B",在 E12:E16 单元格中输入"C"。

	B	C	D	E	F	G	H
	A	B	C	样本编号	x	xbar	Xbar
1							
2	2058	3339	2228	A	2058	2228.8	2369.47
3	2176	2777	2578	A	2176	2228.8	2369.47
4	3449	3020	1227	A	3449	2228.8	2369.47
5	2517	2437	2044	A	2517	2228.8	2369.47
6	944	3067	1681	A	944	2228.8	2369.47
7	2228.8	2928	1951.6	B	3339	2928	2369.47
8			2369.467	B	2777	2928	2369.47
9				B	3020	2928	2369.47
10				B	2437	2928	2369.47
11				B	3067	2928	2369.47
12				C	2228	1951.6	2369.47
13				C	2578	1951.6	2369.47
14				C	1227	1951.6	2369.47
15				C	2044	1951.6	2369.47
16				C	1681	1951.6	2369.47

（H16　　 f_x 2369.47）

图 2-6-3　切换到"计算表"

假定三组数据分别是来自三个相互独立的正态总体,且方差相等,观察值是分别从总体中随机抽取的样本,则可以通过三个总体均值是否相等的检验,判断不同环境条件下元器件寿命的变化。一般地说，应用方差分析时要符合两个前提条件：一是各个水平的观察数据要能够看做从服从正态分布的总体中随机抽取的样本；二是各组观察数据，是从具有相同方差的相互独立的总体中抽取的。

第二步：计算离差平方和。

将（xbar）视为样本均值，"Xbar"视为总体均值。在单元格 I1 中输入"（x-xbar）^2"，在单元格 J1 中输入"（xbar-Xbar）^2"，在单元格 K1 中输入"（x-Xbar）^2"。在 I2、J2 和 K2 中分别输入"=（F2－G2）^2"、"=（H2－G2）^2"和"=（F2－H2）^2"，经拖曳产生相应各个量之间离差的平方值。

在单元格 I17 中输入公式"=SUM（I2：I16）"，对 I 列中的数值求和，这个值是 4790788。它是每个样本值与其样本均值的离差平方和。在单元格 J17 和 K17 中分别输入"=SUM（J2：J16）"和"=SUM（K2：K16）"，计算各列的平方和，显示为 2531796 和 7322584，这三个平方和将用于方差分析的计算。

第三步：构建方差分析表。

分别在单元格 B20、C20、D20、E20 和 F20 中输入"平方和"、"自由度"、"均方差"、"F 值"和"P 值"。分别在单元格 A21、A22 和 A23 中输入"组间方差"、"组内方差"和"总方差"。

在单元格 B21 中输入组间方差值，即 2531796；在单元格 B22 中输入组内方差值，即 4790788；在单元格 B23 中输入总方差值，即 7322584。

每个方差对应着各自的样本，每个样本的自由度都是样本容量减 1，所以组内方差的自由度是各个样本自由度之和，也就是样本容量之和减去样本的个数。这里有三个样本，其自由度为 5 + 5 + 5 － 3 = 12。在单元格 C22 中输入 12。

组间方差是样本均值与总体均值的方差，它的自由度是样本数减 1，即组间方差的自由度是 3 － 1 = 2。在单元格 C21 中输入 2。

在单元格 D21 中输入公式 " = B21/C21",在单元格 D22 中输入公式 " = B22/C22",用方差除以相应的自由度计算均方差,所得数值分别是 1265898(D21)和 399232.3(D22)。

在单元格 E21 中输入公式 " = D21/D22",计算 F 值。组间方差比组内方差大时,表明样本观测值相当接近于样本均值(样本方差小),而样本均值与总体均值(样本均值存在很大的差异)相差较远,即具有显著差异。

第四步:确定 F 分布的 P 值。

选定单元格 F21,打开"插入"菜单中"函数"选项,选择 FDIST 函数,单击【确定】按钮,打开 FDIST 函数对话框,如图 2 - 6 - 4 所示。

在"x"区域中输入 E21,以求解 E21 中的 F 值的概率。在"Deg_freedom1"中输入 C21,它是求解 P 值时分子方差的自由度。在"Deg_freedom2"中输入 C22,它是求解 P 值时分母方差的自由度。单击【确定】按钮,单元格 F21 显示值为 0.078425。

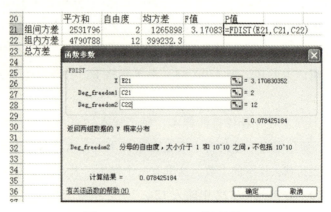

图 2 - 6 - 4　FDIST 函数对话框

因为 P 值低于显著性水平 0.10, 拒绝原假设, 所以不同环境条件下各组元器件的寿命具有显著差异, 说明环境对元器件的使用寿命有影响。

(二) 利用分析工具进行单因素方差分析

【**例 29**】 对四种实验条件下、六种实施方案产生的数据列于图 2 − 6 − 6 中, 利用分析工具进行单因素方差分析。

H_0: $\mu_1 = \mu_2 = \mu_3 = \mu_4 = \mu_5 = \mu_6$, 六种实施方案在不同试验条件下结果无显著差异。

H_1: $\mu_1 \sim \mu_6$ 不全等。

第一步: 在 Excle 表格中输入数据。然后在 Excle 的菜单栏中点击 "工具", 选择 "数据分析" 选项。

第二步: 点击【确定】按钮后, 自动弹出 "数据分析" 对话框, 从 "分析工具" 窗口中选择 "方差分析: 单因素方差分析", 然后点击【确定】即可, 如图 2 − 6 − 5 所示。

图 2 − 6 − 5 选择分析工具

第三步: 在 "输入区域" 窗口内输入数据所在的单元格区域 B2: G5。

让 "α" 方框内保持默认数值 0.05 (可以依据要求设定)。

在 "输出选项" 中选择输出区域, 如图 2 − 6 − 6 所示。单击【确定】后, 即可得出结果, 如图 2 − 6 − 7 所示。

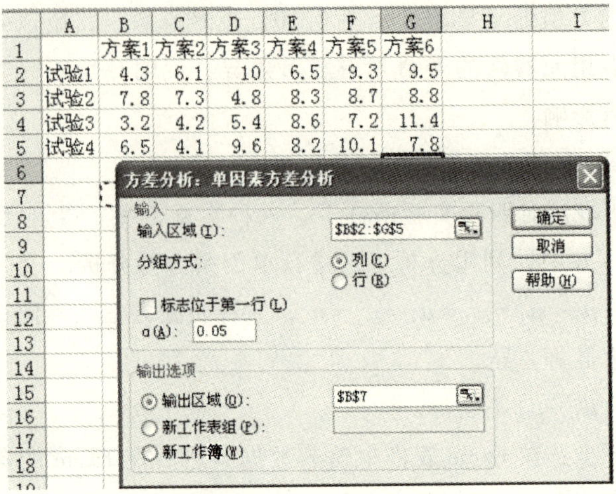

	A	B	C	D	E	F	G	H	I
1		方案1	方案2	方案3	方案4	方案5	方案6		
2	试验1	4.3	6.1	10	6.5	9.3	9.5		
3	试验2	7.8	7.3	4.8	8.3	8.7	8.8		
4	试验3	3.2	4.2	5.4	8.6	7.2	11.4		
5	试验4	6.5	4.1	9.6	8.2	10.1	7.8		

方差分析：单因素方差分析

输入

输入区域(I): $B$2:$G$5

分组方式: ⊙ 列(C)
 ○ 行(R)

☐ 标志位于第一行(L)

α(A): 0.05

输出选项

⊙ 输出区域(O): $B$7
○ 新工作表组(P):
○ 新工作簿(W):

确定
取消
帮助(H)

图 2 - 6 - 6　计算步骤

方差分析：单因素方差分析

SUMMARY

组	观测数	求和	平均	方差
列 1	4	21.8	5.45	4.33667
列 2	4	21.7	5.425	2.40917
列 3	4	29.8	7.45	7.45
列 4	4	31.6	7.9	0.9
列 5	4	35.3	8.825	1.5025
列 6	4	37.5	9.375	2.30917

方差分析

差异源	SS	df	MS	F	P-value	F crit
组间	55.5471	5	11.1094	3.5254	0.02136	2.772853
组内	56.7225	18	3.15125			
总计	112.27	23				

图 2 - 6 - 7　计算结果

由输出结果可以看出，F 值为 3.525，大于临界值 2.77285，拒绝原假设，说明四种实验条件与六种实施方案的选取有显著差异。或者说 P 值为 0.02136，小于对话框中输入的 0.05，拒绝原假设。

（三）利用分析工具进行双因素分析

【例30】某校对入学新生按照入学成绩高、中、低分成三档，安排五位教师分别教授五门核心课程，期中考试的平均分数列于图 2－6－8 中，试利用分析工具进行双因素方差分析。

H$_0$：高、中、低三个班学生期中考试成绩相同；五位教师教授的课程期中考试成绩相同。

H$_1$；两种因素作用下考试成绩不全等。

第一步：在 Excle 表格中输入数据，如图 2－6－8 左上角。然后在 Excle 的菜单栏中点击"工具"，选择"数据分析"选项。

第二步：点击【确定】按钮后，自动弹出"数据分析"对话框，从"分析工具"窗口中选择"无重复双因素方差分析"，然后点击【确定】按钮即可。

第三步：在"输入区域"窗口内输入数据所在的单元格区域 B32；D7。

让"α"方框内保持默认数值 0.05（可以依据要求设定）。

在"输出选项"中选择输出区域，如图 2－6－8 所示。

单击【确定】后，即可得出图 2－6－9 的计算结果。

图 2－6－8　计算步骤

方差分析：无重复双因素分析

SUMMARY	观测数	求和	平均	方差
行 1	3	231.75	77.25	37.5625
行 2	3	233.5	77.833333	95.02083
行 3	3	202.75	67.583333	72.33333
行 4	3	209.75	69.916667	69.08333
行 5	3	222	74	72.4375
列 1	5	408.5	81.7	22.6375
列 2	5	364	72.8	20.45
列 3	5	327.25	65.45	25.16875

方差分析

差异源	SS	df	MS	F	P-value	F crit
行	242.3083	4	60.577083	15.77699	0.000729	3.8378534
列	662.1583	2	331.07917	86.22789	3.86E-06	4.4589701
误差	30.71667	8	3.8395833			
总计	935.1833	14				

图 2－6－9　计算结果

由输出结果可以看出，行 F 值为 15.77699，大于临界值 3.83785，拒绝原假设，说明学生的考试成绩与教师有关；列 F 值为 86.22789，大于临界值 4.45897，拒绝原假设，说明学生的考试成绩与入学成绩有关。从 P 值的大小也同样得出相同的结论，行 P 值为 0.00073，小于对话框中输入的显著性水平 0.05，说明学生的考试成绩与教师有关；列 P 值为 3.86×10^{-6}，远远小于对话框中输入的显著性水平 0.05，说明学生的考试成绩与入学成绩有关。

实验七　用 Excel 进行相关与回归分析

一　实验目的和要求

通过对 Excel 的操作练习，掌握相关系数、回归分析的操作方法。能分析、解读数据之间的相关程度，评价回归方程的拟合质量，解释现象间的数据信息。

要求运用小组调查的数据，进行相关与回归的计算，并对调查的样本数据信息有准确分析和评价。

二　实验原理

相关与回归是处理数值型与数值型变量之间关系的一种分析方法。具体地说，相关指的就是变量与变量之间的某种关系，相关是研究回归的前提。回归在统计上指的是利用一个变量对另一个变量所进行的预测或推测，回归分析就是确定自变量和因变量所存在的函数关系。只有在确定了函数关系之后，才可能从一个变量预测或推算另一个变量。在经济现象研究中，由于所研究的变量常存在着不可避免的随机误差，因此就使得变量之间的关系具有某种不确定性，这种变量之间既有相互影响，又有着不十分肯定的关系，在统计上就称为相关关系。

在统计学上研究变量之间是否存在一定的相关关系，就称为相关分析。相关分析的目的就是要根据所求的相关系数来表达变量之间的密切程度。

通过样本观测值 x 和 y 去分析 X 和 Y 这两种现象的相关程度，其相关系数为：

$$r = \frac{n\sum xy - \sum x \sum y}{\sqrt{n\sum x^2 - \left(\sum x\right)^2} \cdot \sqrt{n\sum y^2 - \left(\sum y\right)^2}}$$

相关系数的取值在 −1 与 1 之间。当 r = 0 时，表明 X 与 Y 没有线性相关关系，但不表示 X 和 Y 之间没有其他关系；当 $r > 0$ 时，表明 X 与 Y 为正相关；当 $r < 0$ 时，表明 X 与 Y 为负相关。

当两变量间确实具有高度紧密的相关性时，我们才有可能说据此所求得的回归方程有实际意义。为此在进行回归分析之前，往往需要先进行线性相关的假设检验。

相关系数的显著性检验。因相关系数 r 的正态性假设存在很大的风险，所以无论大样本还是小样本适合于 t 检验，其步骤如下：

（1）$H_0: \rho = 0$ （两个变量之间无线性关系）

$\qquad H_1: \rho \neq 0$

（2）计算检验统计量 t：

$$t = r\sqrt{\frac{n-2}{1-r^2}} \sim t\,(n-2)$$

（3）根据给定的显著性水平 α 和自由度 df = n - 2 的 t 分布表，查出 $t_{\frac{\alpha}{2}}(n-1)$ 的临界值，若 $|t| > t_{\frac{\alpha}{2}}(n-1)$，则拒绝原假设，表明两个变量之间存在显著的线性关系。

当确定了两个变量存在显著的相关关系之后，就需要确定两个变量之间的数学关系式；然后，对数学关系式的可信程度进行各种检验，从影响某一特定变量的诸多变量中找出影响显著者；最后，根据检验过的关系式进行估计和预测。

三　实验内容与具体步骤

【例 31】10 家超市的商品流转费用率和利润率指标如表 2 - 7 - 1 所示。

表 2 - 7 - 1　10 家超市财务指标数据

超　市	商品流转费用率（％）	利润率（％）
1	2.8	12.6
2	3.3	10.4
3	1.8	18.5
4	7.0	3.0
5	3.9	8.1
6	2.1	16.3
7	2.9	12.3
8	4.1	6.2
9	4.2	6.6
10	2.5	16.8

要求对商品流转费用率和利润率之间关系作相关和回归分析。

（一）用 Excel 进行相关分析

首先把有关数据输入 Excel 的单元格中，如图 2－7－1 所示。

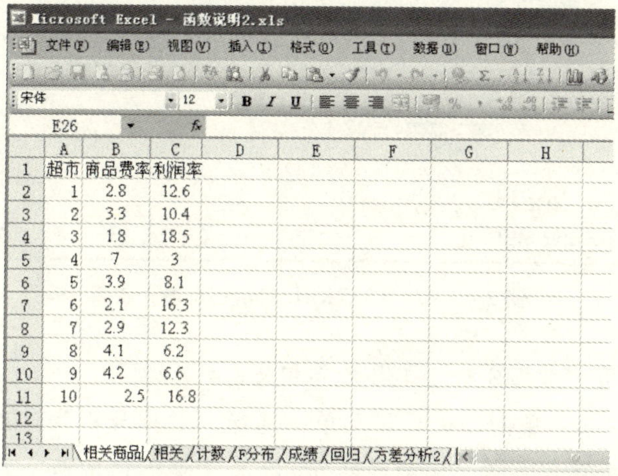

超市	商品费率	利润率
1	2.8	12.6
2	3.3	10.4
3	1.8	18.5
4	7	3
5	3.9	8.1
6	2.1	16.3
7	2.9	12.3
8	4.1	6.2
9	4.2	6.6
10	2.5	16.8

图 2－7－1　Excel 数据集

用 Excel 进行相关分析有两种方法：一种是利用各种相关系数函数进行分析；另一种是利用“工具”菜单中的“数据分析”工具进行分析。

1. 利用“函数”功能计算相关系数

在 Excel 中，提供了两个计算两个变量之间相关系数的方法，CORREL 函数和 PERSON 函数，这两个函数是等价的，这里我们介绍用 CORREL 函数计算相关系数。

第一步：单击任一个空白单元格，单击“插入”菜单，选择“函数”选项，打开“插入函数”对话框，在“选择类别”中选择“统计”，在函数名中选择“CORREL”，单击【确定】按钮后，出现 CORREL 对话框。

第二步：在 Array1 中输入 B2：B11，在 Array2 中输入 C2：C11，

即可在对话框下方显示出计算结果为 -0.912429。如图 2 -7 -2 所示。

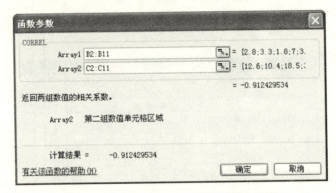

图 2 -7 -2　CORREL 对话框及输入结果

2. 用"数据分析"工具计算相关系数

第一步：单击"工具"菜单，选择"数据分析"选项，在数据分析选项中选择"相关系数"，单击【确定】按钮，弹出"相关系数"对话框，如图 2 -7 -3 所示。

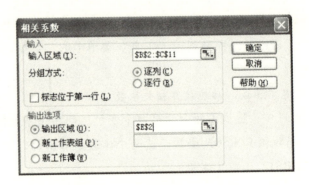

图 2 -7 -3　相关系数对话框

第二步：在输入区域输入 $B$21：$C$11，分组方式选择"逐列"，选择标志位于第一行，可不予理睬，系统自动默认，在输出区域中输入 E2，单击【确定】按钮，得输出结果如图 2 -7 -4 所示。

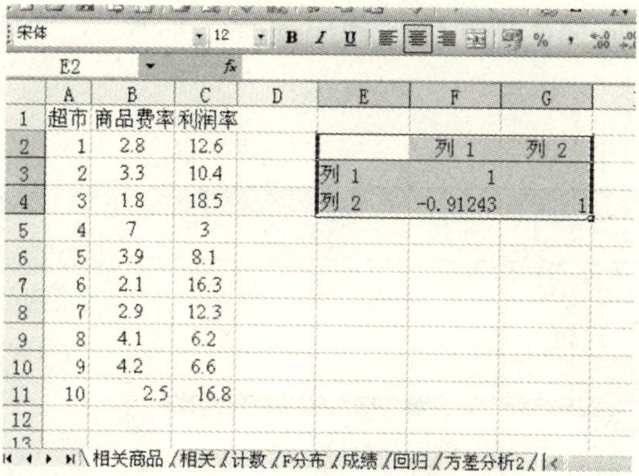

	A	B	C	D	E	F	G
1	超市	商品费率	利润率				
2	1	2.8	12.6			列 1	列 2
3	2	3.3	10.4		列 1	1	
4	3	1.8	18.5		列 2	-0.91243	1
5	4	7	3				
6	5	3.9	8.1				
7	6	2.1	16.3				
8	7	2.9	12.3				
9	8	4.1	6.2				
10	9	4.2	6.6				
11	10	2.5	16.8				

图 2-7-4　数据分析输出结果

在上面的输出结果中，商品费用率和利润率的自相关系数均为 1，商品费用率和利润率的相关系数为 -0.91243，与用函数计算的结果完全相同。

（二）用 Excel 进行回归分析

用 Excel 进行回归分析同样分“函数”和“数据分析”两种形式，共提供了 9 个函数用于建立回归模型和预测。这 9 个函数分别是：

INTERCEPT 返回线性回归模型的截距；

SLOPE 返回线性回归模型的斜率；

RSQ 返回线性回归模型的判定系数；

FORECAST 返回一元线性回归模型的预测值；

STEYX 计算估计的标准误；

TREND 计算线性回归线的趋势值；

GROWTH 返回指数曲线的趋势值；

LINEST 返回线性回归模型的参数；

LOGEST 返回指数曲线模型的参数等。

【例 32】 这里仍以例 31 数据为例进行回归分析。

第一步：单击“工具”菜单，选择“数据分析”选项，出现数据分析对话框,在分析工具中选择"回归",如图 2 - 7 - 5 所示。

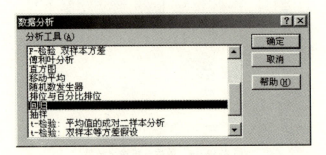

图 2 - 7 - 5 数据分析对话框

第二步:单击【确定】按钮,弹出"回归"对话框,在 Y 值输入区域输入 $B$2:$B$11,在 X 值输入区域输入 $C$2:$C$11,在"输出选项"选择"新工作表组"或输出区域,如图 2 - 7 - 6 所示。

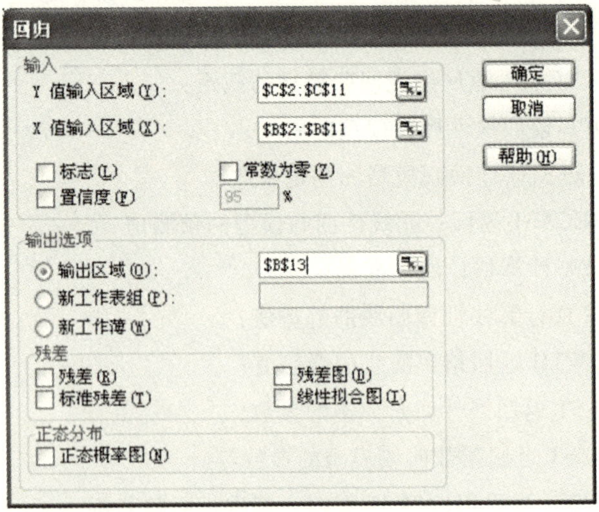

图 2 - 7 - 6 回归对话框

第三步：单击【确定】按钮，得回归分析结果如图 2 - 7 - 7 所示。

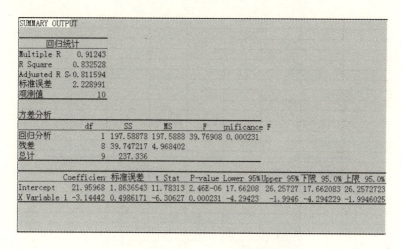

SUMMARY OUTPUT

回归统计	
Multiple R	0.91243
R Square	0.832528
Adjusted R S	0.811594
标准误差	2.228991
观测值	10

方差分析

	df	SS	MS	F	mificance F
回归分析	1	197.58878	197.5888	39.76908	0.000231
残差	8	39.747217	4.968402		
总计	9	237.336			

	Coefficien	标准误差	t Stat	P-value	Lower 95%	Upper 95%	下限 95.0%	上限 95.0%
Intercept	21.95968	1.8636543	11.78313	2.46E-06	17.66208	26.25727	17.662083	26.2572723
X Variable 1	-3.14442	0.4986171	-6.30627	0.000231	-4.29423	-1.9946	-4.294229	-1.9946025

图 2 - 7 - 7　Excel 回归分析结果

在上面的输出结果中，第一部分为回归统计，Multiple R 指相关系数，R Square 指判定系数，Adjusted 指修正判定系数，标准误差指估计的标准误，观测值指样本容量；第二部分为方差分析，df 指自由度，SS 指平方和，MS 指 SS/df，F 指 F 统计量，Significance of F 指与 F 值相对应的 P 值；第三部分包括：Intercept 指利用以上数据拟合直线方程的截距，X Variable 指直线的斜率，Coefficient 指系数，t stat 指 t 统计量，P-value 指与 t 值相对应的 P 值。

【例 33】设有 X 与 Y 的成对数据如图 2 - 7 - 8 所示。

通过对上述数据的观察，在对数据的线性相关性没有把握时，可先行通过散点图或平滑线散点图进行分析。

第一步：把有关数据输入 Excel 的单元格中。

第二步：单击任一个空白单元格，单击菜单栏中的"图表向导"按钮，打开"图表"对话框，选择散点图或平滑线散点图。单击【完成】后即得图 2 - 7 - 9。

40	X	Y	
41	2	106.42	
42	3	108.2	
43	4	109.58	
44	5	109.5	
45	7	110	
46	8	109.93	
47	10	110.49	
48	11	110.59	
49	14	110.6	
50	15	110.9	
51	16	110.76	
52	18	110	
53	19	111.2	

图 2 - 7 - 8　数据表

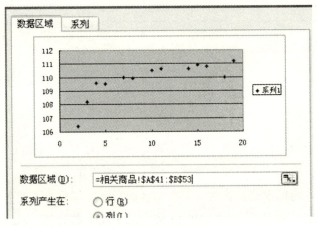

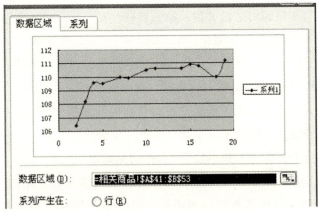

图 2 - 7 - 9　散点图

从散点图 2 - 7 - 9 中可以看出，X 和 Y 之间没有呈现直线分布形态，而呈现对数分布形态，需要先对 Y 列数据取对数，输入公式 " = Ln（A41）"，如图 2 - 7 - 10 所示，再进行回归分析。

	C41		▼	f_x	=LN(A41)	
	A	B		C		D
40	X	Y				
41	2	106.42		0.69314718		
42	3	108.2		1.09861229		
43	4	109.58		1.38629436		
44	5	109.5		1.60943791		
45	7	110		1.94591015		
46	8	109.93		2.07944154		
47	10	110.49		2.30258509		
48	11	110.59		2.39789527		
49	14	110.6		2.63905733		
50	15	110.9		2.7080502		
51	16	110.76		2.77258872		
52	18	110		2.89037176		
53	19	111.2		2.94443898		

图 2 - 7 - 10 对 X 取对数

第三步：单击 "工具" 菜单，选择 "数据分析" 选项，出现数据分析对话框，在分析工具中选择 "回归"，单击【确定】按钮后，出现如图 2 - 7 - 11 所示的对话框，在 Y 值输入区域输入 B41：B53，在 X 值输入区域输入取对数后的值即 C41：C53，指定输出区域后单击【确定】按钮。出现图 2 - 7 - 12 所示的对数回归结果。

计算结果说明如下：R Square 为 0.8017，表明在 Y 变量的变动中有 80.17 % 可由 X 对数变动来解释，剩下的约 20% 的变动由其他影响因素来解释；根据 F 统计量所对应的 P 值为 3.522×10^{-5}，远远小于显著性水平 0.05，说明回归方程的线性关系显著；回归方程的截距为 106.497，斜率为 1.5912，t 统计量对应的 P 值也远远小于显著性水平，回归系数显著不为零。回归方程为：

$$Y = 106.497 + 1.591 LnX$$

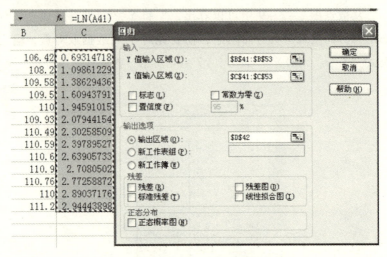

图 2 - 7 - 11 回归对话框

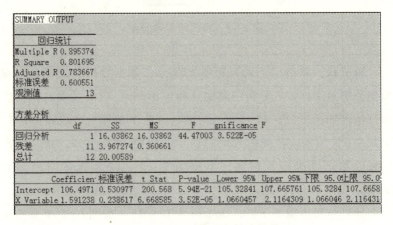

图 2 - 7 - 12 对数回归输出结果

实验八 用 Excel 进行时间序列预测

一 实验目的和要求

用 Excel 进行时间序列的预测。要求以小组为单位，搜集组员感兴趣的经济现象的数据，通过自行编辑公式、调用函数和分析工具等方式进行时间序列的计算分析。

二　实验原理

时间序列是指标数值按时间顺序排列的一组数字序列。时间序列分析就是利用数理统计方法，对时间序列处理、分析，以预测未来事物的发展。时间序列分析是定量预测方法之一，它的基本原理如下。一是承认事物发展的延续性。应用过去数据，就能推测事物的发展趋势。二是考虑到事物发展的随机性。任何事物发展都可能受偶然因素影响，为此要利用统计分析中加权平均法对历史数据进行处理。该方法简单易行，便于掌握，但准确性差，一般只适用于短期预测。时间序列预测一般反映三种实际变化规律：趋势变化、周期性变化、随机性变化。

时间序列分析是根据系统观测得到的时间序列数据，通过曲线拟合和参数估计来建立数学模型的理论和方法。它一般采用曲线拟合和参数估计方法（如非线性最小二乘法）进行。时间序列分析常用在国民经济宏观控制、区域综合发展规划、企业经营管理、市场潜量预测、气象预报、地震前兆预报、环境污染控制、生态平衡等方面。

（一）时间序列的影响因素

动态数列中各项发展水平的发展变化，是由许多复杂因素共同作用的结果。影响因素归纳起来大体有四种。

1. 长期趋势（T）

长期趋势指经济现象在一段较长的时间内，由于普遍的、持续的、决定性的基本因素的作用，使发展水平沿着一个方向，逐渐向上或向下变动的趋势。

2. 季节变动（S）

季节变动指经济现象受季节的影响而发生的变动。即现象在一年内或更短的时间内随着时序的更换，呈现周期重复的变化。季节变动的原因，既有自然因素又有社会因素。

3. 循环变动（C）

循环变动指经济现象发生周期比较长的涨落起伏的变动。多指经济发展兴衰涨跌相互交替的变动。

4. 不规则变动（I）

不规则变动是由偶然因素引起而表现出没有趋势性、规律性的忽高忽低的非规律性变动。

（二）时间序列变动分析模型

1. 加法模型

就是假定时间序列中的 T、S、C、I 的变动是各自独立而彼此互不影响的。这样，整个时间序列的每一观察值 Y 就表现为由 T、S、C、I 的相应变动数值彼此相加的结果。用一个数学关系式表达为：

$$Y = T + S + C + I$$

2. 乘法模型

就是假定时间序列中 T、S、C、I 的变动数值为互相依存而彼此影响的。这样，整个时间序列的每一观察值 Y 就表现为由 T、S、C、I 的相应变动数值彼此相乘的结果。用一个数学关系式表达为：

$$Y = T \cdot S \cdot C \cdot I$$

（三）长期趋势的测定

1. 移动平均法

移动平均法是将原时间序列（实际观察值序列）时距扩大，采取逐项递推的办法，依次计算包含一定期数据的序时平均数，形成一个新的序时平均数时间序列（趋势值序列）。

利用这种方法，从较长时期看，现象受短期的偶然性因素所引起的不规则变动，在加总、递移、平均过程中会相互抵消，从而使移动平均序列能够比较清晰地显示现象的基本发展趋势。其公式为：

$$\bar{a}_i = \frac{1}{k} \sum_{j=i-k+1}^{i} a_j \qquad i = k, \cdots, n$$

2. 指数平滑法

指数平滑法是布朗（Robert G. Brown）提出的，布朗认为，时间序列的态势具有稳定性或规则性，所以时间序列可被合理地顺势推延；他认为离报告期最近的过去态势，在某种程度上会持续到最近的未来，所以离报告期最近的数据将被赋予较大的权重。

指数平滑法是加权移动平均法的一种特殊情形，是预测中常用的一种方法。简单的全期平均法是对时间序列的过去数据一个不漏地全部加以同等利用；移动平均法则不考虑较远期的数据，并在移动加权平均中赋予近期数据更大的权重；而指数平滑法则兼容了全期平均和移动平均所长，不舍弃过去的数据，但是仅赋予很小的权重，即数据越远，赋予的权重越小，直至为零。

也就是说指数平滑法是在移动平均法基础上发展起来的一种时间序列分析预测法，它通过计算指数平滑值，配合一定的时间序列预测模型对现象的未来进行预测。其原理是任一期的指数平滑值都是本期实际观察值与前一期指数平滑值的加权平均。

指数平滑法的基本公式是：

$$Y_{t+1} = \alpha \cdot X_t + (1 - \alpha) \cdot Y_t$$

其中：Y_{t+1} 为第 $t+1$ 期的平滑值（预测值），X_t 为 t 期的实际值，Y_t 为 t 期的平滑值，α 为平滑系数，其取值范围为 $[0, 1]$。

Y_{t+1} 是 X_t 和 Y_t 的加权算术平均数，随着 α 取值的大小而变化。因此指数平滑系数取值至关重要。平滑系数决定了平滑水平以及对预测值与实际结果之间差异的响应速度。平滑系数 α 越接近于 1，远期实际值对本期平滑值影响程度的下降越迅速；平滑常数 α

越接近于 0，远期实际值对本期平滑值影响程度的下降越缓慢。由此，当时间数列相对平稳时，可取较大的 α；当时间数列波动较大时，应取较小的 α，以不忽略远期实际值的影响。在生产预测中，平滑常数的值取决于产品本身和管理者对良好响应率内涵的理解。

尽管 Y_{t+1} 包含有全期数据的影响，但在实际计算时，仅需要两个数值，即 X_t 和 Y_t，再加上一个常数 a，这就使指数滑动平均具有逐期递推性质，从而给预测带来极大的方便。

如果指数平滑一次不理想，可在原来平滑的基础上再进行二次、三次平滑。

3. 趋势模型法

趋势模型法就是对原时间序列拟合适当的趋势模型，用以描述该时间序列趋势变动的具体模式的方法。

趋势模型通常有两种：一是直线型；二是曲线型（如二次曲线、对数曲线、双曲线等）。

对于一个时间序列，到底配合何种趋势方程，关键是看时间序列的特点。在统计上有很多判断分析方法，最简单的就是图示法，根据原数列的动态散点图或折线图来大致判断选择用哪一种模型更恰当。

一般原则：若时间序列的逐期增长量（一次差）大体相同，可拟合直线；若时间序列的逐期增长量的逐期增长量（二级增长量或二次差）大体相同，可拟合抛物线；若时间序列的环比发展速度（或环比增长速度）大体相同，可拟合指数曲线。

（1）直线趋势。设直线趋势方程为：

$$y = a + bt$$

则有：

$$b = \frac{n\sum ty - \sum t \sum y}{n \sum t^2 - \left(\sum t\right)^2}$$

$$a = \bar{y} - b\bar{t}$$

（2）曲线趋势。曲线趋势比直线趋势表现得更加复杂。这里主要介绍以下两种曲线趋势。

①二次曲线。当现象发展的趋势为抛物线形态时，或时间序列的二级增长量大体相同时，可配合二次曲线方程。一般形式：

$$\hat{y}_t = a + bt + ct^2$$

解联立方程：

$$\sum y = na + b\sum t + c\sum t^2$$

$$\sum ty = a\sum t + b\sum t^2 + c\sum t^3$$

$$\sum t^2 y = a\sum t^2 + b\sum t^3 + c\sum t^4$$

可得 a、b、c。

②指数曲线。指数曲线用于描述以几何级数递增或递减的现象，即时间数列的观察值按指数变化规律变化，或者说时间数列的逐期观察值按一定的百分比增长或衰退。一般形式：

$$\hat{y}_t = ab^t$$

等式两边取对数，得：

$$\log\hat{y} = \log a + t\log b$$

根据最小二乘法，得联立方程：

$$\sum \log y = n\log a + \log b\sum t$$

$$\sum t\log y = \log a\sum t + \log b\sum t^2$$

解出 $\log a$、$\log b$，取其反对数得 a、b。

（四）季节变动的测定

季节变动的测定就是季节指数的测定，主要采用长期趋势剔除法。其步骤如下：

第一步：根据各月（或季）的资料进行 12 项或 4 项移动平均，修匀时间序列，剔除偶然因素对时间序列的影响，以确定时间序列的长期趋势值 T。

第二步：将实际值 Y 和趋势值 T 对比，剔除时间序列中的长期趋势值。

第三步：将 Y/T 的数值按月（或按季）排列，求得各年同月（或同季）的平均数，再除以总平均数，即得季节指数。

第四步：加总各季节指数。

（五）循环变动的测定与分析

1. 对循环周期进行研究、测定和分析的主要作用

（1）通过对以往循环周期的研究、测定，有助于认识和掌握事物循环周期的变动规律，可为制定政策、安排经济活动、有效扼制循环变动的不良影响提供科学依据。

（2）通过对事物循环规律的认识，有助于预见下一个循环周期可能产生的各种影响，对其有利部分做好准备予以充分利用，对其不利部分事先采取措施以制止其发生或减少其影响，这对国家经济发展和个别经济活动都有重要的现实意义。

2. 循环周期的类型

（1）按经济活动的绝对水平是否下降，可分为古典型周期和增长型周期。

（2）按周期持续的时间长短，循环周期可分为短周期、中周期、中长周期及长周期几种类型。

3. 测定方法

对于 $Y = T \cdot C \cdot I$，将上述结果进行移动平均，以消除不规则波动 I，即得循环波动值 C。

对于 $Y = T \cdot S \cdot C \cdot I$，则有：

$$\frac{Y}{T \cdot S} = C \cdot I$$

（六）不规则变动

不规则变动指客观现象由于受临时或偶然因素的影响而出现的非周期性或趋势性的随机变动。

三　实验内容与具体步骤

【例34】以 1994～2008 年国内生产总值数据为例，用分析工具来说明如何进行预测。

（一）用移动平均法进行预测

具体步骤：

第一步：将原始数据录入到单元格区域 B2：B16；如图 2 - 8 - 1 所示。

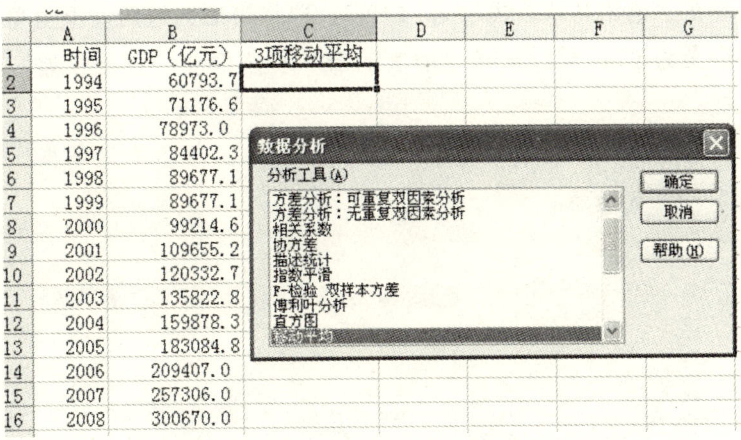

	A	B	C	D	E	F	G
1	时间	GDP（亿元）	3项移动平均				
2	1994	60793.7					
3	1995	71176.6					
4	1996	78973.0					
5	1997	84402.3					
6	1998	89677.1					
7	1999	89677.1					
8	2000	99214.6					
9	2001	109655.2					
10	2002	120332.7					
11	2003	135822.8					
12	2004	159878.3					
13	2005	183084.8					
14	2006	209407.0					
15	2007	257306.0					
16	2008	300670.0					

数据分析

分析工具（A）
方差分析：可重复双因素分析
方差分析：无重复双因素分析
相关系数
协方差
描述统计
指数平滑
F-检验 双样本方差
傅利叶分析
直方图
移动平均

确定　　取消　　帮助（H）

图 2 - 8 - 1　数据分析对话框

第二步：点击"工具"主菜单，选择"数据分析"，弹出如图 2 - 8 - 1 所示的对话框。

第三步：在"分析工具"框中选择"移动平均"，单击【确定】按钮，弹出如图 2 - 8 - 2 所示的移动平均对话框。

图 2 - 8 - 2　移动平均对话框

第四步：在"输入区域"内输入需要分析的数据所在的区域，即 $B$2：$B$12；在"间隔"内输入：3，表示使用三项移动平均；在"输出区域"内输入：$C$2，即将输出区域的左上角单元格定义为 C2；最后选择"图表输出"复选框和"标准误差"复选框。

第五步：单击【确定】按钮，便可得到移动平均结果，如图 2 - 8 - 3 所示。

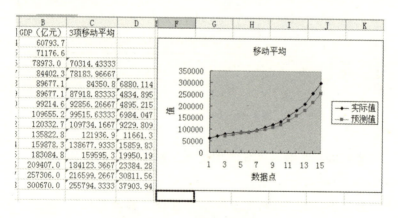

图 2 - 8 - 3　移动平均分析结果

在图 2 - 8 - 3 中，C4：C16 对应的数据即为三步移动平均的预测值；单元格区域 D6：D16 即为标准误差。

如果在第四步没有选择"图表输出"和"标准误差"，则输出结果中不会出现 D6：D16 区域的数据，当然也没有点线图。

（二）用指数平滑法进行预测

第一步：选择"工具"主菜单中的"数据分析"选项如图 2 - 8 - 4所示，会弹出数据分析对话框。

图 2 - 8 - 4　工具主菜单

第二步：在弹出的数据分析对话框中（如图 2 - 8 - 5 所示），

选择"指数平滑"选项。单击【确定】后，出现指数平滑对话框，
如图 2 – 8 – 6 所示。

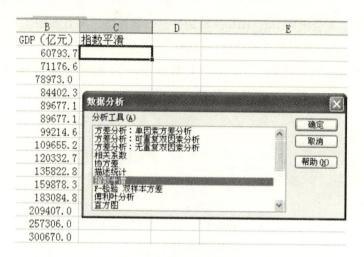

图 2 – 8 – 5　数据分析

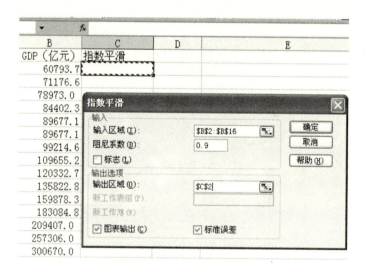

图 2 – 8 – 6　指数平滑

第三步：在指数平滑对话框的"输入区域"中，输入待计算的数据区域，如图 2-8-6，我们输入 B2：B16；在"阻尼系数"窗口，键入"0.9"，表示指数平滑系数为 0.1，即取 $\alpha = 0.1$。注意，指数平滑系数 + 阻尼系数 = 1。输入 $1 - \alpha$ 的值（注：阻尼系数是指 $1 - \alpha$ 的值）。

在"输出选项"中选择预测结果的输出位置（这里指图表的左上角所处的单元格的位置）。

第四步：单击【确定】按钮，即可得出如图 2-8-7 所示的结果。

	A	B	C	D
1	时间	GDP（亿元）	指数平滑	
2	1994	60793.7		
3	1995	71176.6	60793.7	
4	1996	78973.0	61831.99	
5	1997	84402.3	63546.091	
6	1998	89677.1	65631.7119	
7	1999	89677.1	68036.25071	
8	2000	99214.6	70200.33564	
9	2001	109655.2	73101.76208	
10	2002	120332.7	76757.10587	
11	2003	135822.8	81114.66528	
12	2004	159878.3	86585.47875	
13	2005	183084.8	93914.76088	
14	2006	209407.0	102831.7648	
15	2007	257306.0	113489.2883	
16	2008	300670.0	127870.9595	

图 2-8-7　指数平滑结果

如果在输出选项中，选择了"图表输出"和"标准误差"后，输出结果中不仅会有点线图出现图表共处的情形，而且会输出指数平滑的预测值与原始数据间的标准差，如图 2-8-8 所示。

（三）用趋势预测函数法进行预测

Excel 在函数库中有一个预测函数 FORECAST。FORECAST 根据已有的数值计算或预测未来值。该预测值为基于给定的 X 值按一元线性方程的形式，推导出相应的 Y 值。已知的数值为已有的

X 值和 Y 值，再利用线性回归对新值进行预测。可以使用该函数对未来销售额、库存需求或消费趋势进行预测。

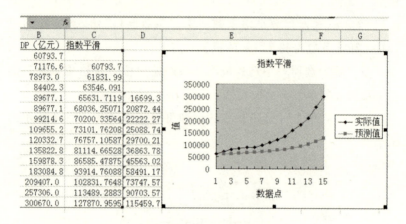

图 2 - 8 - 8　指数输出结果

语法：

FORECAST（X，Known_y's，Known_x's）

【例35】仍以 1994～2008 年国内生产总值数据为例，用"预测"函数 FORECAST 来说明如何进行预测。

第一步：把相关数据输入到 Excel 表格中。

第二步：在工作表中选择一个空的单元格，在这里我们选择 D2 单元格。

第三步：点击菜单栏中的"插入"，在下拉菜单中选择"函数"选项。

第四步：当函数对话框出现时，在函数类别窗口中选择"统计"，在"函数名称"中选择 FORECAST（预测），如图 2 - 8 - 9 所示。

第五步：单击【确定】按钮，出现预测函数参数对话框。其中，X 为需要进行预测的数据点。Known_y's 为因变量数组或数据区域，Known_x's 为自变量数组或数据区域。在此例中，在 X 中输入 "2009"，在 Know_y's 中输入 2003~2008 年的 GDP 数据组，即 B11：B16，在 Know_x's 中输入年份数据组，即 A11：A16，如图 2-8-10 所示。

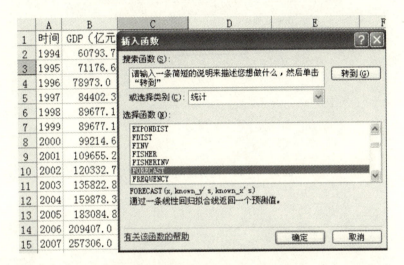

图 2-8-9 粘贴函数对话框

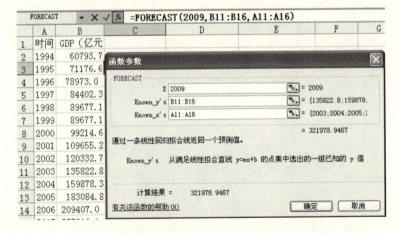

图 2-8-10 FORCAST 对话框

第六步：单击【确定】按钮，预测的 2009 年的 GDP 结果出现在单元格预先所在的位置中，如图 2 - 8 - 11 所示。

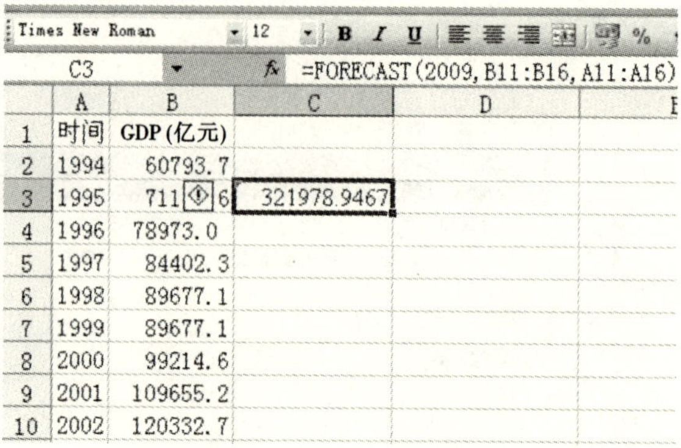

	A	B	C	D	E
			=FORECAST(2009,B11:B16,A11:A16)		
1	时间	GDP(亿元)			
2	1994	60793.7			
3	1995	711◈6	321978.9467		
4	1996	78973.0			
5	1997	84402.3			
6	1998	89677.1			
7	1999	89677.1			
8	2000	99214.6			
9	2001	109655.2			
10	2002	120332.7			

图 2 - 8 - 11　趋势预测法预测结果

第三部分　基于 SPSS 的 统计学实验

在第二部分，运用 Excel 实验，对统计学所学的内容进行了计算。接下来这一部分是熟悉新的 SPSS 软件，掌握它的基本操作流程。

实验一　用 SPSS 进行数据的描述性分析

一　实验目的及要求

掌握用 SPSS 进行频数分析、描述性指标的计算以及图表的制作。要求将本小组调查的数据利用 SPSS 进行处理。

二　实验原理

频数是指变量值出现的次数，是描述变量值分布状况最常用的指标。通常是通过变量分布表、饼图或直方图来表达频数分布情况的。

三 实验内容与具体步骤

(一) 频数分析的基本操作流程

频数分析的基本操作流程见图 3 - 1 - 1。首先，打开频数分析对话框（见图 3 - 1 - 2），其次，选择参与分析的变量（见图 3 - 1 - 3），再次，定义输出统计量（见图 3 - 1 - 4），并打开相应的对话框进行设置，最后输出频数分析结果。

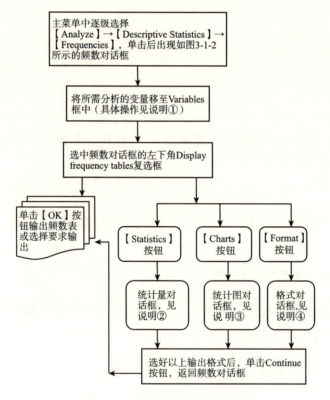

图 3 - 1 - 1 频数分析的操作流程

以上流程的具体操作说明如下：

①在对话框的左边窗口列示了当前文件的变量清单，两个列表

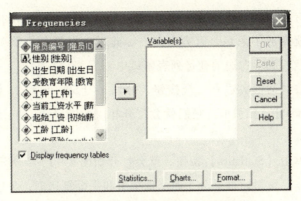

图 3 - 1 - 2　打开频数分析对话框

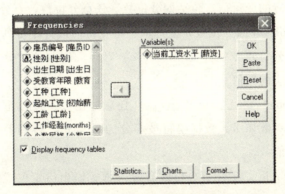

图 3 - 1 - 3　选择参与分析的变量

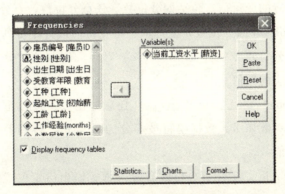

图 3 - 1 - 4　定义输出统计量

框中间有一个灰色的小箭头。当单击左边窗口所要分析的变量后，小箭头就变成了黑色，且方向朝右。此时单击黑色小箭头，选中的变量就移到了右边的变量列表窗口中。

频数对话框底边有三个按钮，分别是【Statistics】、【Charts】和【Format】。分别单击它们就会打开相应的统计量、统计图和格式对话框。

②单击【Statistics】按钮，就会打开如图 3－1－4 所示的统计量对话框。该对话框又分为四个选项组和一个复选框，分述如下。

● Percentile Values（分位数）选项组，用于计算不同排列位置上所对应的变量值。包括四分位数、任意分位数、百分位数。

Quartiles（四分位数）复选框：将变量值按升序排列后均分四等份，各分位点依次是 25%、50%、75%。四分位数分别是这三个点所对应的数值。

Cut points for □ equal groups（任意分位数）复选框：在方框内输入某一数如 X，数据组将被等分为 X 等份，得到各等份交界处的变量值。

Percentile（s）（百分位数）复选框：输出给定位置的百分位数。在它右边的方框内输入 1～100 之间的任意数，单击［Add］按钮，这个数就被添加到它右下方的大方框内。当然还可以继续输入其他数值并继续添加到大方框中。SPSS 可以输出这些不同百分数位置上的变量值。

● Dispersion（离散程度）选项组，用于计算变量值离散程度的统计量。包括标准差、方差、极差、最小值、最大值等复选框。

● Central Tendency（集中趋势）选项组，用于计算变量值集中趋势的统计量。包括均值、中位数、众数、求和等复选框。

● Distribution（分布形态）选项组，用于描述变量值分布形态的统计量，包括 Skewness（偏度）、Kurtosis（峰度）等复选框。

Skewness（偏度）复选框：输出变量值分布形态的偏斜程度的

统计量。

Kurtosis（峰度）复选框：输出变量值分布形态的陡峭程度的统计量。

● Values are group midpoints（组中值）复选框：当变量值已经分组，才能输出各组的组中值。

②单击【Charts】按钮，就会打开如图 3 - 1 - 5 所示的统计图对话框。在该对话框中有两个选项组，可以选择统计图的类型，以及统计图纵坐标的高程或饼图面积大小的说明。具体如下：

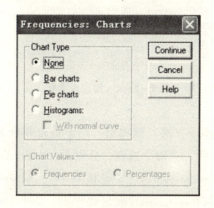

图 3 - 1 - 5　设置图形

● Chart Type（统计图类型）选项组：用于指定统计图的类型，有四个单选钮。

None（无）选钮：不输出统计图，这是系统默认选项。

Bar charts（条形图）选钮：输出条形图。

Pie charts（饼图）选钮：输出饼图。

Histograms（直方图）选钮：输出直方图。如果选择此项，它下方的 With normal curve（附加正态曲线）复选框由灰色变为黑色；如果选择了该选项，会使输出的直方图与正态曲线叠加，这样可以帮助判断所分析的数据是否符合正态分布。

● Chart Values（统计图数值）选项组：用于标示统计图中坐标的数值是频数还是频率。其中 Frequencies 是频数选钮，Percentages 是用百分数表示的频率选钮。

③单击【Format】（格式）按钮，就会打开如图 3－1－6 所示的对话框。在该对话框中有两个选项组和一个复选框，分述如下：

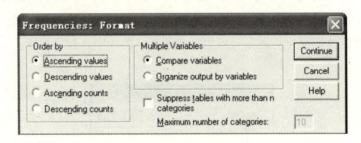

图 3－1－6　格式对话框

Order by（排序方式）选项组：用于指定频数表中变量值是按升序还是降序排列。有四个选钮，分别是：Ascending values（变量值升序），Descending values（变量值降序），Ascending counts（频数升序），Descending counts（频数降序）。

● Multiple variables（多变量）选项组：用于确定多变量同时分析时的输出方式。

Compare variables（比较变量）单选钮：将各个变量的分析结果列在一张表中，以便变量间的比较、对照，这是系统默认选项。

Organize output by variables（按变量组织输出）单选钮：将各个变量的分析结果分别输出。

● Suppress tables whit more than n categories 复选框：如果选择了该复选框，需要在其下方打开的对话框"□"内填入一整数，当变量的分类数大于这个数，可以不输出这个变量的频数表。其下方对话框"□"内的默认值是 10。

（二）描述性统计量的计算

常见的描述社会经济现象的统计量大致可分为三大类，第一类是描述数据集中趋势的统计量，第二类是描述数据间离散程度的统计量，第三类是表达数据分布状态的统计量。三类统计量综合起来就可以较为清楚、准确地描述数据的分布特点。

在 SPSS 中描述性统计的操作流程如图 3 - 1 - 7 所示。

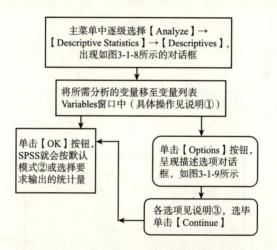

图 3 - 1 - 7 描述性统计的操作流程

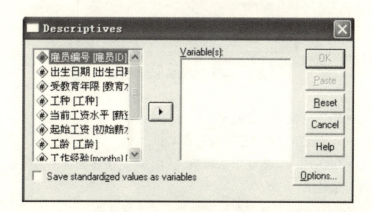

图 3 - 1 - 8 打开描述性统计对话框

①在对话框的左边窗口显示了当前被分析文件的变量清单，两个列表框中间有一个灰色的小箭头。当单击左边窗口所要分析的变量后，小箭头就变成了黑色，且方向朝右。此时单击黑色小箭头，选中的变量就移到了右边的变量列表窗口中。

②在描述统计对话框的左下方，有一个 Save standardized values as variables 复选框（将标准化后的变量保存），选中后数据将按标准化变化后保存，变量名在原名前加一 z。默认的输出统计量有：均值、标准差、最大值和最小值四项。

③对话框中各选项（见图 3 - 1 - 9）有：

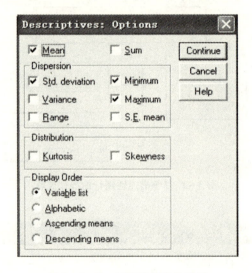

图 3 - 1 - 9　设置输出的统计量

● Mean（均值）复选框：输出均值。

Sum（求和）复选框：输出算术和。

● Disoersion（离差）选项组，用于确定描述变量值离散程度的统计量输出。

Std deviation（标准差）复选框：输出标准差。

Variance（方差）复选框：输出方差。

Range（极差）复选框：输出极差。

Minimum（最小值）复选框：输出最小值。

Maximum（最大值）复选框：输出最大值。

S. E. mean（抽样平均误差）复选框：样本与总体均值之间的平均误差。

● Distribution（分布形态）选项组，用于描述变量值分布形态的统计量，包括 Skewness（偏度）、Kurtosis（峰度）等复选框。

Skewness（偏度）复选框：输出变量值分布形态的偏斜程度的统计量。

Kurtosis（峰度）复选框：输出变量值分布形态的陡峭程度的统计量。

● Dispiay Order（显示排序）选项组：用于指定输出结果的排序方式。

Variable list（变量表）单选钮：按进入变量分析栏的顺序显示。

Alphabetic（字母）单选钮：按变量名的字母顺序排序显示。

Ascending means（均值升序）单选钮：按均值升序显示。

Descending means（均值降序）单选钮：按均值降序显示。

（三）数据组之间的比较

前面描述的频数、均值、标准差等都是针对一个变量的观测值而言的。当变量的表现不同时，即对多个变量来说，需要比较各组之间观测值的差异，以及差异的表述。例如，调查某地区员工起薪水平，想了解男、女员工的起薪水平的分布情况是怎样的，分布特征是否有差异？SPSS 提供了均值比较功能。

均值比较（Means）的基本操作流程如图 3 - 1 - 10 所示。

流程的具体操作说明如下：

①在变量组框中选择"起始工资"【初始薪水】进入因变量 Dependent List 框中（见图 3 - 1 - 11）。

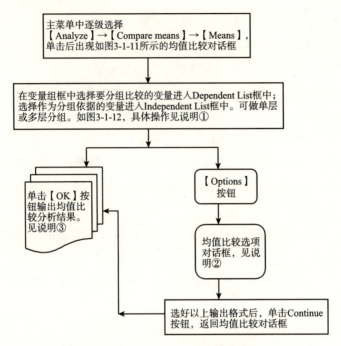

图 3 – 1 – 10　均值比较的操作流程

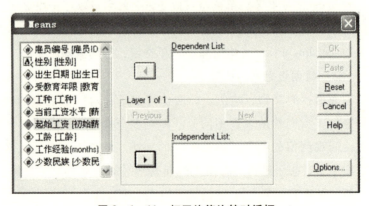

图 3 – 1 – 11　打开均值比较对话框

　　选择变量中的"性别"【性别】进入自变量 Independent List 框
中。表示对初始薪水按照性别不同进行第一层分组。比较男女初
始薪水的统计量差异（见图 3 – 1 – 12）。

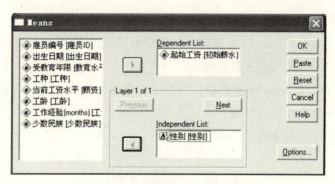

图 3 – 1 – 12 选择参与分析的变量

如果想继续第二层的分组比较，例如，分别比较男、女员工不同工种之间初始薪水的差异，可进行第二层分组。点击【Next】，即可继续选入作为下一层分组依据的变量。

②在 Options 对话框中可以设置要输出的统计量选项，对男、女员工的初始薪水进行比较。本例中选择均值 Mean、总数 Number of Cases 和标准离差 Standard Deviation 等统计量，进入 Cell Statistics 框中（见图 3 – 1 – 13）。

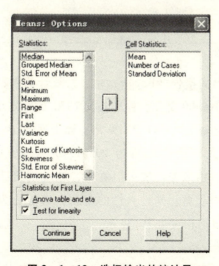

图 3 – 1 – 13 选择输出的统计量

在 Statistics for First Layer 下：

Anova table and eta 复选框：用以检验因变量和作为第一层分组依据的自变量的关联强度。

Test for linearity 复选框：检验因变量和作为第一层分组依据的自变量的线性拟合优度。

③比较均值输出结果分析见表 3 - 1 - 1 和表 3 - 1 - 2。

表 3 - 1 - 1 观测值总体情况

		Cases		
		Included	Excluded	Total
起始工资 * 性别 N		474	0	474
	Percent	100. 0%	0. 0%	100. 0%

表 3 - 1 - 2 报告

起始工资

性　　别	Mean	N	Std. Deviation
Female	$13091. 97	216	$2935. 599
Male	$20301. 40	258	$9111. 781
Tltal	$17016. 09	474	$7870. 638

在以上输出的报告（Report）中，被统计的人数为 474 人，平均起薪点为 17016. 09 美元，标准差为 7870. 638 美元。其中，女性 216 人，平均起薪为 13091. 97 美元，标准离差达到 2935. 599 美元；男性 258 人，平均起薪为 20301. 40 美元，标准离差达到 9111. 781 美元。由数据比较可以看出，该地区男性的平均起薪远高于女性的平均起薪，并且男性的起薪分布也更为分散，差异较大，女性的起薪则相对集中。

（四）图形分析

统计图是利用点的位置、线的长短、形态变化以及所围面积的大小等方式来表达统计数据的一种形式。它可以把资料所反映的变化趋势、数量多少、分布状态和相互关联程度等形象而又直观地呈现出来，以便于读者阅读、比较、分析和利用。统计图具有形象生动、具体翔实和通俗易懂的特点。在常用的统计软件中，SAS 绘制的统计图美观度不足；Excel 绘制的统计图种类有限；STATA 绘制的统计图虽然精美，但操作复杂，不易掌握；SPLUS 和 MATHLAB 软件重在数理统计，不为多数人所熟悉；以 SPSS 制作的统计图应用最为广泛。

SPSS 的图形分析功能很强，许多高精度的统计图形可从【Analyze】主菜单的各种统计分析过程中产生，也可以直接通过【Graphs】主菜单中所包含的各个选项来完成。

1. SPSS 图形的类型

SPSS 图形分析的一般过程为：首先建立或打开数据文件，若数据结构不符合分析需要，则必须转换数据结构；然后生成图形；最后修饰所生成的图形并保存。常用的统计图形有条形图、线图、面积图、圆饼图、散点图、直方图、箱线图等，见表 3 - 1 - 3。

表 3 - 1 - 3　【Graphs】主菜单所含图形

图形类型	图形名称	操作程序
	条形图（Bar）	【Graphs】→【Bar】
	线图（Line）	【Graphs】→【Line】
	面积图（Area）	【Graphs】→【Area】
	饼图（Pie）	【Graphs】→【Pie】

续表

图形类型	图形名称	操作程序
	高低图（High-Low）	【Graphs】→【High – Low】
	帕累托图（Pareto）	【Graphs】→【Pareto】
	质量控制图（Control）	【Graphs】→【Control】
	箱线图（Boxplot）	【Graphs】→【Boxplot】
	误差条图（Error Bar）	【Graphs】→【Error Bar】
	散点图（Scatter）	【Graphs】→【Scatter】
	直方图（Histogram）	【Graphs】→【Histogram】
	正态 Q – Q 图（Normal Q – Q）	【Graphs】→【Q – Q】
	正态 P – P 图（Normal P – P）	【Graphs】→【P – P】
	序列图（Sequence）	【Graphs】→【Sequence】
	自相关图（Autocorrelations）	【Graphs】→【Time Series】→【Autocorrelations】
	互相关图（Cross-Correlations）	【Graphs】→【Time Series】→【Cross – Correlations】

SPSS 中还有一种图形类型叫做交互式统计图，包括条形图、线图、面积图、圆饼图、散点图、直方图、箱线图和误差条图等。交互式统计图与普通的统计图相比，在技术上，普通图存储的是图形元素，在编辑时只能就图形的元素特征（如颜色、线型等）加以修改；而交互式统计图存储的是原始数据或绘图用的中间结果（如均值、标准差等），图形绘制完成后仍能对图形数据或变量进行更改，改变所绘图形的基本类型，还可以将数据透视表的内容用图形表达出来。

交互式统计图的绘制步骤见表 3 - 1 - 4。

表 3 - 1 - 4　交互式统计图形

图形名称	操作程序
条形图（Bar）	【Graphs】→【Interactive】→【Bar】
点图（Dot）	【Graphs】→【Interactive】→【Dot】
线图（Line）	【Graphs】→【Interactive】→【Line】
带状图（Ribbon）	【Graphs】→【Interactive】→【Ribbon】
点线图（Drop-Line）	【Graphs】→【Interactive】→【Drop - Line】
面积图（Area）	【Graphs】→【Interactive】→【Area】
饼图（Pie）	【Graphs】→【Interactive】→【Pie】
箱线图（Boxplot）	【Graphs】→【Interactive】→【Boxplot】
误差条图（Error Bar）	【Graphs】→【Interactive】→【Error Bar】
直方图（Histogram）	【Graphs】→【Interactive】→【Histogram】
散点图（Scatterplot）	【Graphs】→【Interactive】→【Scatterplot】

2. 箱线图、茎叶图制作

在前面我们既可以通过主菜单中【Graphs】的逐级选择来完成条形图、饼图和直方图等一般的统计图和交互式统计图的绘制，也可以按照频数分析的流程通过主菜单【Analyze】→【Descriptive Statistics】→【Frequencies】的逐级选择来完成条形图、饼图和直方图的制作。

但是，这些图形是对不同数值或不同区间数值出现的次数和百分比的一般描述，并没有把数据的结构和其中隐含的某种规律呈现出来。

SPSS 提供了箱线图和茎叶图，便于对数据进行深入分析。其操作流程如图 3 - 1 - 14 所示。

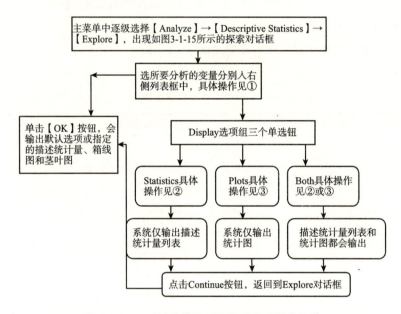

图 3 - 1 - 14 制作箱线图和茎叶图的操作流程

主菜单中逐级选择【Analyze】 → 【Descriptive Statistics】 → 【Explore】，出现如图 3 - 1 - 15 所示的探索对话框。

①在对话框的左边窗口显示了当前文件的变量清单，两个列表框中间的小箭头呈灰色。当单击左边窗口所要分析的变量后，上方小箭头就变成了黑色，且方向朝右。此时单击这个黑色小箭头，选中的变量就会移到 Dependent List 列表窗口中。

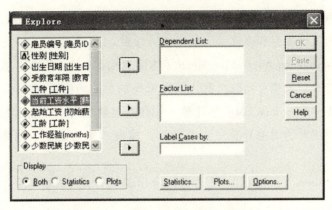

图 3 - 1 - 15 打开探索对话框

然后从变量清单中选择作为分组依据的自变量，中间的小箭头变为黑色，方向向右，单击它，分组变量就移到了中间列表框 Factor List 中。

最后从变量清单里选择一个变量作为观测量的标志变量，下边的小箭头变为黑色，方向向右，单击它，标志变量就移到了下边列表框 Label Cases by 中。如果不选择此项，SPSS 会默认以观测量的识别码作为标志变量。

②当选择了 Display 选项组中的 Statistics 或 Both 单选钮后，它右边的 Statistics 按钮变黑，单击这个按钮，就会打开如图 3 - 1 - 16 所示的 Explore：Statistics 对话框。该对话框内的各个复选框的含义如下：

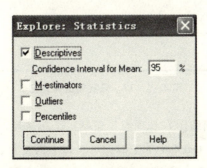

图 3 - 1 - 16 设置统计量

Descriptives（描述性统计）复选框：输出均值、中位数、5%修正均值、方差和标准差等描述性统计量。

Confidence Interval for Mean（均值置信区间）：□%，如果□没有修改，系统自动输出默认值为95%的总体均值置信区间。

M - estimators（M - 估计量，一种根据数据离中心点远近而赋予不同权重的均值计算法）复选框：输出4种描述集中趋势的估计量。

Outliers（极端值）复选框：输出前5个最大值和后5个最小值。

Percentiles（百分点）复选框：输出第5%、10%、25%、50%、75%、90%、95%等7个百分点位上的观测值。

③当选择 Display 选项组中的 Polts 或 Both 单选钮后，单击 Polts 按钮，就会打开如图3-1-17所示的 Explore：Polts 对话框。该对话框内的各个复选框的含义如下：

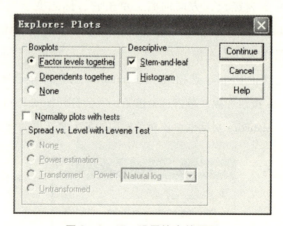

图3-1-17　设置输出的图形

Boxplots（箱线图）选项组，包括三个单选钮。

Factor levels together 单选钮：对于每个因变量，将不同分组的箱线图并列显示在一个图里，便于比较各组在因变量处于相同水平上的差异。这是系统默认选项。

Dependents together 单选钮：对于每个分组变量，将不同因变量的箱线图并列显示在一个图里，便于比较不同因变量在统一分组中的差异。

None 单选钮：不显示箱线图。

Descriptives（描述）选项组，包括两个复选框。

Stem-and-leaf（茎叶图）复选框：输出茎叶图，是系统默认选项。

Histogram（直方图）复选框：输出直方图。

注意：Explore：Polts 对话框中其他复选框和选项组，教学中没有涉及，此处不赘述。

实验二 用 SPSS 进行时间序列分析

一 实验目的及要求

熟练掌握用 SPSS 进行时间序列分析。要求用小组自行搜集时间序列数据，进行时间序列分析。

二 实验原理

时间序列分析（Time Series Analysis）是研究事物发展变化规律的一种量化分析方法。

时间序列中的统计数据有严格的时间先后顺序，例如，2000年到 2010 年间的 GDP 数据；手机话费支出等。这些时间序列产生的原因是什么？有哪些变量？变量之间的关系是什么？这些问题都是时间序列分析所要关注的。

时间序列分析有定义时间、绘制时间序列图和指数平滑等内容。

三　实验内容与具体步骤

(一)　时间的定义

进行时间序列分析前，需要将数据所对应的时间点或时间段进行定义。时间的定义是通过以下步骤实现的（见图 3 – 2 – 1）。

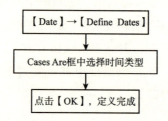

图 3 – 2 – 1　时间定义的操作流程

图 3 – 2 – 2 所示为定义数据对话框。其中 Cases Are 窗口中提供了多种时间形式，可根据实际需要选择时间范例中适宜的格式和系数。右边 First Case Is 选项组中需要输入的是数据起始时间。

完成时间定义操作后，SPSS 将在当前数据编辑窗口中自动生成带有标志时间的变量，同时在输出窗口中输出一个关于时间标志变量格式及所包含的周期的简要说明。

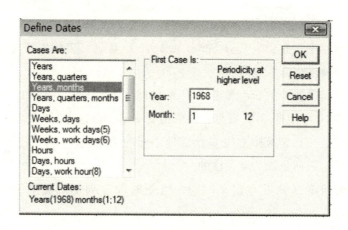

图 3 – 2 – 2　定义数据对话框

（二） 绘制时间序列图

绘制时间序列图的基本操作流程如图 3 – 2 – 3 所示。

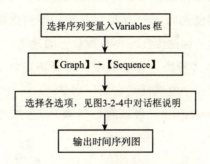

3 – 2 – 3 绘制时间序列图的操作流程

图 3 – 2 – 4 所示为序列图对话框。说明如下。

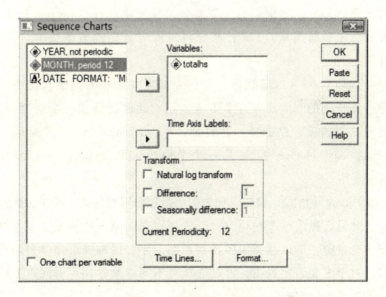

图 3 – 2 – 4 序列图对话框

首先，需要选择序列变量入 Variables（变量）框：单击该框左边列表框的变量，中间箭头方向朝右且变为黑色，点击箭头，变量就出现在右边 Variables（变量）框中。

其次，需要选择 Time Axis Labels（时间轴标志）变量：该变量默认的是日期型变量。通常左边变量组框中的变量均可作为时间轴变量。但即使选择了非时间型变量，序列图将仍然按时间顺序排列，此时横坐标的刻度不再有数量上的意义。

在 Transform（转换）选项组中，需要指定对变量进行怎样的变换处理。包括三个复选框。它们分别是：

Natural log transform（自然对数转换）：选择此项，SPSS 将对数据取自然对数；

Difference（差分）：选择此项，SPSS 将对数据进行 n 阶差分，不选的话系统自动默认 1 阶差分；

Seasonally difference（季节差分）：选择此项，SPSS 将对数据进行季节差分。如果不选季节差分，系统将选择"Current Periodicity：（当前周期）12"，系统将对所要处理的数据按 12 进行计算。

Time Lines（时间线标）按钮：如果需要在时间序列图中标记一些特别的时间点，可单击该按钮。此时会弹出一个对话框，给出三个选项，供选择。它们是：No reference lines（无标记），Line at each change of（在每一个变量处标线），Line date（日期标记）。

Format（格式）按钮：如果需要指定图形的格式，可单击该按钮，此时会弹出一个对话框。有选择横向或纵向序列图选项：对于单变量图，可以选择线图或面积图，还可以选择添加序列均值线；对于多变量序列图，可以选择对不同变量在同一时间点上的点用直线连接起来。

（三）指数平滑

指数平滑法基本操作流程见图 3 - 2 - 5。

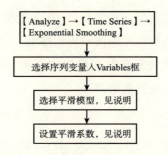

图 3 - 2 - 5 指数平滑法的操作流程

选择平滑模型：从 Exponential Smoothing（指数平滑）对话框的 Model（模型）选项组中选择适合的模型，单选钮有：Simple（简单指数平滑模型）、Holt（霍特模型）、Winters（温特模型）、Custom（用户自定义模型）。

设置平滑系数：单击【Parameters】（系数）按钮，弹出 Exponential Smoothing Parameters（指数平滑系数）对话框。在对话框中设置平滑系数。其中在 General（普通）选项组中，设置简单指数平滑模型的平滑系数 α。可直接输入 α 值，也可选择 Grid search（网格法）。若选 Grid search 单选钮，需要进一步就初始值、终值和步长进行赋值，建立等间隔网格，此时 SPSS 会对每一网格节点上的值逐一建模，得到最优模型。

在 Initial Values（初始值）选项组，有 Automatic（自动）和 Custom（用户自定义）两个单选钮。其中 Automatic（自动）由系统自动设置初始值，适合于数据量较大的情况；Custom（用户自定义）需要设置初始值和趋势平滑系数。

在 General（α）和 Trend（γ）选项组中设置 Holt 双系数模型中的普通、趋势平滑系数。

在 General（α）、Trend（γ）和 Seasonal（δ）选项组中设置温特模型中的普通、趋势平滑系数和季节平滑系数。

Display only 10 best models for grid search 复选框表示，在平滑

系数的网格选择完成后仅显示最优的 10 个模型。如果不选此复选框，将输出所有网格节点上的值对应的模型。

注意：指数平滑法要求时间序列中不能有缺失值，因此平滑前要对时间序列进行缺失值的填补。

实验三　用 SPSS 进行假设检验

一　实验目的及要求

掌握不同 t 检验类型的资料特征及相应的假设检验统计量的选择；熟悉用软件对不同类型的资料进行 t 检验。

二　实验原理

在已知总体分布（如正态分布）的情况下，可以通过抽样得到特定样本，用该样本的统计参数（如样本的均值和标准差）来推断总体统计参数的方法，就是假设检验。其基本思想是小概率事件在一次特定的抽样中一般是不会发生的，如果发生了小概率事件（例如特定样本的标准差落入小于 0.01 或 0.05 的置信区间），就有理由拒绝原假设，可以认为特定样本的参数与总体参数有显著差异。

假设检验不仅用来通过特定样本的统计量检验总体的统计参数，也可以针对两个或多个总体的参数进行比较。

在进行假设检验时，其基本思路是先对总体参数提出假设，也称原假设。例如原假设 H_0 为："某学院毕业生工作薪资起薪点平均为 2000 元"、"某学院入学新生平均身高为 1.67 米"或"某学校男生体育锻炼平均时间和女生锻炼的时间没有显著差异"等。

提出原假设后，还要提出备择假设，是指与原假设相反的假设，用 H_1 表示。根据原假设，备择假设可以是："某学院毕业生工作薪资起薪点平均不是 2000 元"、"某学院入学新生平均身高不是 1.67 米"

或"某学校男生体育锻炼平均时间和女生锻炼的时间有显著差异"等。

三 实验内容与具体步骤

（一）单样本 t 检验

单样本 t 检验的样本来自某单一总体，进行 t 检验的目的是推断该总体的均值与指定的检验值之间是否存在显著差异。

单样本 t 检验的基本操作流程见图 3 – 3 – 1。

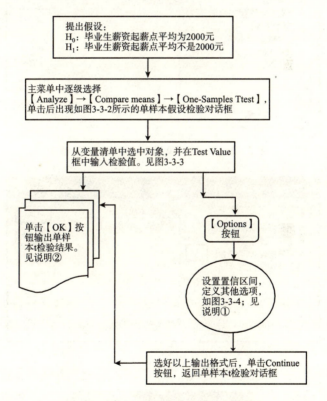

图 3 – 3 – 1 单样本 t 检验的操作流程

流程的具体操作说明如下：

①单击 Options 按钮，打开对话框（见图 3 – 3 – 4）。

其中，Confidence Interval 可设置比较均值的置信区间范围，默认为 95%。

Missing Values 用于定义分析中对缺失值的处理方法。有两个选钮，选中 Exclude cases analysis by analysis 时表示具体分析时用到的变量有缺失值时，才去除该个案；选中 Exclude cases listwise 时表示去除所有变量上有缺失值的个案。默认为前者，以充分利用数据。

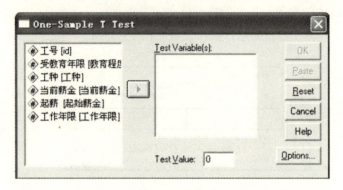

图 3 - 3 - 2　打开单样本假设检验对话框

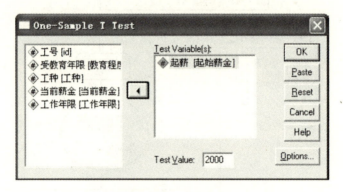

图 3 - 3 - 3　选择变量

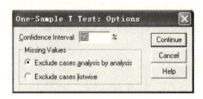

图 3 - 3 - 4　设置选项

②单样本 t 检验结果见表 3 - 3 - 1 和表 3 - 3 - 2。

表 3 - 3 - 1　单样本描述性分析

	N	Mean	Std. Deviation	Std. Error Mean
起薪	474	$17016.09	$7870.638	$361.510

表 3 - 3 - 2　单样本 t 检验

	Test Value = 2000					
	t	df	Sig. (2 - tailed)	Mean Difference	95% Confidence Interval of the Difference	
					Lower	Upper
起薪	41.537	473	0.000	$15016.09	$14305.72	$15726.45

从表 3 - 3 - 2 中看出，在 95% 置信区间下，t 值为 41.537，其 P 值 Sig. < 0.05，因此，拒绝 H_0 假设，接受 H_1，即毕业生薪资起薪点不是 2000 元。

(二) 双独立样本的 t 检验

双独立样本的 t 检验的样本是来自两个总体的独立样本，通过 t 检验，推断两个总体的均值是否存在显著差异。

什么叫"独立样本"？双独立样本 t 检验的样本来自的总体应服从或近似服从正态分布；同时来自某一个总体的样本取值以及是否抽中某个观测量作为样本不会影响到另一个总体的样本取值及某个观测量被选中为样本的概率，则可以说这两组样本之间是独立的。

双独立样本 t 检验的基本操作流程见图 3 - 3 - 5。

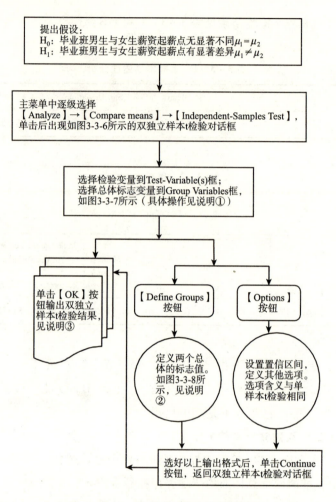

图 3 - 3 - 5 双样本 t 检验的操作流程

流程的具体操作说明如下：

①选择检验变量到 Test - Variable（s）框：单击对话框左边的选项组中"当前薪金"变量，该项显示蓝色后，使用 ▶ 按钮，将该变量选入 Test Variable（s）框（见图 3 - 3 - 7）。

同样，将"性别"作为总体变量的标志值，选入 Group Variables 框。

②定义两个总体的标志值。女性作为总体 1，以 "f" 表示；男性作为总体 2，以 "m" 表示。见图 3 - 3 - 8。

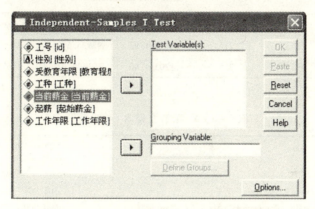

图 3 - 3 - 6　打开双独立样本假设检验对话框

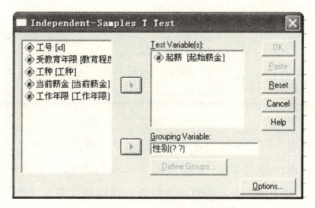

图 3 - 3 - 7　选择参与分析的变量

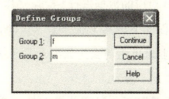

图 3 - 3 - 8　定义总体标志值

③双独立样本 t 检验结果见表 3 - 3 - 3 和表 3 - 3 - 4。

表 3 - 3 - 3　按性别分组的描述分析

	性　别	N	Mean	Std. Deviation	Std. Error Mean
起薪	女	216	$13091. 97	$2935. 599	$199. 742
	男	258	$20301. 40	$9111. 781	$567. 275

表 3 - 3 - 4　双独立样本 t 检验结果

			Equal variances assumed	Equal variances not assumed
起薪	Levene's Test for	F	105. 969	
	Equality of Variances	Sig.	0. 000	
	t-test for Equality of	t	- 11. 152	- 11. 987
	Means	df	472	318. 818
		Sig.（2-tailed）	0. 000	0. 000
		Mean Difference	- $7209. 428	- $7209. 428
		Std. Error Difference	$646. 447	$601. 413
		95% Confidence Interval　Lower	$8479. 698	$8392. 667
		of the Difference　Upper	- $5939. 158	$6026. 188

分析表 3 - 3 - 3 和表 3 - 3 - 4 的结果，可以分为两步进行：首先，确认两个总体的方差是否相等。使用 F 检验，表中 F 值为105. 969，其 P 值 Sig. <0. 05，说明两个总体的方差有显著差异。其次，由于检验出两个总体方差有显著差异，因此，选择表中 Equal variances not assumed 对应的数据进行 t 检验。其中，t 值为 - 11. 987，在 95% 的概率保证程度下，其 P 值 Sig. <0. 05，因此，拒绝 H_0 假设，接受 H_1，即毕业班男生与女生薪资起薪点有显著差异。

（三）匹配样本的 t 检验

"匹配样本"就是除了要研究的属性外，样本其他各方面的特征都保持一致。匹配样本是指同一随机抽样所得的样本在两次不同情况下分别进行测量所得的结果。也就是通常所说的"前测"与"后测"的结果。

匹配样本的 t 检验就是通过观察两次结果之间的差异，来检验某些因素是否对样本的均值有显著的影响。

假定我们想知道一种减肥药品是否有效，可以通过服用药品前后，对样本的观测值进行对比，用统计证明服用前后的服用者体重是否有差异。

匹配样本 t 检验的基本操作流程见图 3 - 3 - 9。

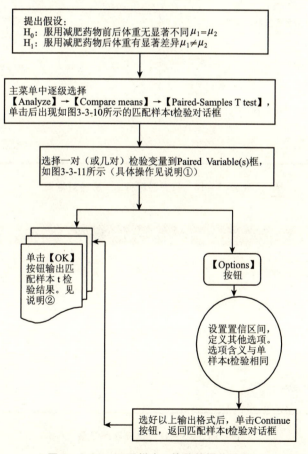

图 3 - 3 - 9   匹配样本 t 检验的操作流程

流程的具体操作说明如下：

①选择一对（或几对）检验变量到 Paired Variable（s）框：单击对话框左边的选项组中"服用减肥药前体重"变量，该项显示蓝色后，再单击"服用减肥药后体重"变量，该项同时显示蓝色后，使用 ▶ 按钮，将该对变量选入 Paired Variable（s）框（见图 3 – 3 – 10. 和图 3 – 3 – 11）。

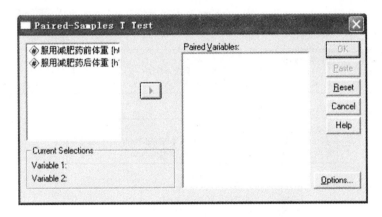

图 3 – 3 – 10　打开匹配样本 t 检验对话框

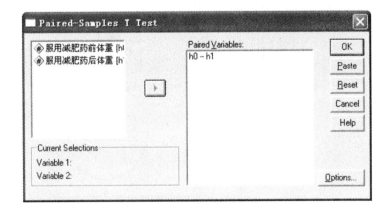

图 3 – 3 – 11　选择匹配变量

②匹配样本 t 检验结果见表 3 - 3 - 5 ~ 表 3 - 3 - 7。

表 3 - 3 - 5　匹配样本的描述性分析

		Mean	N	Std. Deviation	Std. Error Mean
Pari	服用减肥药前体重	86.7429	35	8.62057	1.45714
1	服用减肥药后体重	75.8857	35	7.66877	1.29626

表 3 - 3 - 6　匹配样本的相关分析

		N	Correlation	Sig.
Pari	服用减肥药前体重			
1	服用减肥药后体重	35	0.660	0.000

表 3 - 3 - 7　匹配样本 t 检验

			Pari 1 服用减肥药前体重 – 服用减肥药后体重
Paired Differences	Mean		10.85714
	Std. Deviation		6.77427
	Std. Error Mean		1.14506
	95% Confidence Interval	Lower	8.53010
	of the Difference	Upper	13.18419
t			9.482
df			34
Sig. (2-tailed)			0.000

　　从输出结果看，服用减肥药物前，35 名服用者的平均体重为 84.7429 公斤，服用后平均体重为 75.8857 公斤。

　　对匹配样本进行相关性分析，简单相关系数为 0.660，其 P 值 Sig. < 0.05。说明匹配样本有较显著的相关关系。

　　再分析 t 检验结果，在 95% 的概率保证程度下，表中 t 值为

9.482，其 P 值 Sig. < 0.05，因此，拒绝 H_0 假设，接受 H_1，即服用减肥药物后体重有显著差异。

如果要得出服用减肥药物前的体重大于服用减肥药物后的体重，即 $H_1: \mu_1 > \mu_2$，需要进行单尾检验，即将表 3-3-7 中接受进行双尾 t 检验得到的 P 值除以 2，如果 P/2 < 0.05，即可接受 H_1。

实验四　用 SPSS 进行方差分析

在本部分的实验一中，对 SPSS 关于两个总体均值是否相等进行了比较，但在实际应用中常常要比较多个总体均值的问题，方差分析就是解决这类问题的一种有效方法。

例如，实施员工培训的企业，需要评估三种不同培训方式对培训效果的影响，以便找到最有效的培训方式。

在质量管理中，在可能对质量发生影响的因素如流程、操作方法、原材料变化或设备变化中，方差分析用于分析各影响因素对产品质量的影响是否显著，从而对影响因素进行优化。

在市场营销中，需要分析消费者的特征，如年龄、教育程度、交通便利情况等对商品的购买量有无显著差异，这也需要运用方差分析的知识，确定细分市场情况。

一　实验目的和要求

掌握单因素方差分析的计算及两两比较的应用范围与选用条件；熟悉用软件进行方差分析；了解软件输出的方差分析的结果和意义。

二　实验原理

进行方差分析的基本思路是，首先通过实验（或调查），取得不同因素不同水平条件下被考察的随机变量（不妨称为因变量）

的样本，然后利用样本构造统计量，检验不同条件下的因变量的均值是否相等，如果均值相等的假设被接受，则说明因素及水平对因变量的影响不显著，反之，则显著。所以方差分析实际上是通过多个总体均值相等的假设检验，来推断变量间因果联系的方法。

单因素方差分析只检验一个变量的影响，例如消费者年龄因素对购买量的影响；双因素方差分析同时考察两种因素的影响作用，例如消费者年龄、收入水平对购买量的显著影响。本实验以单因素方差分析为例，进行两个及以上总体均值的比较。

例如，某企业需要对新技工的培训效果进行评估。分别采用了课堂集体讲授、师傅传带和现场集体演示三种培训方法，对三个班组进行了观察。对新技工的培训效果进行打分后得到相关数据，输入 SPSS 中，见图 3 - 4 - 1。下面以此为例，通过单因素方差分析判断三种培训方法效果是否有显著差异。

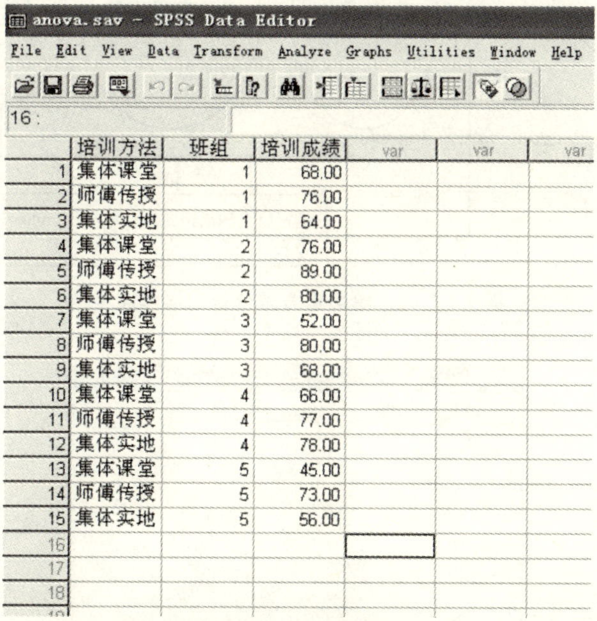

	培训方法	班组	培训成绩	var	var	var
1	集体课堂	1	68.00			
2	师傅传授	1	76.00			
3	集体实地	1	64.00			
4	集体课堂	2	76.00			
5	师傅传授	2	89.00			
6	集体实地	2	80.00			
7	集体课堂	3	52.00			
8	师傅传授	3	80.00			
9	集体实地	3	68.00			
10	集体课堂	4	66.00			
11	师傅传授	4	77.00			
12	集体实地	4	78.00			
13	集体课堂	5	45.00			
14	师傅传授	5	73.00			
15	集体实地	5	56.00			
16						
17						
18						

图 3 - 4 - 1　SPSS 数据文件

三 实验内容与具体步骤

单因素方差分析的基本操作流程如图 3 – 4 – 2 所示。

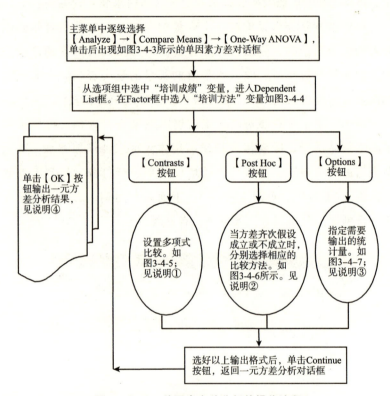

图 3 – 4 – 2 单因素方差分析的操作流程

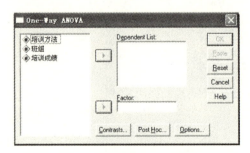

图 3 – 4 – 3 打开单因素方差分析对话框

以上流程的具体操作说明如下：

①单击 Contrasts 按钮，打开一元方差比较对话框，如图 3 - 4 - 5，可进行先验对比检验和趋势检验。

其中，选中 Polynomial 复选框，表示需要进行趋势检验，使用多项式比较，在 Degree 下拉列表中选择多项式模型的级数。

如果发现某些组与另外一些组的均值差异显著，进而检验总体均值差异显著，就可以对组的均值乘以一个系数，再进行比较。在 Coefficients 框中设置多项式比较的系数。每次输入不同的系数，添加至列表框。线性多项式比较时，Coefficients 框中数据依次表示从第一组开始每组组内均值乘以的系数。

如果不需要进行多项式比较，此表按钮可以不选中。

②单击 Post Hoc 按钮，打开 One - Way ANOVA：Post Hoc Mutiple Comparison 对话框，如图 3 - 4 - 6。

在 Equal Variance Assumed（方差齐次假设成立）时，选择 LSD、Bonferroni、S-N-K 和 Turkey 法。

在 Equal Variance Not Assumed（方差齐次假设不成立）时，选择 Dunnett's T3 法。

置信区间确定为 0.05。

③单击 Options 对话框，如图 3 - 4 - 7。

Statitics 选项组：

选中 Descriptive 复选框，以便在结果中输出描述性统计分析。

选中 Homogneity of variance test 复选框，进行方差齐次检验，判断进行单因素方差分析的方差齐次的假设是否成立。

Missing Values 选项组：

选中 Exclude cases analysis by analysis 单选组。

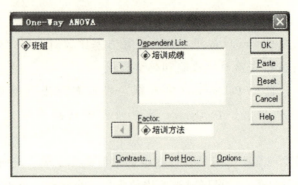

图 3 - 4 - 4   选择参与分析变量

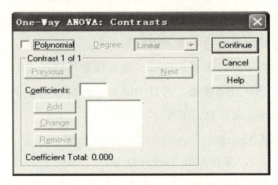

图 3 - 4 - 5   多项式比较对话框

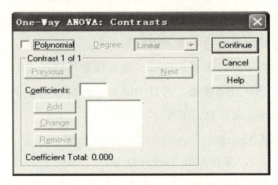

图 3 - 4 - 6   选择方差齐次或不齐次的检验方法

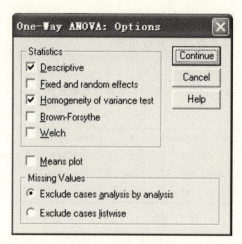

图 3 - 4 - 7　设置选项

④单因素方差分析结果解读（见表 3 - 4 - 1 ~ 表 3 - 4 - 4）。

表 3 - 4 - 1　描述性分析

培训成绩

	集体课堂讲授	师傅传授	集体实地操作	Total
N	5	5	5	15
Mean	61. 4000	79. 0000	69. 2000	69. 8667
Std. Deviation	12. 60159	6. 12372	9. 95992	11. 83135
Std. Error	5. 63560	2. 73861	4. 45421	3. 05484
95% Confidence　Lower Bound	45. 7531	71. 3964	56. 8331	63. 3147
Interval for Mean　Upper Bound	77. 0469	86. 6036	81. 5669	70. 4187
Minimum	45. 00	73. 00	56. 00	45. 00
Maximum	76. 00	89. 00	80. 00	89. 00

表 3 - 4 - 1 显示各组数据的描述性分析。

表 3 - 4 - 2　方差齐次性检验

培训成绩

Levene Statistic	df1	dr2	Sig.
2. 161	2	12	0. 158

表 3 - 4 - 2 显示方差齐次检验结果。由于 Sig. 值大于 0.05，接受原假设，即各组总体方差相等。

表 3 - 4 - 3　单因素方差分析

培训成绩

	Sum of Squares	df	Mean Square	F	Sig.
Between Groups	777.733	2	388.867	3.948	0.048
Within Groups	1182.000	12	98.500		
Total	1959.733	14			

表 3 - 4 - 3 表现了单因素方差比较的 F 检验结果。由于 Sig. 值小于 0.05，拒绝原假设。即三种培训方法的培训成绩之间存在显著差异。

表 3 - 4 - 4　单因素方差分析的多重比较

Dependent Variable：培训成绩

	(I) 培训方法	(J) 培训方法	Mean Difference (I - J)	Std. Error	Sig.	95% Confidence Interval Lower Bound	Upper Bound
Tukey HSD	集体课堂讲授	师傅传授	-17.60000	6.27694	0.039	-34.3460	-0.8540
		集体实地操作	-7.80000	6.27694	0.452	-24.5460	8.9460
	师傅传授	集体课堂讲授	17.60000*	6.27694	0.039	0.8540	34.3460
		集体实地操作	9.80000	6.27694	0.299	-6.9460	26.5460
	集体实地操作	集体课堂讲授	7.80000	6.27694	0.452	-8.9460	24.5460
		师傅传授	-9.80000	6.27694	0.299	-26.5460	6.9460
LSD	集体课堂讲授	师傅传授	-17.60000*	6.27694	0.016	-31.2763	-3.9237
		集体实地操作	-7.80000	6.27694	0.238	-21.4763	5.8763
	师傅传授	集体课堂讲授	17.60000*	6.27694	0.016	3.9237	31.2763
		集体实地操作	9.80000	6.27694	0.144	-3.8763	23.4763
	集体实地操作	集体课堂讲授	7.80000	6.27694	0.238	-5.8763	21.4763
		师傅传授	-9.80000	6.27694	0.144	-23.4763	3.8763

续表

	(I) 培训 方法	(J) 培训方法	Mean Difference (I－J)	Std. Error	Sig.	95% Confidence Interval	
						Lower Bound	Upper Bound
Bonfer- roni	集体课 堂讲授	师傅传授	－17.60000*	6.27694	0.048	－35.0466	－0.1534
		集体实地操作	－7.80000	6.27694	0.713	－25.2466	9.6466
	师傅 传授	集体课堂讲授	17.60000*	6.27694	0.048	0.1534	35.0466
		集体实地操作	9.80000	6.27694	0.433	－7.6466	27.2466
	集体实 地操作	集体课堂讲拱	7.80000	6.27694	0.713	－9.6466	25.2466
		师傅传授	－9.80000	6.27694	0.433	－27.2466	7.6466
Dunnett T3	集体课 堂讲授	师傅传授	17.60000	6.26578	0.083	－37.8314	2.6314
		集体实地操作	－7.80000	7.18331	0.642	－29.3061	13.7061
	师傅 传授	集体课堂讲授	17.60000	6.26578	0.083	－2.6314	37.8314
		集体实地操作	9.80000	5.22877	0.259	－6.4007	26.0007
	集体实 地操作	集体课堂讲授	7.80000	7.18331	0.642	－13.7061	29.3061
		师傅传授	－9.80000	5.22877	0.259	－26.0007	6.4007

注： ＊表示 The mean difference is significant at the.05 level。

表 3-4-4 显示各种检验方法两两比较的结果。从表中可以看出，集体课堂讲授与师傅传授两种培训方法的培训成绩有显著差异；而师傅传授和集体实地操作两种培训方法的培训成绩差异不显著。以上分析为改进培训方法、重新设计员工培训流程提供了可靠的依据。

实验五　用 SPSS 进行非参数检验

统计推断既包括对于定量数据的参数估计、假设检验，也包括对于定性数据的非参数检验。在我们对总体分布形态无法了解的情况下，利用样本数据对总体分布形态等进行推断的方法，就是非参数检验方法。运用非参数检验，可以对非正态分布总体、方差不等的总体或分布形状未知的总体进行检验推断。不仅适合处理定距和定比这类数值型数据，也适合定类、定序这类非数值型数据。

一 实验目的和要求

掌握常见的非参数检验的计算方法；熟悉非参数检验的概念及适用范围；了解非参数检验及两两比较。

二 实验原理

(一) 单样本的非参数检验

对于来自某一总体的样本数据，可以利用单样本非参数检验，了解该总体的分布是否与某个已知的理论分布相吻合。单样本非参数检验包括卡方检验、K－S检验以及变量值随机性检验。

(二) 双独立样本的非参数检验

在上一节中，例中的数据未通过正态性检验。对于未通过正态性检验或分布未知的总体，就不能使用参数检验进行分析。例如，两个未知的总体，比较它们的均值差异或位置差异，需要进行非参数检验。

三 实验内容与具体步骤

(一) 单样本的非参数检验

1. 总体分布比例检验——卡方检验

对于离散型变量，当需要推断总体分布是否符合某个期望分布时，可以进行卡方检验。例如对于三个产品设计样式的调查，发现28%的人喜欢 A 样式，40%的人喜欢 B 样式，其余32%的人喜欢 C 样式。试推断人们喜欢三种产品设计样式的程度是否有显著差别。在相关数据文件中，共25位被调查者，有7人选择 A 样式，用"1"表示；10人选择 B 样式，用"2"表示；8人选择 C 样式，用"3"表示。

卡方检验的基本操作流程见图 3－5－1。

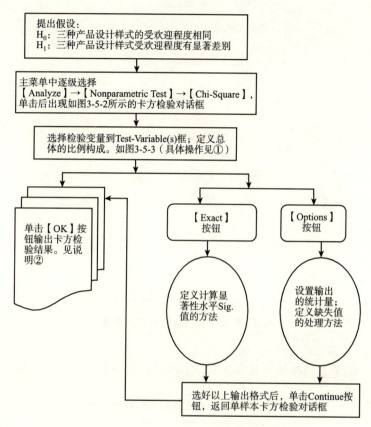

图 3 – 5 – 1　卡方检验的操作流程

流程的具体操作说明如下：

①将 25 位接受调查的顾客对样式的偏好数据输入 SPSS，形成变量"调查"（标签是"对三种样式顾客喜欢的调查"）。将该变量选入 Test Variable List 框（见图 3 – 5 – 2）。

在 Expected Values 中定义总体的比例构成：

All categories equal 单选钮：指总体各个部分比例均等；

Values 单选钮：根据检验目的，自定义总体的各个部分比例。

这里选中 All categories equal 单选钮（见图 3 – 5 – 3）。

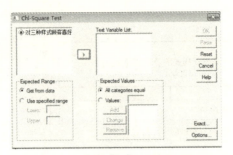

图 3 − 5 − 2　打开卡方检验对话框

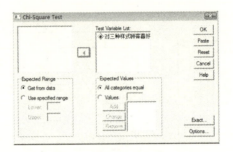

图 3 − 5 − 3　选择参与分析的变量

②卡方检验结果见表 3 − 5 − 1 和表 3 − 5 − 2。

表 3 − 5 − 1　总体分布比例实际与期望分布描述

	Observed N	Expected N	Resldual
A	7	8.3	− 1.3
B	10	8.3	1.7
C	8	8.3	− 0.3
Total	25		

表 3 − 5 − 2　卡方检验结果

	对三种样式顾客喜好
Chi-Squar	0.560
df	2
Asyrnp. Sig.	0.756

①Cells（0.0%）have expected frequencies.

②The mlnimum expected cell frequency.

分析表 3 - 5 - 1 和表 3 - 5 - 2 的结果，在卡方检验中，Asymp. sig. 值为 0.765，大于 0.05，因此，接受 H_0 假设，拒绝 H_1，即三种产品设计样式的受欢迎程度相同。

2. 总体分布正态性检验——K - S 检验

在进行参数检验之前，要求样本来自的总体是已知的正态分布。对总体的正态性检验，可以使用非参数检验的 K - S 检验，通过样本检验总体的正态性。

K - S 检验的基本操作流程见图 3 - 5 - 4。

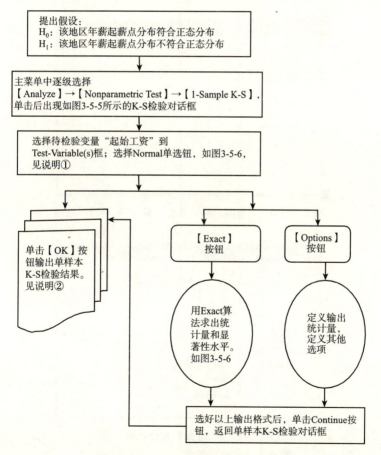

图 3 - 5 - 4　K - S 检验的操作流程

以上流程的具体操作说明如下：

①打开单样本 K‑S 检验的窗口，如图 3‑5‑6，在 Test Distribution 选项组下：

Normal 复选框，表示正态分布检验；

Uniform 复选框，表示均匀分布检验；

Poisson 复选框，表示泊松分布检验；

Exponential 复选框，表示指数分布检验。本例选择 Normal 复选框。

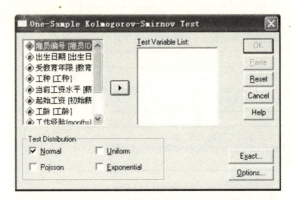

图 3‑5‑5　单样本分布正态性（K‑S）检验对话框

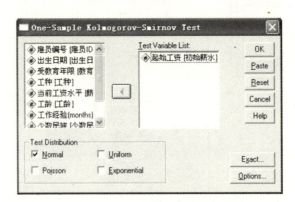

图 3‑5‑6　选择参与分析的变量

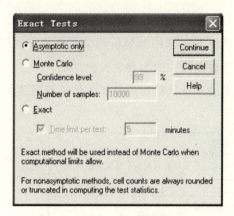

图 3 - 5 - 7 Exact 设置统计量

②单样本 K - S 检验结果见表 3 - 5 - 3。

表 3 - 5 - 3 单样本 K - S 检验输出结果

		起始工资
N		474
Normal Parameters[a,b]	Mean	$1701 6. 09
	Std. Deviation	$7870. 638
Most Extreme	Absolute	0. 252
Differences	Positive	0. 252
Negative		- 0. 170
Kolmogorov-Smirnov Z		5. 484
Asymp. Sig. （2-tailed）		0. 000

①Test distribution is Normal.
②Calculated from data.

分析表 3 - 5 - 3 的结果，表中 Asymp Sig. （2 - tailed） 值为 0. 000，小于 0. 05，因此拒绝 H_0 假设，接受 H_1，即样本来自的总体不属于正态分布，该地区年薪资起薪点分布不符合正态分布。

（二） 双独立样本的非参数检验

对于两个分布未知的总体，如果比较它们的均值差异或位置差异，需要进行非参数检验。

例如，想了解上一节中某地区男女的年薪起薪点是否有显著不同，可以用双独立样本的非参数检验。

双独立样本的非参数检验的基本操作流程见图3－5－8。

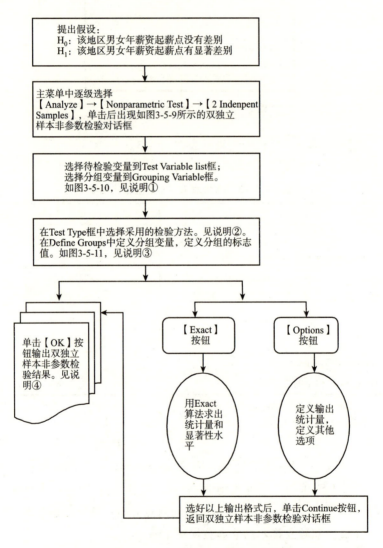

图3－5－8　双独立样本的非参数检验的操作流程

流程的具体操作说明如下：

①打开双独立样本非参数检验 Two-Independent-Samples Tests 窗口后，如图 3 - 5 - 10 所示：

在变量组中选择"起始工资"变量到 Test-Variable List 框。

进一步选择分组变量 Grouping Variabe，要求用来分组的变量应是数值型。原数据文件中的"性别"变量属于字符串型，需要进行数据转换。通过"Transform-Recode-Into Different Variables"将字符串型变量"性别"转换为数值型变量"性别（比较）"。

选择"性别（比较）"到分组变量 Grouping Variable 框。

②在 Test Type 选项组中选择 Mann-Whitney U 检验方法。这种方法比较两个总体的分布形状是否一致，以此作为判断两个总体均值是否相等的前提，是秩和检验中最常用的方法之一。

③在 Define Groups 中定义分组变量，定义分组的标志值。如图 3 - 5 - 11。

Group 1 框中写入 1，表示男性为第一组。

Group 2 框中写入 2，表示女性为第二组。

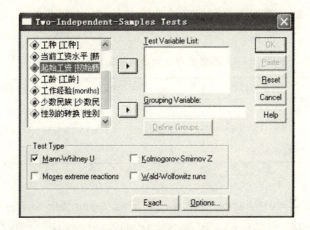

图 3 - 5 - 9　双独立样本非参数检验窗口

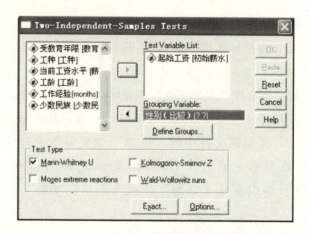

图 3 – 5 – 10　选择参与分析的变量

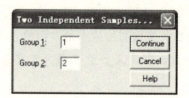

图 3 – 5 – 11　定义分组的标志值

④双独立样本非参数检验结果见表 3 – 5 – 4 和表 3 – 5 – 5。

表 3 – 5 – 4　双独立样本非参数检验的描述性分析

	性别的转换	N	Mean Rank	Sum of Ranks
起始工资	1	258	315.06	81285.00
	2	216	144.86	31290.00
	Total	474		

经过 Mann-Whitney U 检验，表中的 Asymp Sig.（2 – tailed）值为 0.000，小于 0.05，因此拒绝 H_0 假设，接受 H_1，即该地区男女年薪资起薪点有显著差别。

表 3 – 5 – 5 男、女职员起始工资差异的非参数检验结果

	起始工资
Mann-Whitney U	7854.000
Wilcoxon W	31290.000
Z	– 13.496
Asymp. Sig. （2-tailed）	0.000

注：Grouping Variable：性别的转换。

实验六 用 SPSS 进行聚类分析

顾名思义，聚类分析（Cluster Analysis）是研究物以类聚问题的一种方法，其实质是建立一种分类方法，使之能将一批样本数据按它们在某性质上的亲密程度，进行分类。聚类分析法是理想的多变量统计技术，是研究分类的一种多元统计方法。例如，反映企业管理水平指标有多种，如利润率、员工流动率等，根据这些指标对企业进行归类，可以反映管理水平相近企业的共同特征。聚类分析也常应用于市场营销中，可以对目标顾客进行分类，了解目标顾客类别的行为特点，以利于商品提供者有针对性地开发新产品，做好营销工作。

一 实验目的和要求

熟练使用 SPSS 软件进行快速分类，了解软件输出的结果及其意义。

二 实验原理

基本思想：我们所研究的任何一批样本或指标（变量）之间均存在程度不同的相似性（或亲疏关系——以样本间某项指标的距离来衡量）。根据样本的多个观测指标，具体找出一些能够度量样本或指标之间相似程度的统计量，以这些统计量作为划分类型

的依据。把一些相似程度较大的样本（或指标）聚合为一类，把另外一些彼此之间相似程度较大的样本（或指标）又聚合为另一类，直到把所有的样本（或指标）聚合完毕，这就是分类的基本思想。

聚类分析的方法基本划分为两种，分层聚类和快速聚类。分层聚类可以对样本观测值或变量分多层次归类，应用较为广泛。但不适合应用于样本容量较大的情况。如果观测值的个数多，数据处理量大，则适宜采用快速聚类分析方法。

应用聚类分析时，有一些基本的要求：①聚类分析所依据的变量，应是有效变量，例如对目标顾客的分析，选用的变量可以是购买行为方面的指标，能有效说明聚类后类别的特征，而不是其他无效特征。②对于数据要进行标准化等处理，消除不同的计量单位的影响。③变量间不存在显著的线性相关关系。可通过因子分析，将相关性较强的变量归入同一因子，进行降秩处理。

三　实验内容与具体步骤

此处以 SPSS 软件中自带的数据 plastic. sav 为例，对 20 个塑料样品观测值按特性进行快速聚类。

快速聚类（K – Means 聚类）的基本操作流程见图 3 – 6 – 1。

流程的具体操作说明如下：

①单击 Iterate 按钮，打开对话框，如图 3 – 6 – 4。

其中 Maximum Iterations 中设置最大迭代次数，默认为 10 次（见图 3 – 6 – 3）。

在 Convergence Criterion 框中设置收敛标准，设置为 0. 02，表示当类中心距离变化的最大值小于最小的起始的类别中心坐标值的 2% 时，迭代即停止。此处设置为零。

②单击 Save 按钮，如图 3 – 6 – 5。

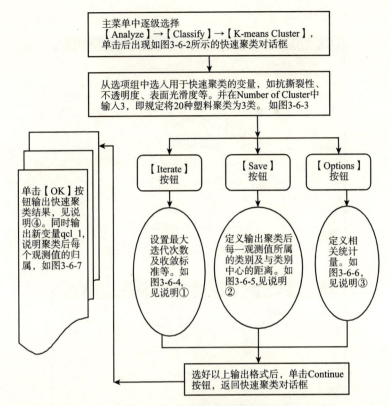

图 3 - 6 - 1　快速聚类的操作流程

选中 Cluster membership 复选框，表示输出聚类后每一观测值所属的类别，可自定义，系统默认变量名称为 qcl_1。

不选 Distance from cluster center 框，表示不用输出每一观测值与所在类别中心的距离。

③单击 Options 对话框，如图 3 - 6 - 6。

Statitics 选项组：

选中 Initial cluster centers 复选框，以在结果中输出起始类中心位置点。

选中 ANOVA table 选项，以对变量进行单因素方差分析，判断变量的差异性是否显著。

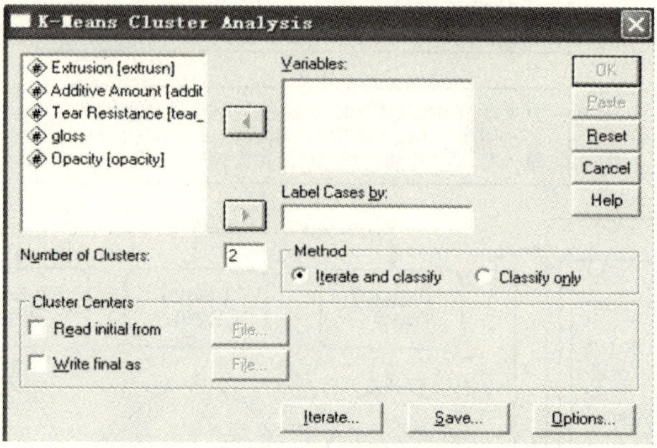

图 3 − 6 − 2　K − 均值聚类分析对话框

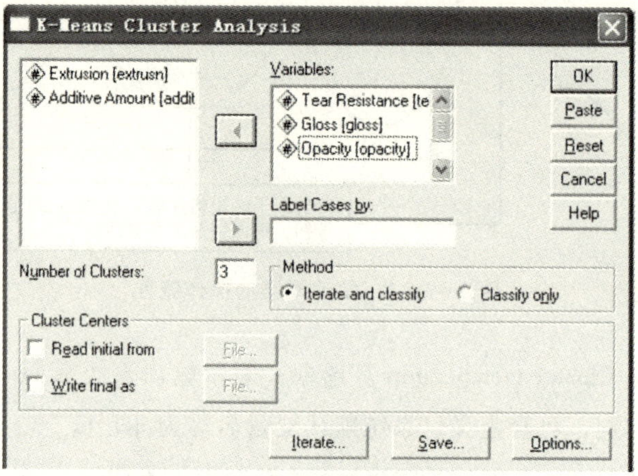

图 3 − 6 − 3　K − 均值聚类分析类型选择

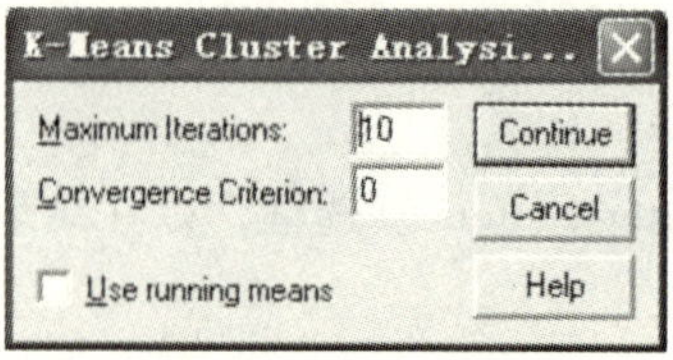

图 3 − 6 − 4　设置最大迭代次数及收敛标准

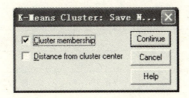

图 3 - 6 - 5　定义输出观测值所属的类别及与类别中心的距离

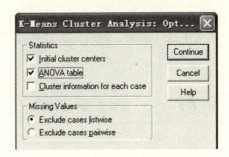

图 3 - 6 - 6　定义相关统计量

Missing Values 选项组：

选中 Exclude cases listwise 复选框。

④快速聚类结果见表 3 - 6 - 1 ～ 表 3 - 6 - 5。

表 3 - 6 - 1　起始聚类中心列表

	组别		
	1	2	3
抗撕裂性	7.0	7.1	6.5
表面光滑度	8.8	9.2	9.2
不透明度	5.2	8.4	0.8

表 3 - 6 - 1 说明了起始的类别中心的位置。分别对应三个观测值。

表 3 - 6 - 2　迭代记录

迭代次数	类别中心变化		
	1	2	3
1	0.750	0.792	1.338
2	0.213	0.544	0.000
3	0.000	0.000	0.000

表 3 - 6 - 2 说明了迭代记录，到第三次时达到设置的迭代收敛标准。

表 3 - 6 - 3　最终类别中心列表

	组别		
	1	2	3
抗撕裂性	6.7	6.8	6.8
表面光滑度	9.2	9.6	9.4
不透明度	4.5	7.2	2.1

表 3 - 6 - 3 说明了最终类别中心的位置，分别对应三个观测值。

表 3 - 6 - 4　方差分析

	Cluster		Error		F	Sig.
	Mean Square	df	Mean Square	df		
抗撕裂性	0.014	2	0.249	17	0.056	0.946
表面光滑度	0.257	2	0.269	17	0.957	0.404
不透明度	31.297	2	0.683	17	45.823	0.000

表 3 - 6 - 4 表明，通过单因素方差分析，三个变量之间只有 Opacity 和其他变量有显著差异。

表 3-6-5　每组观测值数量

组别	1	9.000
	2	3.000
	3	8.000
Valid		20.000
Missing		0.000

表 3-6-5 表示最终的分类结果，三个组里分别包含 9 个、3 个和 8 个观测值。

在 SPSS 主界面输出新变量 qcl_1，说明聚类后每个观测值的归属类别。如图 3-6-7 所示。从该新变量中可以看到分组的详细结果。

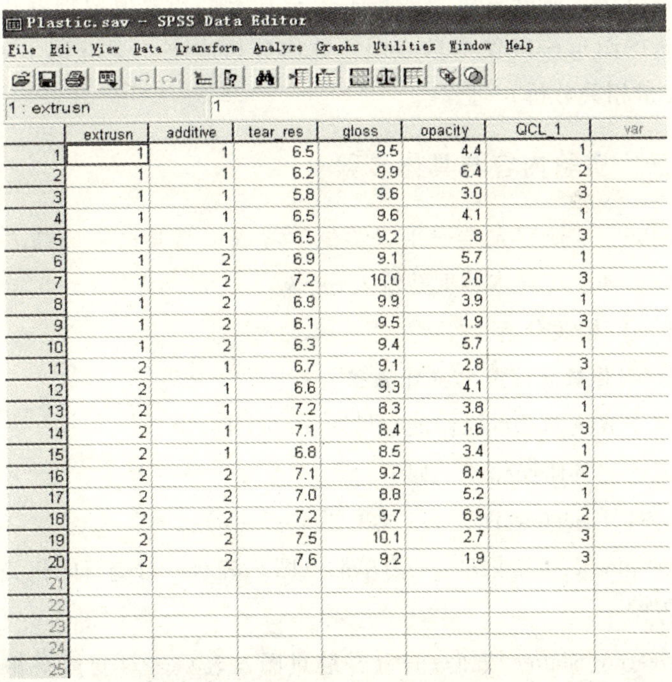

	extrusn	additive	tear_res	gloss	opacity	QCL_1	var
1	1	1	6.5	9.5	4.4	1	
2	1	1	6.2	9.9	6.4	2	
3	1	1	5.8	9.6	3.0	3	
4	1	1	6.5	9.6	4.1	1	
5	1	1	6.5	9.2	.8	3	
6	1	2	6.9	9.1	5.7	1	
7	1	2	7.2	10.0	2.0	3	
8	1	2	6.9	9.9	3.9	1	
9	1	2	6.1	9.5	1.9	3	
10	1	2	6.3	9.4	5.7	1	
11	2	1	6.7	9.1	2.8	3	
12	2	1	6.6	9.3	4.1	1	
13	2	1	7.2	8.3	3.8	1	
14	2	1	7.1	8.4	1.6	3	
15	2	1	6.8	8.5	3.4	1	
16	2	2	7.1	9.2	8.4	2	
17	2	2	7.0	8.8	5.2	1	
18	2	2	7.2	9.7	6.9	2	
19	2	2	7.5	10.1	2.7	3	
20	2	2	7.6	9.2	1.9	3	
21							
22							
23							
24							
25							

图 3-6-7　输出聚类后观测值的归属类别

实验七　用 SPSS 进行简单相关分析和一元线性回归

一　实验目的和要求

掌握两个非确定变量之间的相关分析的方法；对变量的因果关系进行分析。熟悉用软件进行简单相关分析和一元线性回归。

二　实验原理

相关分析是用来研究非确定关系变量之间关系密切程度的一种统计方法。研究变量间的相关关系有图形和数值两种方式。相关分析的图形一般使用散点图，数值分析本书主要介绍 Bivariate（双变量相关分析）过程。

三　实验内容与具体步骤

例如，要研究大学一年级学生学习成绩与其高考成绩之间关联程度，搜集了样本数据并输入 SPSS。

（一）相关分析

1. 制作散点图基本操作流程

制作散点图基本操作流程见图 3 - 7 - 1。

流程的具体操作说明如下：

①打开 Scatter/Dot 窗口（见图 3 - 7 - 2）：

Simple Scatter 按钮——简单散点图，表示一对变量间相关关系的散点图；

　Overlay Scatter 按钮——重叠散点图，表示多对变量间相关关系的散点图；

Metrix Scatter 按钮——矩阵散点图，表示以方形矩阵的形式在多个坐标轴上分别显示多对变量的相关关系；

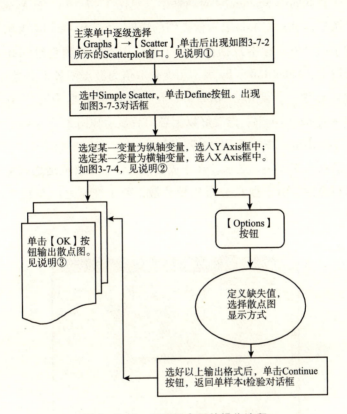

图 3 - 7 - 1 制作散点图的操作流程

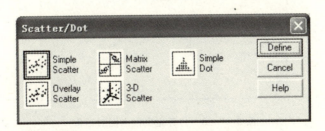

图 3 - 7 - 2 打开散点图选择对话框

3 - D 散点图按钮——三维散点图，表示以立体图显示三对变量之间的相关关系。

②在 Simple Scatterplot 对话框中（见图 3 - 7 - 3），Y Axis 表示散点图的纵轴；X Axis 表示散点图的横轴；Set Makers by 表示该变量的不同取值将样本数据分为若干组，用不同的颜色绘制在一张散点图上；Label Cases by 表示用变量取值为散点图各个点做标签。设置此选项后，要单击 Options，在 Option 对话框中选中 Display chart with case labels。设置好以上各项后显示如图 3 - 7 - 4）。

③输出散点图（见图 3 - 7 - 5）。

散点图 3 - 7 - 5 显示，高考成绩和大学一年级成绩之间呈现一定的相关性，由于散点分布比较分散，两个变量之间呈现弱的相关性。

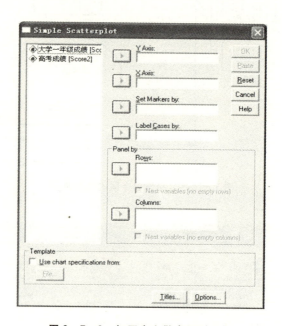

图 3 - 7 - 3　打开定义散点图对话框

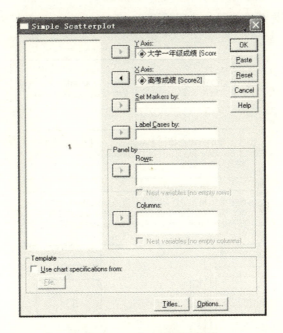

图 3 - 7 - 4　定义纵轴和横轴

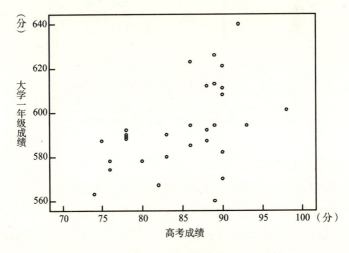

图 3 - 7 - 5　散点图

2. 双变量相关关系检验基本操作流程

相关关系检验操作流程见图 3 – 7 – 6。

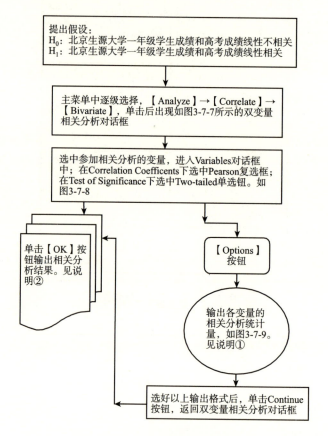

图 3 – 7 – 6 相关关系检验操作流程

流程的具体操作说明如下：

①单击 Options 按钮，打开对话框（见图 3 – 7 – 7 ~ 3 – 7 – 9）。

其中，Statistics 用于定义是否输出平均数、标准离差；是否输出两变量的差积离差和协方差。此处选中 Cross-product deviations and covariances 单选钮。

Missing Values 用于定义分析中对缺失值的处理方法。有两个选钮，选中 Exclude cases analysis by analysis 时表示具体分析时用到的变量有缺失值时，才去除该个案；选中 Exclude cases listwise 时表示去除所有变量上有缺失值的个案。默认为前者，以充分利用数据。

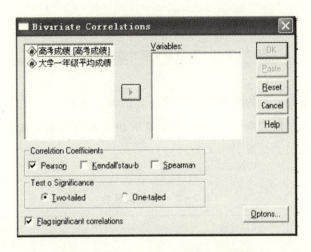

图 3 - 7 - 7 双变量相关分析对话框

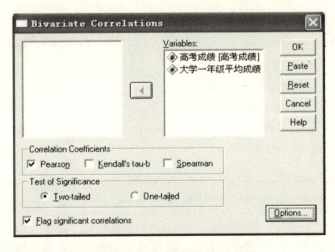

图 3 - 7 - 8 选择参与分析的变量

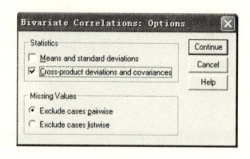

图 3 - 7 - 9　输出各变量的相关分析统计量

②相关分析的结果（定距变量）的输出见表 3 - 7 - 1。

在各个相关系数中，Pearson 简单相关系数可用来度量定距变量的简单相关关系。

表 3 - 7 - 1　相关分析

		高考成绩	大学一年级平均成绩
高考成绩	Pearson Correlation	1	0. 675 **
	Sig. （2-taiied）		0. 000
	Sum of Squares and Cross-products	1394. 967	2412. 167
	Covariance	392. 930	83. 178
	N	30	30
大学一年级平均成绩	Pearson Gorrelation	0. 675 **	1
	Sig. (2-tailed)	0. 000	
	Sum of Squares and Cross-produ cts	2412. 167	122. 167
	Covariance	83. 178	38. 695
	N	30	30

** Correlation is significant at the 0. 01 level （2-tailed）.

从表 3 - 7 - 1 中可以看出，高考成绩和大学一年级成绩之间的简单相关系数为 0. 675，同时二者的相关系数检验的概率 P < 0. 05，

因此，拒绝 H_0 假设，接受 H_1。即二者之间存在相关关系，高考成绩高的学生在大学一年级的成绩也相对较高。

（二）一元线性回归及回归模型检验

在上节中我们分析了学生的高考成绩和大学一年级的成绩之间存在着一定的相关性，在这一节我们要建立一元回归方程，分析大学一年级学生成绩和高考成绩之间的因果关系具体程度。

一元线性回归 Linear Regression 的基本操作流程见图 3 - 7 - 10。

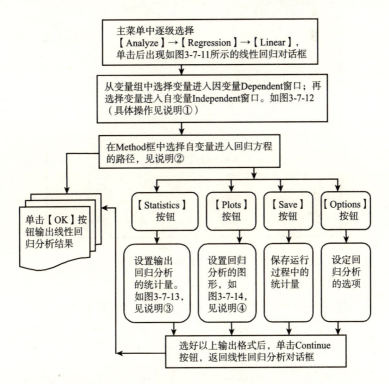

图 3 - 7 - 10　因果关系（回归分析）的操作流程

流程的具体操作说明如下：

①在本例中，研究目的是寻找大学一年级学生成绩和高考成

绩之间的因果关系，在变量组中选择"大学一年级平均成绩"作为因变量进入 Dependent 窗口；再选择"高考成绩"作为自变量进入 Independent 窗口（见图 3 - 7 - 11）。注意，在这里，"大学一年级平均成绩"是各科平均分，而"高考成绩"可能是总分。应对数据进行标准化处理，使二者在相同的口径上进行比较或回归。

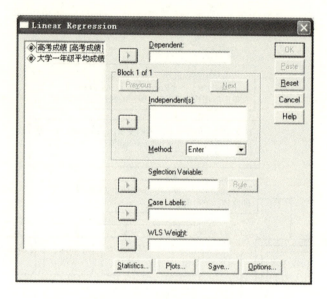

图 3 - 7 - 11　线性回归对话框

②在 Method 框中选择自变量进入回归方程的路径。

在 Method 下拉列表中有 Enter、Stepwise、Remove、Backward、Forward 等几种方式。其中：

Enter 选项：系统的默认选项，表示让所有进入 Independent 窗口的自变量都进入回归模型。本例中默认该选项（见图 3 - 7 -12）。

Remove 选项：一次全部删除法。

Forward 选项：向前回归法。依次选择一个与因变量拟合最好的自变量进入回归方程，直到所有符合标准的变量进入回归方程。

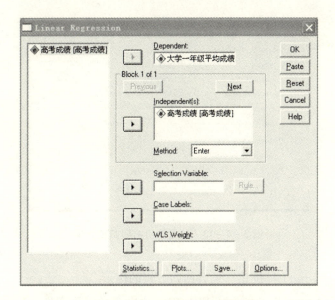

图 3 - 7 - 12　选择参与分析的变量

Backward 选项：向后回归法。将所有的自变量都进入回归方程，依次删除每一个与因变量拟合最不好的自变量，直到仅有符合标准的变量进入回归方程为止。

Stepwise 选项：逐步回归法。从本组的第一个变量开始，先选择一个拟合最好的变量，再用向后回归法，剔除一个拟合度最不好的变量。这样交替进行，直到所有符合标准的变量都进入回归方程，也没有应该删除的不符合标准的变量。

③打开 Statistics 按钮，设置输出回归分析的统计量。

打开 Statistics 按钮，在 Regression Coefficients 下选择 Estimates（估计值）复选框，表示输出结果中显示回归系数和相关系数，用来检验回归方程的回归系数。

选择 Model fit（模型的拟合）复选框，表示输出回归方程的确定系数、标准差等，检验回归方程的拟合优度（见图 3 – 7 – 13）。

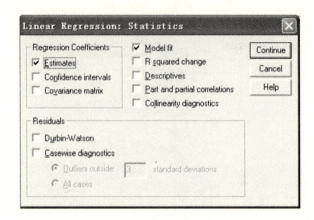

图 3 – 7 – 13　设置输出的回归统计量

④打开 Plots 按钮，设置回归分析的图形。

在 Linear Regression：Plots 中，分析变量的正态性、标准化残差等（见图 3 – 7 – 14）。

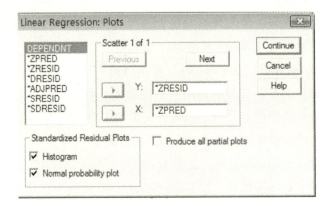

图 3 – 7 – 14　设置线性回归的残差分析图形

⑤线性回归输出结果分析见表 3 – 7 – 2 ~ 表 3 – 7 – 4。

表 3 - 7 - 2 进入或删除自变量

Model	Variables Entered	Variables Removed	Method
1	高考成绩		Enter

注：Predictors：（Constant）为高考成绩；Dependent Variable 为大学一年级平均成绩。下表同。

表 3 - 7 - 3 模型摘要

Model	R	R Square	AdjustedStd R Square	Std. Error of the Estimate
1	0. 675	0. 455	0. 436	4. 67341

表 3 - 7 - 4 回归方程检验

	Model	Sum of Squares	df	Mean Square	F	Sig.
	Regression	510. 624	1	510. 624	23. 379	0. 000
1	Residual	611. 542	28	21. 841		
	Total	1122. 167	29			

表 3 - 7 - 4 对回归方程拟合优度的 F 检验显示，Sig. < 0.05，因此拒绝"回归方程的各回归系数同时等于零"的零假设，接受因变量和自变量线性相关显著的假设。

表 3 - 7 - 5 为回归系数 t 检验。由于 Sig. < 0.05，拒绝零假设，接受回归方程的系数显著的假设，即因变量和自变量的线性关系显著。

表 3 - 7 - 5 回归系数检验

	Model	UnStandardiZed Coefficients		Standardized Coefficients	t	Sig.
		B	Std. Error	Beta		
1	（Constant）	- 42. 865	26. 079		- 1. 644	0. 111
	高考成绩	0. 212	0. 044	0. 675	4. 835	0. 000

同时，通过表 3 – 7 – 5 可得到一元线性回归方程：

$$Y = 0.212X - 42.865$$

样本残差数据分布见表 3 – 7 – 6。

表 3 – 7 – 6　残差数据

	Minimum	Maximum	Mean	Std. Deviation	N
Predicted Value	74.1982	93.0383	83.1667	4.19616	30
Residual	– 7.07472	11.31227	0.00000	4.59213	30
Std. Predicted Value	– 2.137	2.353	0.000	1.000	30
Std. Residual	– 1.514	2.421	0.000	0.983	30

残差分析包括残差的正态性分析、等方差性检验、独立性检验和线性关系检验。图 3 – 7 – 15 表示大学一年级成绩与高考成绩一元线性回归的残差分布。

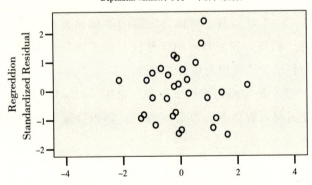

Dependent Variable：大学一年级平均成绩

图 3 – 7 – 15　线性回归分析残差图

从残差图上看，残差值近似随机分布在水平方向上，说明选用的模型比较合理，回归直线对原观测值的拟合良好。

大学一年级平均成绩的直方图见图 3 – 7 – 16。

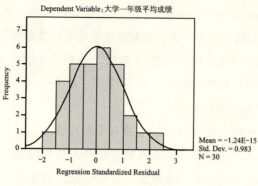

图 3 - 7 - 16 直方图

从图形上看，数据分布符合正态分布。对于回归的残差正态性检验，还需要在 Save 中做进一步设置，本例不再赘述。

实验八 用 SPSS 进行信度分析

信度是指使用测验工具进行多次测量所得到的结果的一致性或稳定性。信度的计算是由一组测量分数的真变异数与总变异数的比率确定的。

由于信度能够反映测量的随机误差，但不能反映系统误差，因此，信度和效度的关系表现为信度是效度的必要条件，即效度高信度一定也高，信度低效度一定低，但信度高未必效度也高。

一 实验目的及要求

了解 SPSS 软件进行信度分析的操作步骤，并能读懂信度分析结果。

二 实验原理

信度可分为内在信度和外在信度。内在信度是指量表的一组问题是否测量同一个概念，且能否稳定测量同一个概念。常用的检测方法是 Cronbach's alpha 系数。外在信度是指对相同的测试者在不同时间测得的结果是否一致，再测信度是外在信度最常用的检验法。

衡量信度的指标可以用信度系数，一般认为，0.60～0.65 为不可信；0.65～0.70 为最小可接受值；0.70～0.80 为相当好；0.80～0.90 为非常好。

信度分析的方法有很多。主要有下列几种：

（1）再测信度法：用同样的问卷对同一被测间隔一定时间的重复测试，计算两次测试结果的相关系数。重测信度法适用于事实性的问卷，也可用于不易受环境影响的态度、意见式问卷。由于重测信度需要对同一样本试测两次，而被测容易受到各种事件、活动的影响，所以间隔时间需要适当。较常用者为间隔两个星期或一个月。

（2）复本信度法：复本信度法是根据一组被测在两个平行问卷（即复本）上的得分，计算相关系数。由于这种方法要求两个复本在内容、数量、格式、难度和指导语等方面都要完全一致，所以复本信度属于等值系数。复本法要求施测的时间比较严格，最好在同一场时间连续施测，又不要让被测产生厌倦感。

（3）折半信度法：折半信度法是指将测量项目按奇偶项分成两半，分别记分，测算出两半分数之间的相关系数。折半信度属于内在一致性系数，测量的是两半项目间的一致性。这种方法不适合测量事实性问卷，常用于态度、意见式问卷的信度分析。

（4）α 信度系数法：克伦巴赫 α 信度系数是目前最常用的信度系数。α 信度系数评价的是量表中各题项得分间的一致性，属于内在一致性系数。这种方法适用于态度、意见式问卷（量表）的信度分析。

三　实验内容与具体步骤

此处以 SPSS 软件中自带的数据 Anxiety2. sav 为例进行信度检验。对 12 位被测个体在六个方面进行了主观心理测验，其测试得分如图 3 - 8 - 1 所示。

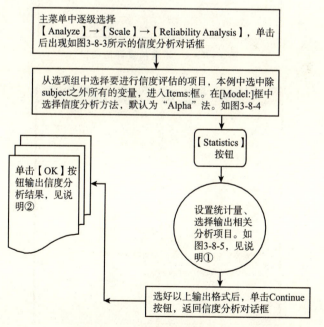

图 3-8-1　源数据

信度分析的基本操作流程见图 3-8-2。

图 3-8-2　信度分析的操作流程

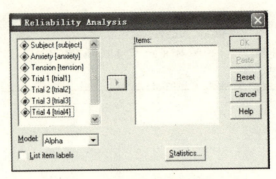

图 3 − 8 − 3 信度分析对话框

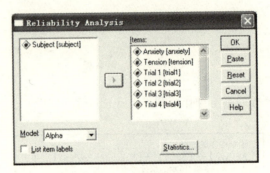

图 3 − 8 − 4 所选信度评估项目

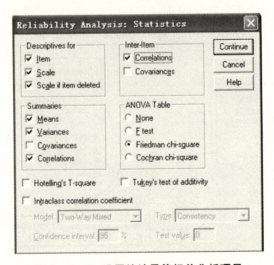

图 3 − 8 − 5 设置统计量等相关分析项目

流程的具体操作说明如下：

①单击 Ststistics 按钮，打开信度分析的统计量窗口。

在 Descriptives for 选项组中，有 Item、Scale 和 Scale if item deleted 三个复选框。

Item，表示输出各评估项目的基本描述统计量；

Scale，表示输出各评估项目之和即总分的基本描述统计量；

Scale if item deleted，即输出剔除某评估项目后的基本统计量。

在 Inter-Item 选项组中，有 Correlations 和 Covariances，分别表示输出各评估项目的相关关系矩阵、输出各评估项目的协方差矩阵。本例选中 Correlations 复选框。

在 Summaries 选项组中，是各评估项目的总体特征值如均值、方差、协方差、相关系数等的描述统计量。本例选中 MeansVariances、Correlations 复选框。

在 ANOVA Table 选项组中，由于本例的数据样本容量较小，不能确定符合正态分布，因此选择 Friedman chi-square 进行非参数的卡方检验。

②信度分析结果见表 3 - 8 - 1。

表 3 - 8 - 1　信度分析结果

Cronbach's Alpha	Cronbach's Alpha Based on Standardized Items	N of Items
0.776	0.734	6

表 3 - 8 - 1 输出的克伦巴赫 α 信度系数为 0.776，标准化 α 信度系数为 0.734，取值介于 0.7～0.8 之间，按照前面所述信度分析标准，属于"相当好"。该量表信度系数属于可接受范围之内。具体是否接受该量表，还要看各评估项目之间的相关性。见表 3 - 8 - 2。

表 3 - 8 - 2　项目间相关系数矩阵

	Anxiety	Tension	Trial 1	Trial 2	Trial 3	Trial 4
Anxiety	1.000					
Tension	0.000	1.000				
Trial 1	0.168	-0.168	1.000			
Trial 2	0.215	0.215	0.488	1.000		
Trial 3	-0.036	0.180	0.246	0.812	1.000	
Trial 4	0.395	0.395	0.223	0.803	0.785	1.000

The covariance matrix is calculated and used in the analysis.

表 3 - 8 - 2 显示各个评估项目之间的相关程度。从表 3 - 8 - 2 看，Anxiety、Tension、Trial 等评估项目与其他各项目之间相关性不强；Trial 4 与其他项目的相关性最强。再看各评估项目的统计量之间的相关性。见表 3 - 8 - 3。

表 3 - 8 - 3　各评估项目统计量相关性

	Item Means	Item Variances	Inter-Item Correlations
Mean	7.167	4.129	0.315
Minimum	1.500	0.273	-0.168
Maximum	16.500	8.205	0.812
Range	15.000	7.932	0.981
Maximum / Minimum	11.000	30.083	-4.823
Variance	35.792	10.494	0.088
N of Items	6	6	6

The covariance matrix is calculated and used in the analysis.

从 Inter-Item Correlations 项看，各评估项目的统计量之间相关系数表现差异大，显示其数据分布的相关程度差，可靠性低。

从表 3 - 8 - 4 可以更进一步分析每个评估项目的可靠性状态。

表 3 - 8 - 4 删除某一评估项后 α 信度系数变化

	Scale Mean if Item Deleted	Scale Variance if Item Deleted	Corrected Item-Total Correlation	Squared Multiple Correlation	Cronbach's Alpha if Item Deleted
Anxiety	41. 50	67. 909	0. 232	0. 570	0. 799
Tension	41. 50	68. 091	0. 211	0. 375	0. 800
Trial 1	26. 50	55. 909	0. 324	0. 393	0. 792
Trial 2	31. 50	37. 545	0. 897	0. 815	0. 622
Trial 3	35. 25	41. 114	0. 749	0. 846	0. 674
Trial 4	38. 75	34. 932	0. 799	0. 869	0. 657

表 3 - 8 - 4 显示如果删除某一评估项目后, 总体克伦巴赫 α 信度系数的变化情况。当剔除第二个项目 Tension 时, α 系数上升到 0.8, 因此建议修改或删除 Tension 项, 以提高问卷的可靠性。

表 3 - 8 - 5 统计表

Mean	Variance	Std. Deviation	N of Items
43. 00	70. 182	8. 377	6

表 3 - 8 - 6 进行了卡方检验, 进一步分析各评估项目的相关性。

表 3 - 8 - 6 卡方检验

		Sum of Squares	df	Mean Square	Friedman's Chi-Square	Sig
Between People		128. 667	11	11. 697		
Within People	Between Items	2147. 500 (a)	5	429. 500	56. 234	0. 000
	Residual	143. 833	55	2. 615		
	Total	2291. 333	60	38. 189		
Total		2420. 000	71	34. 085		

Grand Mean = 7. 17.

a. Kendall's coefficient of concordance W = 0. 887.

b. The covariance matrix is calculated and used in the analysis.

由表 3 - 8 - 6 可以看出，由于 Sig. 值小于 0.05，拒绝原假设，认为各评估项目之间存在显著差异，相关性不强。

综合以上分析认为，该量表（问卷）总体相关性在可接受范围内，但具体每个项目之间的差异较大，稳定性较差，应做进一步修改。

Chapter 4

第四部分 统计学在日常生活和学习中的实践与应用

——统计学课程设计实例

一 统计学课程设计调查分析报告及评析

统计学课程设计调查分析报告参考1

调查题目：关于大学生兼职工作的统计调查

（一）统计调查方案设计

1. 调查的目的及意义

随着社会的不断进步，"工作"越来越成为人们生活的精神支柱和讨论的话题。而作为大学生，除了学习是本职所在之外，为丰富大学生的工作经验和人生阅历，做兼职是大学生的首选项目。

调查小组通过本次调查，旨在了解大学生兼职工作的各种情况，例如，做兼职工作的份数，每天的平均工作时间，工资收入，等等。通过对兼职工作情况的了解，来指导这些大学生如何做好兼职和如何寻找兼职工作，为同学们了解兼职工作提供一些信息。

2. 调查方式方法

我们采用简单随机抽样的办法，从经济管理学院 1000 余名大学生中，随机抽取了 50 名学生作为样本。

调查地点：北京信息科技大学。

调查时间：2010 年 6 月。

调查人员工作安排：略。

3. 调查问卷

兼职工作有关情况的调查问卷

亲爱的同学：

您好！感谢您阅读这份调查问卷。此卷是为了了解经济管理学院学生兼职工作的一些情况。请您仔细阅读此调查问卷，并在合适的选项上划 √ ，或在 _____ 处留下您掌握或者了解的信息。

谢谢您的合作！

（1）您的年龄：_____

（2）您的性别：

    A. 女　　B. 男

（3）您（希望）是几年级开始做兼职的：

    A. 大一　B. 大二　C. 大三　D. 大四　E. 没做过

（4）您目前在做几份兼职工作或者您将来想一起做几份兼职工作：

    A. 一份　B. 两份　C. 三份　D. 其他

（5）您期望的兼职工作每小时平均多少钱：_____

（6）您兼职工作一天的平均工资：_____

（7）您每月的总支出是多少：_____

（8）您的兼职工作时间或您想有的兼职工作时间大约能占到

您全部工作时间的百分比：＿＿＿＿＿＿

　　（9）您希望一年内有多长时间做兼职：

　　　　A. 低于 1 个月　　B. 1~3 个月　　C. 3~5 个月

　　　　D. 5~10 个月　　E. 多于 10 个月

　　（10）您现在完成兼职工作的方式：

　　　　A. 独立完成　　　B. 合作完成

　　（11）您现在的兼职工作偏向于体力劳动还是脑力劳动：

　　　　A. 体力　　　　　B. 脑力　　　　　C. 两者均有

　　（12）您对现在的兼职工作满意情况：

　　　　A. 非常满意　　　B. 满意　　　　　C. 一般

　　　　D. 不满意　　　　E. 非常不满意

　　（13）您选择兼职时首先会考虑哪些因素？

　　　　A. 薪水问题　　　B. 时间长短　　　C. 是否可以应对

　　　　D. 离家或学校的距离　　　　　　　E. 其他

　　（14）您经常从哪里获得兼职信息？

　　　　A. 学校信息　　　B. 网站信息

　　　　C. 别人介绍　　　D. 中介公司

　　（15）你有将来（还）做兼职的意愿吗？

　　　　A. 有　　　　　　B. 没有

　　（16）对在校大学生兼职有什么看法？

　　　　A. 支持，认为这是个锻炼的机会

　　　　B. 支持，这可以赚钱

　　　　C. 反对，影响学习

　　　　D. 中立

（二）调查数据的收集

　　调查小组共发出 50 份问卷，收回 49 份问卷，有效问卷 48 份，通过对数据的归集、整理和筛选等工作，我们得到了最终的收集数据（见表 4-1-1）。

表 4 – 1 – 1 大学生兼职工作调查的录入数据

年龄	性别	开始工作时间	工作份数	每天工时	每天工资	总支出	兼职比例	每年工时	工作方式	劳动方式	满意度
21	1	5	0	5	65	800	0.26	2	2	2	2
20	1	2	1	4	28	1000	0.23	4	1	1	4
19	1	2	1	2	100	600	0.1	3	1	1	3
20	1	5	2	4	33	500	0.3	2	2	3	3
20	1	5	1	4	60	1000	0.3	1	2	3	3
19	1	1	1	6	55	800	0.25	2	2	2	3
19	1	2	1	15	150	1000	0.44	2	1	1	4
20	1	5	0	7	80	1200	0.23	1	2	3	2
20	1	5	2	4	30	500	0.1	2	1	1	3
21	1	1	2	6	60	500	0.2	2	1	2	3
20	1	2	0	4	50	700	0.1	3	1	2	3
19	1	4	5	5	50	700	0.1	2	1	2	3
19	1	3	1	4	50	800	0.2	2	2	2	3
20	2	1	0	4	35	1000	0.2	1	1	1	3
21	1	1	1	5	60	500	0.4	5	2	3	1
20	1	2	1	4	50	1000	0.25	1	1	1	5
21	1	2	1	6	72	1000	0.2	2	2	3	2
21	1	1	0	6	60	500	0.3	1	2	1	3
20	1	2	1	5	50	700	0.2	2	1	3	3
20	1	5	0	5	70	1000	0.25	1	1	3	4
21	1	5	0	5	60	1000	0.25	2	1	2	3
19	1	1	0	8	100	500	0.22	1	1	2	3
21	1	5	1	8	100	800	0.4	3	2	3	1
21	2	1	0	3	45	1000	0.3	1	1	2	4
21	2	2	1	5	60	1000	0.2	2	1	2	2
22	2	1	0	6	90	1000	0.2	2	2	1	3
20	1	1	1	5	80	700	0.3	2	1	1	3
21	2	2	2	5	75	800	0.1	2	2	3	3
20	1	5	1	2	15	1500	0.05	2	1	2	2
21	2	2	1	3	40	1200	0.25	3	2	2	2
20	2	5	2	4	40	800	0.1	5	1	2	3
20	1	5	0	6	60	500	0.5	3	3	3	3
21	1	1	1	1	15	800	0.05	2	2	1	3

年龄	性别	开始工作时间	工作份数	每天工时	每天工资	总支出	兼职比例	每年工时	工作方式	劳动方式	满意度
21	1	5	0	5	70	600	0.2	1	1	2	3
20	2	1	2	4	50	600	0.2	2	1	2	3
21	1	5	1	5	80	800	0.3	3	1	1	2
21	1	5	0	4	50	700	0.24	3	1	2	2
20	1	3	1	4	48	500	0.2	1	2	1	3
20	1	1	1	4	50	500	0.4	5	1	3	2
20	2	2	2	7	60	1000	0.5	2	2	3	3
21	2	3	0	4	40	800	0.25	3	1	1	3
20	1	3	1	4	50	800	0.2	1	1	2	3
21	1	5	1	6	80	700	0.1	2	1	1	3
20	1	2	1	4	50	800	0.3	2	1	1	3
21	2	2	0	8	120	600	0.41	3	2	3	3
21	2	2	1	2	30	700	0.2	2	1	2	1
21	1	1	1	6	100	1000	0.21	1	1	3	2
20	1	5	0	5	60	500	0.2	2	2	1	3

（三）统计分析（本报告的数据分析均使用 SPSS 软件）

1. 工时比例的描述性统计

调查问卷第（8）题调查了大学生兼职工作时间占全部工作时间的百分比，将数据输入 SPSS 中，形成变量"兼职（工时）比例"，见表 4 - 1 - 1。运用描述性统计分析，得到表 4 - 1 - 2、表 4 - 1 - 3、图 4 - 1 - 1显示的结果。

表 4 - 1 - 2　工时比例基本情况

N	Valid	48
	Missing	0
Mean		0.2383
Median		0.2250
Mode		0.20
Std. Deviation		0.10706
Minimum		0.05
Maximum		0.50

表 4 − 1 − 3　工时比例

		Frequency	Percent	Valid Percent	Cumulative Percent
Valid	0.05	2	4.2	4.2	4.2
	0.10	7	14.6	14.6	18.8
	0.20	13	27.1	27.1	45.8
	0.21	1	2.1	2.1	47.9
	0.22	1	2.1	2.1	50.0
	0.23	2	4.2	4.2	54.2
	0.24	1	2.1	2.1	56.3
	0.25	6	12.5	12.5	68.8
	0.26	1	2.1	2.1	70.8
	0.30	7	14.6	14.6	85.4
	0.40	3	6.3	6.3	91.7
	0.41	1	2.1	2.1	93.7
	0.44	1	2.1	2.1	95.8
	0.50	2	4.2	4.2	100.0
	Total	48	100.0	100.0	

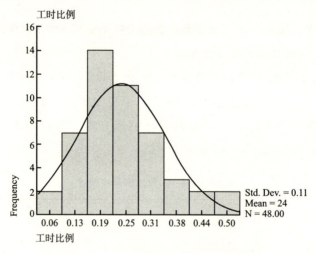

图 4 − 1 − 1　工时比例直方图和趋势线

分析：通过 SPSS 软件计算的结果可以看出，该院大学生兼职工作占全部工作时间的百分比平均为 23.83% ；在本次调查中 45.8%

的人兼职工作占全部工作的百分比为 20%；在本次调查的人数中，期望做兼职工作占总工作的最小值为 5%，最大值为 50%。

通过输出的直方图及趋势线可以看出，该院大学生期望的兼职工作百分比服从正态分布，符合现实中的兼职情况。

2. 对工作份数的参数估计

调查问卷第（4）题调查了大学生做兼职的份数。将调查数据输入 SPSS 中，形成变量"工作份数"，见表 4 - 1 - 1。运用描述性统计分析，得到表 4 - 1 - 4 和图 4 - 1 - 2。

表 4 - 1 - 4　工作份数

			Statistic	Std. Error
工作份数	Mean		0.83	0.100
	95% Confidence Interval for Mean	Lower Bound	0.63	
		Upper Bound	1.03	
	5% Trimmed Mean		0.81	
	Median		1.00	
	Variance		0.482	
	Std. Deviation		0.694	
	Minimum		0	
	Maximum		2	
	Range		2	
	Interquartile Range		1.00	
	Skewness		0.236	0.343
	Kurtosis		-0.857	0.674

通过 SPSS 输出的结果可以看出，大学生平均兼职工作的份数为 0.83，有 95% 的把握程度估计该院学生平均兼职份数介于（0.63，1.03）之间。

通过图 4 - 1 - 2 的箱线图可知，被调查的同学中有一半同学兼职工作份数在 1~2 份之间。

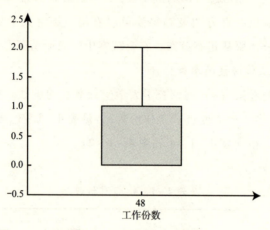

图 4 – 1 – 2　工作份数箱线图

3. 列联分析

为了比较脑力劳动和体力劳动在劳动方式（独立完成或合作完成）选择上的关联性，对"工作方式"和"劳动方式"两组变量进行列联分析。比较结果见表 4 – 1 – 5 和表 4 – 1 – 6。

表 4 – 1 – 5　工作方式（劳动方式）

			劳动方式			Total
			体力	脑力	两者均有	
工作方式	1	Count	11	14	4	29
		Expected Count	9.7	10.9	8.5	29.0
	2	Count	5	4	9	18
		Expected Count	6.0	6.8	5.3	18.0
	3	Count	0	0	1	1
		Expected Count	0.3	0.4	0.3	1.0
Total		Count	16	18	14	48
		Expected Count	16.0	18.0	14.0	48.0

表 4 - 1 - 6　工作方式列联分析

	Value	df	Asymp. Sig. （2-sided）
Pearson Chi-Square	9. 826*	4	0. 043
Likelihood Ratio	10. 081	4	0. 039
N of Valid Cases	48		

* 3 cells （33. 3%） have expected count less than 5. The minimum expected count is 0. 29.

通过列联分析，看到输出的结果中所得 P 值小于显著性水平 0. 05。所以，可以认为在工作的独立与否及脑力和体力工作之间不是独立的，它们有一定的关联度。

4. 不同年龄的每天平均工资的方差分析

被调查者年龄分布在 19 ~ 21 岁之间。运用方差分析，可以比较不同年龄大学生日平均工资是否有显著差异。方差分析见表 4 - 1 - 7。

表 4 - 1 - 7　平均工资的方差分析

	Sum of Squares	df	Mean Square	F	Sig.
Between Groups	6816. 331	3	2272. 110	3. 974	0. 014
Within Groups	25155. 586	44	571. 718		
Total	31971. 917	47			

从方差分析的输出结果可以看出，P 值为 $0. 014 < \alpha = 0. 05$，说明在大学生的不同年龄之间日平均工资有显著的差异。

5. 日工资与平均工时的一元线性回归

见表 4 - 1 - 8 ~ 表 4 - 1 - 10。

表 4 - 1 - 8　每天工时

Model	R	R Square	Adjusted R Square	Std. Error of the Estimate
1	0. 795*	0. 632	0. 624	15. 98771

* Predictors （Constant） 为每天工时。

表 4 - 1 - 9 日均工时

Model		Sum of Squares	df	Mean Square	F	Sig.
1	Regression	20214.006	1	20214.006	79.082	0.000
	Residual	11757.911	46	255.607		
	Total	31971.917	47			

注：Predictors（Constant）为日均工时；Dependent Variable 为日均工资。

表 4 - 1 - 10 日均工资

Model		Unstandardized Coefficients		Standardized Coefficients	t	Sig.
		B	Std. Error	Beta		
1	（Constant）	12.302	5.938		2.072	0.044
	每天工时	9.813	1.103	0.795	8.893	0.000

注：Dependent Variable 为日均工资。

通过回归分析的输出结果，可以得到回归方程为：

$$Y = 12.302 + 9.813X$$

相关系数 $r = 0.795$，说明被调查同学的平均日工资与日均工时之间有较强的相关性。

判定系数 $R^2 = 0.632$，说明在平均日工资取值的变差中，有 63.2% 可以由日均工资和日均工时之间的线性关系来解释。

通过 F 检验，看到 P 值远远小于显著性水平 0.05，说明同学们兼职打工日均工资和日均工时这两者之间的线性关系显著。

通过 T 检验，看到 P 值也远小于显著性水平 0.05，说明日均工时对日均工资的影响是显著的。

（四）本次调查的基本结论及相关建议

1. 基本结论

通过本次调查，我们了解了兼职工作的一些信息：

（1）大学生期望兼职工作占工作的百分比为 23.83%，只有小部分人期望占5%或50%，大学生期望的兼职工作工时占总工作工时的百分比服从正态分布。

见（2）大学生平均兼职工作的份数为0.83，说明还有一部分人没有或不期望做兼职。

（3）劳动方式和工作方式之间相互影响。

（4）不同年龄做兼职工作的大学生的平均工资不相等。

（5）在做兼职的大学生中，每小时的平均工资为9.813元。

2. 相关建议

大学生作为社会生活中的一个群体，同样需要工作经验的积累和运用，兼职工作为大学生提供了一个很好的平台。然而，在大学生普遍寻找兼职工作的过程中，难免会出现兼职岗位的竞争，但是，大学生不应该盲目地为寻找兼职岗位而降低标准，兼职工资的合理和提高是必要的，尤其是兼职工作与自己的专业是否对口更为重要。

大学生不做兼职和做很多兼职份数是不合理的，大学生仍然是学生，掌握好专业课很重要，同时也不能没有一点工作经验，但也不能为了寻找工作经验忘掉自己的基础。

（五）对本次调查工作的反思

本次调查主题为大学生兼职情况，时间跨度近3个月。刚开始着手调查时尚处于想学习课程阶段，知识多为一知半解，全凭满腔热情去想题、出题，包括研究讨论，也是认为应该出哪些题比较好就出了那些题，全是个人主观意识，所以最后经过老师的点评后，又抛弃了最开始的成果，重新来做。所以，客观地思考问题是最重要的关键。下面总结了几点关于这次调查工作情况的反思。

第一，这次调查我们采取的是概率抽样。首先，为得到兼职工作的真实情况，本次调查随机地抽取了经济管理学院大一、大二、大三和大四的部分同学，有目的性地调查了做过兼职工作和没做过兼职工作的同学。其次，概率抽样可以依据调查结果计算估计误差，从而得到对总体目标量进行推断的可靠程度。再次，采用概率抽样可以按照要求的精确度，计算必要的样本单位数目。这些都为估计统计结果提供了有力的依据。

第二，关于确定调查题目方面，我们在这次活动中得到了很大的教训与启发。在问卷原稿的问题中，多为文字描述题，我们忽略了最终是要做数据统计的初衷，所以第一次出题是一次失败的经验。知道问题所在，改进起来就容易许多。经过几次努力，一份以数值型为导向的问卷诞生了。在最开始的数值型题目中，我们只是按主观判断加上对市场的了解在选项中给出了区间值，这样一来，加大了我们统计数据的难度，对我们的最后结果也人为地制造了本可以免除的误差，在经过小组讨论与对分析过程的进一步加深体会后，我们将原来的题目改为自填答案式，不再让被调查者选择，这样一来就可以更加方便地统计，精确最后的结果。

可以说出问卷这一环节是我们关注最多的环节，它有承上启下的重要功能，一份小小的问卷承载着我们的智慧与汗水。通过出这份问卷，我们也学到了许多道理。开始做事之前，准备功课一定要做足，制订方针计划、确定方向不盲目乱撞是我们学到的第一课。

第三，不得不说团队的力量是伟大的。我们在调查过程中很好地分工合作，工作有条有序地进行。在庞大而凌乱的调查数据面前，默契的配合加快了我们的进展速度，让本应是枯燥乏味的数据录入简单起来。

统计学课程设计调查分析报告点评

本报告选择大学生兼职工作作为调查的目的，选题较为有意义。调查者本身对调查对象和选题较为熟悉，因此在获取数据、实施调查方面具有一定优势。

在问卷设计环节，正如同学们总结中所说，如何出好问卷，将影响以后的环节和最终工作的质量。整个问卷属于数值型导向，并给定了调查者的选定范围，给出的选项多为单选。问卷没有开放式问题。

调查者在选取调查对象时，有目的地选取了做过兼职、未做过兼职的同学，属于非随机抽样的配额抽样方法。采样的结果基本符合正态分布。

数据输入 SPSS 软件的过程基本正确。在对数据进行分析处理时，充分利用了调查问卷的数据。分别进行了工时描述性分析、参数估计、列联分析、方差分析和一元线性回归 5 种分析，可能和教师对课程设计调查报告需要运用 5 种以上分析方法的要求有关，各类分析方法之间缺乏系统性。同时，方差分析比较了不同年龄大学生日均工资的差异，不如选用不同年级大学生日均工资水平进行比较。

统计学课程设计调查分析报告参考 2

调查题目：关于大学生投资股市倾向调查

（一）统计调查方案设计

1. 调查目的和意义

在整个社会，大学生这个群体占了很大的分量，在社会命运中起着重要作用。我们的调查目的在于研究大学生如何理财，对投资股市倾向如何。此次调查的意义在于让大学生们更了解自己的理财规划，也为以后财务管理证券与投资及各种证券公司提供了第一手资料，提出我们的一些思考和建议。

2. 问卷设计思路

为研究关于大学生投资股市倾向调查，首先确定他们所在年级和理财方式，找寻他们是否存在依赖关系，以及投资股市意愿和年级比例是否有关联，找寻每月零花钱与投资额之间是否存在线性关系；调查大学生对股票投资方面知识的了解程度以及了解渠道和炒股目的。对于那些已购买股票的人，根据他们的购买情况，分析平均每次购买数量和持有股票只数，进行进一步的假设检验。

3. 研究方法和理论支持

（1）我们用参数估计，估计大学生的平均月支出；

（2）我们用线性回归研究大学生月零花钱是否是投资股市额的一个影响因素；

（3）我们用单边检验，进行假设检验，检验支出的组中值能否代替总体的平均值；

（4）我们用列联表研究投资股市意愿是否与年龄的成长相关。

4. 调查方式方法

采用自填式方法进行简单随机抽样调查。

5. 调查时间

2010 年 6 月 20 日至 2010 年 6 月 24 日。

6. 调查地点

北京信息科技大学。

7. 调查人员工作安排

略。

8. 调查问卷

关于大学生投资股市倾向调查问卷

（1）进入大学后你选择的理财方式是什么？

    A. 储蓄   B. 股票   C. 基金   D. 其他

（2）你是否愿意将一部分钱投入股市？（若答"是"请跳至第 4 题）

    A. 是   B. 否

（3）什么是你不想进入股市的主要原因？（选 A 请继续答题，选择"其他"则调查到此结束）

A. 没有足够的资金　　B. 担心风险太大

C. 学生应该好好学习　D. 其他

(4) 您每月的零花钱是多少？_____

(5) 您的每月支出是多少？_____

(6) 你能够承受的每股价格是多少？_____

(7) 每次购买的股票数量是多少？_____

(8) 你现在持有几只股票？_____

(9) 你愿意将多少钱投资于股市？_____

(10) 你对股票投资方面知识的了解程度如何？

A. 十分了解　　B. 知道个大概　　C. 不太清楚

(11) 通过哪些渠道了解股票知识？

A. 网上　　B. 家人、朋友谈论　　C. 专业书籍

D. 讲座　　E. 其他

(12) 是否真正买过股票？

A. 是　　B. 否

(13) 你炒股的目的是什么？

A. 赚钱　　B. 培养理财能力

C. 学习金融知识　D. 寻求刺激和好奇

(14) 你能承受的总资产亏损数额是多少？

A. 5% 以下　　B. 5% ～10%　　C. 10% ～15%

D. 15% ～20%　　E. 20% 以上

(15) 你购买一只股票的最主要动机是什么？

A. 宏观政策　　　　　　　　　B. 企业信息

C. 专家或家人、朋友推荐　　　D. 盲从

调查到此为止，感谢您的耐心作答。

（二）统计整理与汇总

本次调查对象为大学在校本科生，以经济学、财务管理等专业学生为主。发放问卷 100 份，经过审核、筛选得到有效问卷 61 份。

（三）统计分析（包括描述统计和推断统计分析）

1. 列联分析

在关于大学生投资股市倾向调查的过程中，我们利用 SPSS 软件进行了统计分析。首先是学生的年级和是否愿意将一部分资金投入股市的分析，利用列联表观测大一、大二、大三选择"是"的几率是否相等（见表 4 - 1 - 11）。根据列联分析表计算如下。

表 4 - 1 - 11　不同年级投资股市意愿列联分析

			是否愿意		合　计
			是	否	
年级	大一	计数	16	12	28
		期望的计数	17.1	10.9	28.0
		年级中的（%）	57.1	42.9	100.0
		是否愿意中的（%）	26.2	30.8	28.0
		总数的（%）	16.0	12.0%	28.0
	大二	计数	31	10	41
		期望的计数	25.0	16.0	41.0
		年级中的（%）	75.6	24.4	100.0
		是否愿意中的（%）	50.8	25.6	41.0
		总数的（%）	31.0	10.0	41.0
	大三	计数	14	17	31
		期望的计数	18.9	12.1	31.0
		年级中的（%）	45.2	54.8	100.0
		是否愿意中的（%）	23.0	43.6	31.0
		总数的（%）	14.0	17.0	31.0
合　计		计数	61	39	100
		期望的计数	61.0	39.0	100.0
		年级中的（%）	61.0	39.0	100.0
		是否愿意中的（%）	100.0	100.0	100.0
		总数的（%）	61.0	39.0	100.0

列联分析结果见表 4 - 1 - 12。

表 4 – 1 – 12　列联分析卡方数值表

	值	df	渐进 Sig.（双侧）
Pearson 卡方	7.123	2	0.028
似 然 比	7.268	2	0.026
线性和线性组合	1.036	1	0.309
有效案例中的 N	100		

即做出原假设 $H_0 : \pi_1 = \pi_2 = \pi_3 = 61.0\%$ 。

根据卡方检验值为 7.123，P 值为 0.028，$\alpha = 0.05$，$P < \alpha$，所以拒绝原假设，说明从大一到大三，同学们投资股市的比例是不一致的。

基于此基础，我们想到继续利用列联表分析讨论年级是否与理财方式具有依赖性。做出原假设 H_0：年级与理财方式是独立的。建立列联分析表如表 4 – 1 – 13 所示。

表 4 – 1 – 13　不同年级理财方式选择列联表

			理财方式				合计
			储蓄	股票	基金	其他	
年级	大一	计数	19	9	0	0	28
		期望的计数	16.5	7.8	1.4	2.2	28.0
		年级中的（%）	67.9	32.1	0.0	0.0	100.0
		理财方式中的（%）	32.2	32.1	0.0	0.0	28.0
		总数的（%）	19.0	9.0	0.0	0.0	28.0
	大二	计数	18	13	5	5	41
		期望的计数	24.2	11.5	2.1	3.3	41.0
		年级中的（%）	43.9	31.7	12.2	12.2	100.0
		理财方式中的（%）	30.5	46.4	100.0	62.5	41.0
		总数的（%）	18.0	13.0	5.0	5.0	41.0
	大三	计数	22	6	0	3	31
		期望的计数	18.3	8.7	1.6	2.5	31.0
		年级中的（%）	71.0	19.4	0.0	9.7	100.0
		理财方式中的（%）	37.3	21.4	0.0	37.5	31.0
		总数的（%）	22.0	6.0	0.0	3.0	31.0
合　计		计数	59	28	5	8	100
		期望的计数	59.0	28.0	5.0	8.0	100.0
		年级中的（%）	59.0	28.0	5.0	8.0	100.0
		理财方式中的（%）	100.0	100.0	100.0	100.0	100.0
		总数的（%）	59.0	28.0	5.0	8.0	100.0

列联分析结果如表 4 – 1 – 14 所示。

表 4 – 1 – 14　列联分析卡方分析

	值	df	渐进 Sig. （双侧）
Pearson 卡方	14.355	6	0.026
似 然 比	18.360	6	0.005
线性和线性组合	0.353	1	0.552
有效案例中的 N	100		

　　卡方值为 14.355，P 值是 0.026，$\alpha = 0.05$，$P < \alpha$，所以拒绝原假设，即年级与投资方式存在依赖关系。

2. 一元线性回归

　　在调查中发现，在愿意将一部分钱投资到股市中的学生当中，往往每月零花钱越多的学生，投资的数额也越大，所以我们感觉在每月的零花钱和投资额之间存在着某种相关关系，所以使用散点图进行预测，结果如图 4 – 1 – 3 所示。

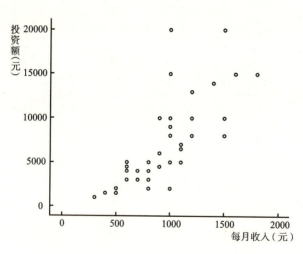

图 4 – 1 – 3　关于月收入与投资额的散点图

通过散点图可以发现收入与投资额之间有明显的线性相关关系，为了验证这个结论，我们利用一元线性回归分析对其进行检验。结果如表4-1-15~表4-1-17所示。

表4-1-15 模型汇总

模型	R	R^2	调整 R^2	标准估计的误差
1	0.736	0.542	0.535	2862.792

注：预测变量为（常量）每月收入；因变量为愿意投资数额。

表4-1-16 方差分析

模型		平方和	df	均方	F	Sig.
1	回归	6.210E8	1	6.210E8	75.769	0.000
	残差	5.245E8	64	8195576.867		
	总计	1.145E9	65			

注：预测变量为（常量）每月收入；因变量为愿意投资数额。

表4-1-17 系数

模型		非标准化系数		标准系数	T	Sig.
		B	标准误差	试用版		
1	（常量）	-2791.465	1091.909		-2.557	0.013
	每月收入	9.879	1.135	0.736	8.705	0.000

注：因变量为愿意投资数额。

相关系数为0.736，所以可视为中度相关，对其进行相关系数的显著性检验：

$$H_0 : \rho = 0$$

$$t = |r| \sqrt{\frac{n-2}{1-r^2}} = 8.7 > t_{\frac{\alpha}{2}} (64)$$

所以拒绝原假设，表明总体的两个变量间存在线性关系。

得到的估计回归方程为 $Y = -2791.465 + 9.879X$，每增加 1 单位的收入，就会使投资额增加 9.879 个单位。对 β_1 进行线性关系检验：

$$H_0 : \beta_1 = 0$$

两个变量之间的线性关系不显著。

计算：$F = 75.769$，$Sig. F = 0.000 < 0.05$，所以拒绝原假设，意味着两个变量关系显著。

另判定系数为 0.542，即该模型对 54.2% 的数据有效，估计的标准误差为 2862.792。

在回归模型 $Y = \beta_0 + \beta_1 X + \varepsilon$ 中，假定 ε 的期望值是 0、方差相等且服从正态分布的一个随机量。但是，如果关于 ε 的假定不成立，那么，此时所做的检验以及估计和预测也许站不住脚。确定有关 ε 的假定是否成立的方法之一就是进行残差分析。

如果误差项 ε 服从正态分布这一假设成立，那么标准化残差的分布也应服从正态分布。因此，在标准化残差分布中，大约有95% 的标准化残差在 $-2 \sim 2$ 之间，残差分布如图 4-1-4 所示。

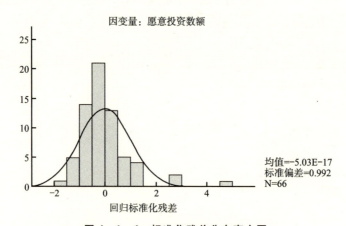

图 4-1-4　标准化残差分布直方图

从直方图中我们可以看到存在离群的点，但是剔除离群值后，仍然说明模型的有效性。

残差分析结果表 4 – 1 – 18 所示。

表 4 – 1 – 18　残差统计量

	极小值	极大值	均　值	标准偏差	N
预测值	172. 28	14991. 00	6204. 55	3090. 859	66
残差	– 5087. 681	12912. 318	0. 000	2840. 685	66
标准预测值	– 1. 952	2. 843	0. 000	1. 000	66
标准残差	– 1. 777	4. 510	0. 000	0. 992	66

注：因变量为愿意投资数额。

3. 参数估计

在找到线性相关关系后，我们利用学生月支出的数据分析对总体进行参数估计，以求得大学生总体月支出的置信区间，置信度为 95% ，利用频数分析，输出结果如表 4 – 1 – 19 和表 4 – 1 – 20 所示。

表 4 – 1 – 19　统计量

支出

N	有效	66
	缺失	34
均值		757. 58
中值		800. 00
众数		800[a]
标准差		293. 027
方差		85864. 802
偏度		0. 445
偏度的标准误		0. 295
峰度		0. 190
峰度的标准误		0. 582
极小值		200
极大值		1500

表 4 – 1 – 20 支出

		频 率	百分比	有效百分比	累积百分比
有效	200	2	2.0	3.0	3.0
	300	2	2.0	3.0	6.1
	400	4	4.0	6.1	12.1
	500	12	12.0	18.2	30.3
	600	6	6.0	9.1	39.4
	700	4	4.0	6.1	45.5
	800	15	15.0	22.7	68.2
	1000	15	15.0	22.7	90.9
	1100	1	1.0	1.5	92.4
	1200	2	2.0	3.0	95.5
	1500	3	3.0	4.5	100.0
	合 计	66	66.0	100.0	
缺失	系统	34	34.0		
合 计		100	100.0		

因为有效样本个数为 66，N > 30，可以认为是大样本，应该选用 Z 统计量（见表 4 – 1 – 21）。

边际误差 $E = Z_{\frac{\alpha}{2}} \frac{S}{\sqrt{N}} = 1.96 \times \frac{293.027}{\sqrt{66}} = 70.7$。

表 4 – 1 – 21 支出的 z 检验

		Statistic	Std. Error
支出	Mean	757.58	30.000
	95% Confidence Interval for Mean Lower Bound	685.54	
	Interval for Mean Upper Bound	829.61	
	5% Trimmed Mean	746.63	
	Median	800.00	
	Variance	85864.802	
	Std. Deviation	293.027	

续表

		Statistic	Std. Error
支出	Mean	757.58	30.000
	Minimum	200	
	Maximum	1500	
	Range	1300	
	Interquartile Range	500	
	Sdewness	0.445	0.295
	Kurtosis	0.190	0.582

所以在 95% 的置信水平下置信区间为（685.54，829.61）。

4. 假设检验

那么能否认为总体的平均支出水平就是组中值 800 元呢？我们用假设检验来验证这个问题。即：

$$H_0 : \mu = 800$$

$$Z = \frac{x - \mu_0}{\frac{\delta}{\sqrt{n}}} = \frac{757.58 - 800}{\frac{293.027}{\sqrt{66}}} = -1.17, \ |z| \leqslant |z_{\frac{\alpha}{2}}|$$

所以接受原假设，即总体的平均支出水平与组中值 800 元没有显著差异，可以用组中值 800 元来代表总体的平均购买股票的支出水平。

（四）本次调查的基本结论及相关建议

1. 基本结论

（1）现今大学生对股票投资的意愿与年级没有较大关系，但是年级却与理财方式的选择有关。

（2）在愿意将一部分钱投资到股市中的学生当中，每月的零花钱和投资额之间存在着中度相关关系。

（3）制作并验证了模型后，我们预计了总体的平均购买股票的支出水平，其置信区间为（685.54，829.61）。

综上所述，现阶段大学生仍以储蓄作为主要的理财方式，在选择不愿意投资股市的人中，更多的人是担心股市本身的风险，这个比例达到了 54%。但是年级与投资方式具有相关性，在选择股票投资的人数中，可以看出大二选择股票的人数最多，为 13 人，大一为 9 人，大三为 6 人。也许是因为大二时间相对充裕，而且学习的理论知识与股票有相关联系，对股市有了一定认识，所以占的数额比较大；而大三忙于实习与考研，没有足够的精力，所以占的数额最少；而大一还没有接触到相关理论但是又有投资意愿，所以人数居中。

2. 建议

从以上的调查分析中，我们发现现今大学生炒股，其投资额与自己的零花钱密切相关。在对炒股目的的调查中，大概有 26% 的同学选择了"赚钱"选项。大学生的主要任务是学习，进入股市的目的并不在于挣钱，而是要学习其中的金融知识。股市是十分错综复杂的，想要获得经济回报需要投入大量的时间、精力以及金钱。所以，建议各位想入市的大学生们，在大学期间不必要投入太多精力和金钱，如果手头有闲钱，而又有学习股市中金融规律及知识的意愿，可以将闲钱投入股市，实际操盘。大学生的经济来源主要是父母，而每月 800 元的支出（假设检验的结果）对于大多数家庭来说是个不小的负担，建议大学生们根据家庭条件来选择是否投入股市。

另外，数据中显示，选择"对股市特别了解"的人数大概只占总数的 6%，而选择愿意投资的人却占到了 60% 以上。这表明大部分的大学生们，投资股市是盲目的，所以建议大学生不要盲目炒股，应该从多种途径汲取炒股知识，再进行投资。

（五）对本次调查工作的反思

本次调查工作经历了制作调查问卷、发放调查问卷、收集数据、整理数据、统计分析等过程。在调查中，我们运用统计学中的参数估计、假设检验、列联分析、一元线性回归等知识分析了数据。并且通过实践，进一步掌握了统计学知识，并知道了如何运用这些知识。通过大家的团结协作，我们顺利地完成了课程设计，使团队中每个成员都在合理的分工中贡献了自己的一份力量，并且学到了相应的知识，掌握了相关的技能。总之，大家在这次课程设计中收获很大，感谢指导老师对我们的耐心教导。

统计学课程设计调查分析报告点评

本报告选择大学生投资股市倾向为调查目的，选题时应注意判断该调查为主观倾向调查还是实际投资行为调查，不同的调查目的有不同的实际意义，同时在设计问卷时也要注意主观测量和客观了解问卷的区别。

数据输入 SPSS 软件的过程基本正确。本调查的数据分析分别采用了列联分析、一元线性回归、参数检验和假设检验等统计分析方法，对大学生投资的情况作出一定的分析，有一定实际意义，但缺乏事先对该选题的系统的设计和分析。部分分析还需要增大样本容量，才能得到可信的结论。

二　调查问卷的设计原理与范例

调查问卷又称调查表或询问表，是以问题的形式系统地记载调查内容的一种文档。设计问卷，是询问调查的关键。完美的问卷必须具备两个功能，即能将问题传达给被问者和能引导被问者乐于回答。要完成这两个功能，问卷设计时应当遵循一定的原则和程序，运用一定的技巧。

（一）问卷设计的原则

1. 有明确的主题

根据调查主题，从实际出发拟题，问题目的明确，重点突出。

2. 结构合理、逻辑性强

问题的排列应有一定的逻辑顺序，符合应答者的思维程序。一般是先易后难、先简后繁。

3. 简洁明了，通俗易懂

问卷应使应答者一目了然，并愿意如实回答。问卷中语气要亲切，符合应答者的理解能力和认识能力，避免使用专业术语。对敏感性问题要采取一定的调查技巧，使问卷具有合理性和可答性，避免主观和暗示性的语句出现。

4. 控制问卷的长度

回答问卷的时间不宜过长，问卷中既不浪费一个问句，也不遗漏一个问句。

5. 便于资料的校验、整理、统计和分析

(二) 问卷设计的程序

问卷设计的程序包括下列几个步骤。

1. 把握调研的目的和内容

问卷设计的第一步就是要把握调研的目的和内容，这一步骤的实质是规定设计问卷所需要的信息，要充分地了解本项调研的目的和内容。为此需要认真讨论调研的目的、主题和理论假设，将问题具体化、条理化和可操作化，直至变成一系列便于测量的具体明确的标志或指标。

2. 搜集有关研究课题的资料

问卷设计不是简单的凭空想象，要想把问卷设计得完善，研究者还需要了解更多的东西。问卷设计是一种需要经验和智慧的技术，且缺少科学的准则来保证得到一份最佳的或理想的问卷，因此好的问卷设计主要来自经验丰富的调研人员的创造性。

搜集有关资料的目的主要是帮助研究者加深对所调查研究问题的认识，为问题设计提供丰富的素材，最终形成对目标总体的清楚概念。在搜集资料时对个别调查对象进行访问，可以帮助了解受访者的经历、习惯、文化水平以及对问卷问题知识的丰富程度等。我们很清楚地知道，适用于大学生的问题不一定适合家庭主妇。调查对象的群体差异越大，整个群体的问卷就越难设计。

3. 确定调查方法的类型

不同类型的调查方式对问卷设计是有影响的。在面访调查中，被调查者可以看到问题并可以与调查人员面对面地交谈，调查人员也能够通过被调查人的表情的细微变化，适当调整问题，因此适于询问较长的、复杂的和各种类型的问题。在电话访问中，被调查者可以与调查员交谈，但是看不到问卷，这就决定了只能问一些短的和比较简单的问题。邮寄问卷是自己独自填写的，被调查者与调研者没有直接的交流，因此问题也应简单些并要给出详细的指导语。在计算机辅助访问（CAPI 和 CATI）和网络调查中，可以实现较复杂的跳答和随机化安排问题，以减小由于顺序造成的偏差。人员面访和电话访问的问卷要以对话的风格来设计。

4. 确定每个问答题的内容

一旦决定了访问方法的类型，下一步就是确定每个问答题的内容：每个问答题应包括什么，以及由此组成的问卷应该问什么，是否全面与切中要害。

5. 决定问答题的结构

一般来说，调查问卷的问题有两种类型：开放性问题和封闭性问题。

开放性问题，又称为无结构的问答题，被调查者用他们自己的语言自由回答，不具体提供选择答案的问题。

开放性问题可以让被调查者充分地表达自己的看法和理由，并且比较深入，有时还可获得研究者始料未及的答案。它的缺点有：对于搜集到的资料，如调查者的偏见、记录失真、应答者回答字眼各异，难以进行统计分析，并且由于回答费事，可能遭到拒答。因此，开放性问题在探索性调研中是很有帮助的，但在大规模的抽样调查中，它可能弊大于利。

封闭式问题又称有结构的问答题。封闭式问题与开放式问题相反，它规定了一组可供选择的答案和固定的回答格式。

（三）问题回答的形式

1. 开放式问题

又称无结构的问答题。在采用开放式问题时，应答者可以用自己的语言自由地发表意见，在问卷上没有已拟定的答案。

2. 封闭式问题

又称有结构的问答题。封闭式问题与开放式问题相反，它规定了一组可供选择的答案和固定的回答格式。

3. 量表应答式问题

是以量表形式设置的问题。

（四）问卷的结构和内容

问卷的一般结构有标题、说明、主题、编码号、致谢语和实验记录等6项。

1. 标题

每份问卷都有一个研究主题。研究者应开宗明义地确定题目，反映这个研究主题，使人一目了然，增强填答者的兴趣和责任感。例如，"大学生参加学科竞赛状况及趋势调查"这个标题，把调查对象和调查中心内容和盘托出，十分鲜明。

2. 说明

问卷前面应有一个说明。这个说明可以是一封告知信，也可以是指导语，说明这个调查的目的和意义，填答问卷的要求和注意事项等。

问卷开头主要包括引言和注释，是对问卷的情况说明。篇幅宜小不宜大。访问式问卷的开头一般非常简短；自填式问卷的开头可以长一些。

引言应包括调查的目的、意义、主要内容、调查的组织单位、调查结果的使用者、保密措施等。其目的在于引起受访者对填答问卷的重视和兴趣，使其对调查给予积极支持和合作。

3. 主体

这是研究主题的具体化，是问卷的核心部分。问题和答案是问卷的主体。从形式上看，问题可分为开放式和封闭式两种。从内容上看，可以分为事实性问题、意见性问题、断定性问题、假设性问题和敏感性问题等。

4. 编码号

并不是所有问卷都需要的项目。在规模较大又需要运用电子计算机统计分析的调查，要求所有的资料数量化，与此相适应的问卷就要增加一项编码号内容。也就是在问卷主题内容的右边留一统一的空白顺序编上 1，2，3，…的号码，用以填写答案的代码。整个问卷有多少种答案，就要有多少个编码号。

5. 致谢语

为了表示对调查对象真诚合作的谢意，研究者应当在问卷的末端写上感谢的话，如果前面的说明已经有表示感谢的话语，那么末端可不用。

（五）调查问卷范例

这里收录了两份经过市场调查检验、比较成熟的调查问卷。一份是有关瓶装水的调查问卷，另一份是有关葡萄酒饮用状况的调查问卷。其中瓶装水的问卷包括两部分，一部分是甄别问卷，一部分是主体问卷。甄别问卷是为了过滤调查对象而设置的一组问题，它一般包括对调查对象自然状态的筛选、对产品适用性的筛选、对产品使用频率的筛选、对产品评价有特殊影响的筛选和对拒绝调查的排除 5 个方面。而主体问卷就是要表达调查主要内容的问卷，任何调查，可以没有甄别问卷，也可以没有复核问卷，但是必须有主体问卷，它是调查分析的基础。

1. 范例 1：瓶装水调查问卷

您好，我是_____市场调查公司的访问员，我们正在进行一项有关瓶装水的研究，很想听一听您的宝贵意见，耽搁您一些时间，多谢您的支持与合作！

第一部分：甄别问卷

Q1. 请问您是本市居民吗（至少在本市居住 1 年以上）？

是	1	1 年以上	继续访问
不是	2	1 年以下	终止访问

Q2. 请问您的性别？

女性	1	
男性	2	

Q3. 请问您今年的年龄？

小于 18 岁	1	终止访问
18～25 岁	2	26%
26～35 岁	3	34%
36～45 岁	4	40%
45 岁以上	5	终止访问

Q4. 请问您的受教育程度？

没受过正式教育	1	终止访问
小　学	2	
初　中	3	
高中/中专/技校	4	继续访问
大专/本科	5	
硕士或以上	6	
拒绝回答	7	终止访问

Q5. 请问您家庭平均每月的总收入是多少（包括所有工作的家庭成员的收入）?

低于 2000 元	1	8000 ~ 8999 元	8	15000 ~ 15999 元	15
2000 ~ 2999 元	2	9000 ~ 9999 元	9	16000 ~ 16999 元	16
3000 ~ 3999 元	3	10000 ~ 10999 元	10	17000 ~ 17999 元	17
4000 ~ 4999 元	4	11000 ~ 11999 元	11	18000 ~ 18999 元	18
5000 ~ 5999 元	5	12000 ~ 12999 元	12	19000 ~ 19999 元	19
6000 ~ 6999 元	6	13000 ~ 13999 元	13	20000 元或以上	20
7000 ~ 7999 元	7	14000 ~ 14999 元	14	不知道/拒绝回答	21

访问员注意：如果被访者选择"1"或者"21"，则终止访问。

Q6. （复选）请问您在过去的三个月，都吃过/喝过下列哪些食品？

薯片	1
巧克力	2
咖啡	3
瓶装饮用水（这里指的是瓶装的纯净水、矿泉水，但不包括茶饮料、果味饮料、汽水等，也不包括 5 加仑或 18.9 升及以上的桶装水）	4
桶装水（指 5 加仑或 18.9 升及以上的桶装水）	**5**
谷物、饼干食品	6
冰淇淋	7
苏打水	8

访问员注意：如果被访者未能选择"4——瓶装饮用水"，则终止访问。

Q7. 您刚才提到您在过去三个月内喝过瓶装水，请问您喝瓶装水的频率是怎样的呢？

每天 2 次或以上	1	
每天 1 次	2	
每周 4~6 次	3	
每周 2~3 次	4	继续访问
每周 1 次	5	
每月 2~3 次	6	
每月 1 次	7	
每 2 个月 1 次	8	终止访问
少于每 2 个月 1 次	9	

Q8.（复选）在下列这些瓶装水的品牌中，请问您在过去三个月喝过的品牌有哪些？

Q9.（单选）在下列这些瓶装水的品牌中，哪一个品牌是您在过去三个月最常喝的，无论是在家还是在外面？

品牌列表	Q8 过去三个月喝过	Q9 最常喝
娃哈哈	1	1
乐百氏	2	2
农夫山泉	3	3
屈臣氏	4	4
正广和	5	5
康师傅	6	6
雀巢优活	7	7
依云	8	8
其他		

第二部分：主体问卷

主体问卷——产品测试

在访问中，请您先喝一些我们提供给您的瓶装水产品，稍后我们会听取您对这种产品的看法。您的回答没有对错之分，我们只是想了解您对瓶装水产品的看法。

背景资料

Q10. 请问您的工作状况？您是_____？

1	高层管理人员：如董事/总经理	8	技术工人：如木匠、技师等
2	中层管理人员：如分公司经理/军官/政府官员等	9	非技术工人：如搬运工/门童等
3	自己当老板的专业技术人员：如医生、律师、药剂师等	10	学生
4	被雇用的专业技术人员：如医生、律师、药剂师等	11	待业/家庭主妇
5	私企老板/个体户	12	退休
6	办公室职员	13	其他（请注明）
7	外勤职员：如销售人员等		

Q11. 您是您家里收入最高的人吗？

1	是	跳问 Q13
2	否	

Q12. 请问您家里收入最高的人的工作状况是_____？

1	高层管理人员：如董事/总经理	8	技术工人：如木匠、技师等
2	中层管理人员：如分公司经理/军官/政府官员等	9	非技术工人：如搬运工/门童等
3	自己当老板的专业技术人员：如医生、律师、药剂师等	10	学生
4	被雇用的专业技术人员：如医生、律师、药剂师等	11	待业/家庭主妇
5	私企老板/个体户	12	退休
6	办公室职员	13	其他（请注明）
7	外勤职员：如销售人员等		

Q13. 您家里一共有几口人？

1	小于 3 人
2	3~5 人
3	6~7 人
4	8~9 人
5	大于 9 人

Q14. 您的婚姻状况是？

1	未　婚	
2	已　婚	
3	丧　偶	继续访问 Q15
4	分居/离异	
5	拒绝回答	

Q15. 请问您有孩子吗？

1	有
2	没有

Q16. 品尝过这种瓶装水后，请问您对这种瓶装水的总体看法是什么？请您用 7 分制来回答，"7 分"表示"非常好"，"1 分"表示非常差。

产品	#1	#2	#3	#4	#5	#6	#7	#8
编号	11	12	13	14	15	16	17	18
非常好	7	7	7	7	7	7	7	7
很好	6	6	6	6	6	6	6	6
比较好	5	5	5	5	5	5	5	5
既不好也不差	4	4	4	4	4	4	4	4
比较差	3	3	3	3	3	3	3	3
很差	2	2	2	2	2	2	2	2
非常差	1	1	11	1	1	1	1	1

Q17. 请问您在多大程度上同意或是不同意"这个水喝起来是新鲜的"？

产品	#1	#2	#3	#4	#5	#6	#7	#8
编号	21	22	23	24	25	26	27	28
非常同意	5	5	5	5	5	5	5	5
有些同意	4	4	4	4	4	4	4	4
说不上同意不同意	3	3	3	3	3	3	3	3
有些不同意	2	2	2	2	2	2	2	2
非常不同意	1	1	11	1	1	1	1	1

Q18. 请问您在多大程度上同意或是不同意"这个水喝起来是清凉的"？

产品	#1	#2	#3	#4	#5	#6	#7	#8
编号	31	32	33	34	35	36	37	38
非常同意	5	5	5	5	5	5	5	5
有些同意	4	4	4	4	4	4	4	4
说不上同意不同意	3	3	3	3	3	3	3	3
有些不同意	2	2	2	2	2	2	2	2
非常不同意	1	1	11	1	1	1	1	1

Q19. 请问您在多大程度上同意或是不同意"这个水喝起来是解渴的"？

产品	#1	#2	#3	#4	#5	#6	#7	#8
编号	41	42	43	44	45	46	47	48
非常同意	5	5	5	5	5	5	5	5
有些同意	4	4	4	4	4	4	4	4
说不上同意不同意	3	3	3	3	3	3	3	3
有些不同意	2	2	2	2	2	2	2	2
非常不同意	1	1	11	1	1	1	1	1

Q20. 请问您认为这个水的甜味怎么样？

产品	#1	#2	#3	#4	#5	#6	#7	#8
编号	51	52	53	54	55	56	57	58
太甜	5	5	5	5	5	5	5	5
有些太甜	4	4	4	4	4	4	4	4
正好	3	3	3	3	3	3	3	3
有些不够甜	2	2	2	2	2	2	2	2
完全不够甜	1	1	11	1	1	1	1	1

Q21. 请问您以为这个水喝下后的口干程度怎样？

产品	#1	#2	#3	#4	#5	#6	#7	#8
编号	61	62	63	64	65	66	67	68
太干	5	5	5	5	5	5	5	5
有些太干	4	4	4	4	4	4	4	4
正好	3	3	3	3	3	3	3	3
有点不够干	2	2	2	2	2	2	2	2
完全不够干	1	1	11	1	1	1	1	1

Q22. 请问您认为这个水喝起来在嘴里的柔软度怎样？

产品	#1	#2	#3	#4	#5	#6	#7	#8
编号	71	72	73	74	75	76	77	78
太柔软	5	5	5	5	5	5	5	5
有些太柔软	4	4	4	4	4	4	4	4
正好	3	3	3	3	3	3	3	3
有点不够柔软	2	2	2	2	2	2	2	2
完全不够柔软	1	1	11	1	1	1	1	1

谢谢您的配合。为了感谢您的支持，我们特赠送小礼品一份。

调查员姓名：_____　　访问日期：_____

2. 范例 2：葡萄酒饮用情况调查问卷

您好，我是_____公司的访问员，我们正在进行一项有关葡萄酒产品的研究，很想听一听您的宝贵意见，耽搁您一些时间，可以吗？多谢您的支持和配合！

Q1. 性别【单选】

男	0
女	1

Q2. 请问你是本市居民吗？是否在本地居住 2 年以上？

2 年以内	0	感谢并终止
2 年或以上	1	继续

Q3. 请问您或您的家人是否有在以下行业工作的？（多选）

广告公司	1	感谢并终止
银行/金融行业	2	继续
市场研究公司	3	感谢并终止
家电行业	4	继续
公关行业	5	感谢并终止
广播/电视/报社/杂志等媒介	6	感谢并终止
葡萄酒的生产厂家/批发商/分销商/零售商	7	感谢并终止
以上都没有	9	继续

Q4. 请问在过去六个月内您是否接受过任何形式葡萄酒市场研究的访问？

是	0	感谢并终止
否	1	继续

Q5. 请问您今年的实际周岁年龄是_____岁？

记录被访者年龄段。

30 岁以下	1	感谢并终止
30 ~ 35 岁	2	继续
36 ~ 40 岁	3	继续
41 ~ 45 岁	4	继续
46 ~ 50 岁	5	继续
51 ~ 55 岁	6	继续
55 岁及以上	7	感谢并终止

Q6. 请问您在过去一个月内饮用过下列哪种酒类产品？（多选）

啤酒	1	
白酒	2	
葡萄酒	3	如果没有选择 3，则感谢并终止
黄酒	4	
以上都没有	9	感谢并终止（该选项不能和其他同时选择）

Q7. 以下哪种说法能最好地描述您在购买葡萄酒产品方面的角色？（单选）

我决定买什么牌子/什么产品	1	继续
我会建议买什么牌子、什么产品，并且对最终购买产生重要影响	2	继续
由别人决定买什么，我绝不参与	3	感谢并终止

Q8. 请问过去一个月内，您在以下哪些场所/场合饮用过葡萄酒？（多选）

家中饮用	1	
亲朋好友聚会时饮用	2	
商务宴请、会谈/政务宴请时饮用	3	
其他	4	
不知道/记不清	9	感谢并终止（该选项不能和其他同时选择）

Q9. 总体来说，您平均多长时间饮用一次葡萄酒呢？（单选）

每周 1 次及以上	1	
每周 5～6 次	2	
每周 2～4 次	3	
每周 1 次	4	
每月 2～3 次	5	
每月 1 次	6	
少于每月 1 次	7	感谢并终止访问

Q10. 您通常每瓶葡萄酒平均花费多少钱？

50 元以下	1	
51～100 元	2	
101～200 元	3	
201～300 元	4	
301～500 元	5	
501～1000 元	6	
1000 元以上	7	
不知道/记不清	8	感谢并终止访问

Q11. 辨别客户类型，进行调查配额选择：根据 A/B/C 类用户的基本条件，确定该被访者所属的用户类型，可以同时属于 2 种用

户类型；再根据饮用频次确定其饮用程度（重、中、轻度）。

用户类型	A. 自我饮用（家中）		B. 亲朋好友聚会		C. 商务宴请饮用	
	• Q8，过去 1 个月，在家或旅途中自己饮用葡萄酒 • Q9，饮用频次至少每月 1 次或以上 • Q10，平均花费 100 元以上		• Q8，过去 1 个月，因亲朋好友聚会饮用葡萄酒 • Q9，饮用频次至少每月 1 次或以上 • Q10，平均花费 200 元以上		• Q8，过去 1 个月，因商务宴请、会谈/政务宴请饮用 • Q9，饮用频次至少每月 1 次或以上 • Q10，平均花费 200 元以上	
	1（50% 配额）		2（20% 配额）		3（30% 配额）	
重度	2 次或以上/周	配额 50%	1	2 次或以上/周	配额 50%	4	2 次或以上/周	配额 50%	7
中度	1 次/周	配额 30%	2	1 次/周	配额 30%	5	1 次/周	配额 30%	8
轻度	1~3 次/月	配额 20%	3	1~3 次/月	配额 20%	6	1~3 次/月	配额 20%	9

Q12. 请问提到葡萄酒，您最先想到的品牌是哪个？（单选）

长城	01
通化	02
张裕	03
王朝	04
新天	05
威龙	06
华夏	07
丰收	08
云南红	09
其他，请注明	
不知道/记不清	99

Q13. 您还想到什么品牌吗？还有呢？还有呢？还有呢？

长城	01
通化	02
张裕	03
王朝	04
新天	05
威龙	06
华夏	07
丰收	08
云南红	09
其他，请注明	
不知道/记不清	99

Q14. 您过去一个月内饮用过哪些品牌的葡萄酒？（多选）

Q15. 在您最近一个月饮用的葡萄酒中，哪个是您饮用最多的品牌？（单选）

	Q14	Q15
长城	01	01
通化	02	02
张裕	03	03
王朝	04	04
新天	05	05
威龙	06	06
华夏	07	07
丰收	08	08
云南红	09	09
其他，请注明		
不知道/记不清	99	99

谢谢您参与访问，请接受小礼品一份。

调查员姓名：　　　　　访问日期：

附录一　统计学课程设计
教学大纲
（总学时数：1 周，学分：1）

一　课程的性质、任务和目的

《统计学》课程是经济管理类专业的基础核心课程。该课程紧密结合管理、经济实践的需要，提供分析经济现象关系和数量规律的基本理论和基本方法。这些理论与方法已成为统计工作实践的得力助手、经济管理的有效工具。

本课程设计的目的，就是要把学生所学的统计学的基本理论、方法与 Excel、SPSS 软件结合起来，应用于统计实践的数据搜集、整理和计算分析研究中，从而提升学生运用软件工具整理数据资料、分析实际问题的能力，为以后的实际工作打下坚实的基础。

二　课程设计基本内容和要求

（一）课程设计的内容

学生在分小组做课程设计时，可根据各小组对某些问题或现象的兴趣来选题，并对该选题所涉及的统计分析方法展开进一步的学习与研究。

下面列出一些《统计学》课程设计的课题，供选题时参考，也可自己拟定课题。

1. 某现象的统计指标体系设计

根据教学中对统计指标概念的理解、对统计指标设计内容和设计原则的讲解，运用各种统计指标的类型及其作用，针对某一现象的特点及研究分析目的尝试设计一个简单的统计指标体系，以描述和分析该现象总体的数量特征及规律。

2. 对某现象的调查

将所在学校的某个现实问题作为选题，进行一次抽样调查，抽取的样本容量不少于 30 个，写出调查方案，将调查和搜集的数据进行分组整理，制成统计表和统计图，并结合实际情况，用文字作简要分析说明该现象的特征。如对学生食堂消费情况的调查，对上网购物情况的调查，对学生自习情况的调查，等等。

3. 截面数据的计算与分析

搜集某现象的截面数据，运用分析软件分析该现象点位、离散程度和分布状况等。

4. 对某现象动态变化中各类因素的测定

搜集某现象若干年（至少 5 年）的数据资料，根据其发展变化的特点，运用时间序列的因素分析方法，测定该现象动态中的长期趋势变动、季节变动以及循环变动，并根据时间序列趋势变化，进行预测分析。

5. 指数的编制

搜集若干商品的报告期与基期价格或价格指数、销量或销售额变化、权数资料，计算与编制各种价格指数，及该现象的变动程度，并作简要的分析说明。

6. 对某现象的相关与回归分析

根据某两个或多个现象（变量）间的依存关系，计算相关系数，以反映现象之间的相关关系的量度。在此基础上，运用回归方程对这些现象的数量变动关系予以描述，并对该方程进行评价与检验。

（二）课程设计要求

1. 深入企业或有关单位，针对某一内容，进行调查研究，确定具体、明确的设计课题。

2. 围绕设计课题，选择和应用恰当的统计方法。

3. 围绕设计课题和统计方法的要求，有目的、有步骤地进行深入调查研究，获取统计资料，并加以整理。

4. 对所搜集与整理的资料，运用所选的统计方法加以数量分析，要求资料整理、计算与描述均在计算机上操作完成。

5. 课程设计以小组为单位，每组一般为 4 人。对于涉及范围较广、工作量较大的课题，须经老师同意，方可由多人组成设计小组。

6. 每小组的课程设计报告，至少应该用到 4 种以上的统计分析方法。

7. 课程设计报告以书面形式完成，字数不少于 2000 字，要求同时提交电子表格、数据库等文件。

8. 报告要求图文并茂，分析方法运用得当，软件输出的结果应有恰当的解释。

三　学时分配表

序号	内　　容	学时分配	备　　注
1	确定课题，对设计思路提出初步的设想，拟定调查提纲和调查问卷	—	其中讲授 4 学时软件的使用，课题应提早讨论设定
2	到有关单位搜集资料或实施调查	—	
3	对获取的资料进行整理、分析，选用适宜的统计数量分析方法	—	
4	分析并撰写课程设计报告	1	
合　　计		—	

四　有关说明

（一）教学建议

课程设计小组成员，应既发挥独立工作的能力，又注意团结、协作，调查分析时可分工或同时进行，并相互沟通，但上机操作与写作设计报告时，每个组员必须独立完成。资料的取得，应尽可能到企业、事业或有关单位实地调查。对于课题涉及的内容，也可选用统计年鉴或统计报告中的数据资料。

（二）教学参考书

1. 葛新权编著《统计学》，机械工业出版社，2006。
2. 贾俊平等编《统计学》，中国人民大学出版社，2007。

附录二　课程设计题目参考

1. 大学生就业调查研究报告
2. 大学生身体健康状况调查报告
3. 对我校在校大学生人生规划情况的调查
4. 我校大学生考证情况调查报告
5. 对我校大学生网络应用情况的调查
6. 对在校大学生就业预期的调查
7. 对我校大学生对所学专业态度的调查
8. 我校大学生兼职情况调查报告
9. 大学生理财情况调查
10. 大学生对物物交换的看法调查
11. 大学生自习情况调查报告
12. 关于大学生网络应用情况的调查
13. 关于我校学生课余时间安排合理性的调查
14. 大学生信用卡使用情况调查
15. 大学生假期生活安排调查
16. 对我校大学生入校前专业认知度的调查

17. 大学生消费与理财情况调查

18. 大学生网上购物情况调查

19. 关于大学生学习途径与学习效果的调查

20. 大学生手机消费情况调查

21. 对我校大学生运动状况的调查

22. 大学生品牌认知度调查

23. 我校学生在校就餐情况调查

24. 我校大学生消费行为调查

25. 我校大学生生活费去向情况调查

26. 三元股份资产负债表分析报告

27. 三元主营业务利润分析

28. 中石化集团财务数据分析

29. 关于深发展 A（000001）1995～2008 年利润表的统计分析

30. 万科 A 流动负债的时间序列分析

参考文献

[1] 葛新权编著《统计学》（第二版），北京，机械工业出版社，2006。

[2] 贾俊平编著《统计学》（第二版），北京，清华大学出版社，2006。

[3] 贾俊平、何晓群、金勇进编著《统计学》（第三版），北京，中国人民大学出版社，2007。

[4] 薛薇编著《SPSS 统计分析方法与应用》，北京，电子工业出版社，2009。

[5] 东方人华主编《统计基础和 SPSS 11.0 入门与提高》，北京，清华大学出版社，2004。

[6] 宋志刚、何旭洪等编著《SPSS 16 使用教程》，北京，人民邮电出版社，2008。

[7] 袁国庆、靳国良、高天山等编著《Excel 2007 实用教程》，北京，电子工业出版社，2008。

[8] 马振萍、马伟芳编著《巧学巧用 Excel 2007 统计分析范例》，北京，机械工业出版社，2007。

[9]〔美〕Mario F. Triola 著《初级统计学》(第8版),刘新立译,北京,清华大学出版社,2004。

[10]〔美〕Terry Sincich 著《例解商务统计学》,陈鹤琴、罗明安译,北京,清华大学出版社,2001。

图书在版编目（CIP）数据

统计学实验教程/张虹，聂铁力编著. —北京：社会科学
文献出版社，2011.9（2014.6 重印）
（经济管理实践教材丛书）
ISBN 978 - 7 - 5097 - 2270 - 1

Ⅰ.①统… Ⅱ.①张… ②聂… Ⅲ.①统计学 - 实验 -
高等学校 - 教材 Ⅳ.①C8 - 33

中国版本图书馆 CIP 数据核字（2011）第 053864 号

·经济管理实践教材丛书·
统计学实验教程

编 著／张 虹 聂铁力

出 版 人／谢寿光
出 版 者／社会科学文献出版社
地 址／北京市西城区北三环中路甲 29 号院 3 号楼华龙大厦
邮政编码／100029

责任部门／经济与管理出版中心（010）59367226 责任编辑／张景增
电子信箱／caijingbu@ ssap. cn 责任校对／师敏革
项目统筹／赵学秀 责任印制／岳 阳
经 销／社会科学文献出版社市场营销中心（010）59367081 59367089
读者服务／读者服务中心（010）59367028

印 装／北京季蜂印刷有限公司
开 本／787mm × 1092mm 1/20 印 张／19.2
版 次／2011 年 9 月第 1 版 字 数／306 千字
印 次／2014 年 6 月第 2 次印刷
书 号／ISBN 978 - 7 - 5097 - 2270 - 1
定 价／59.00 元